Reliure serrée

Contraste insuffisant

NF Z 43-120-14

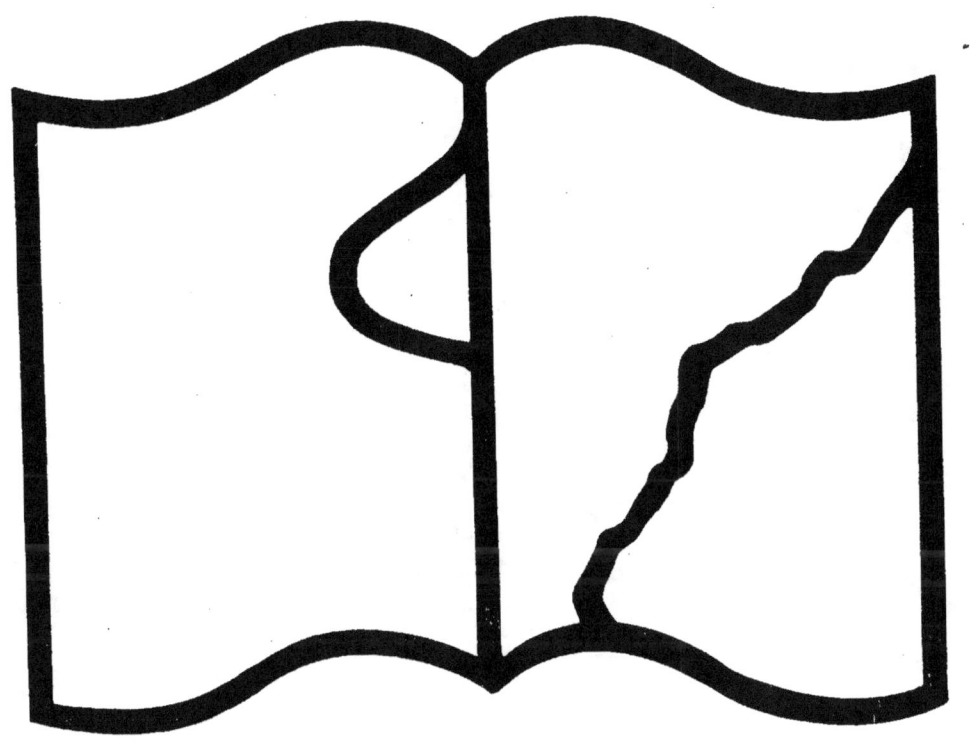

Texte détérioré — reliure défectueuse

NF Z 43-120-11

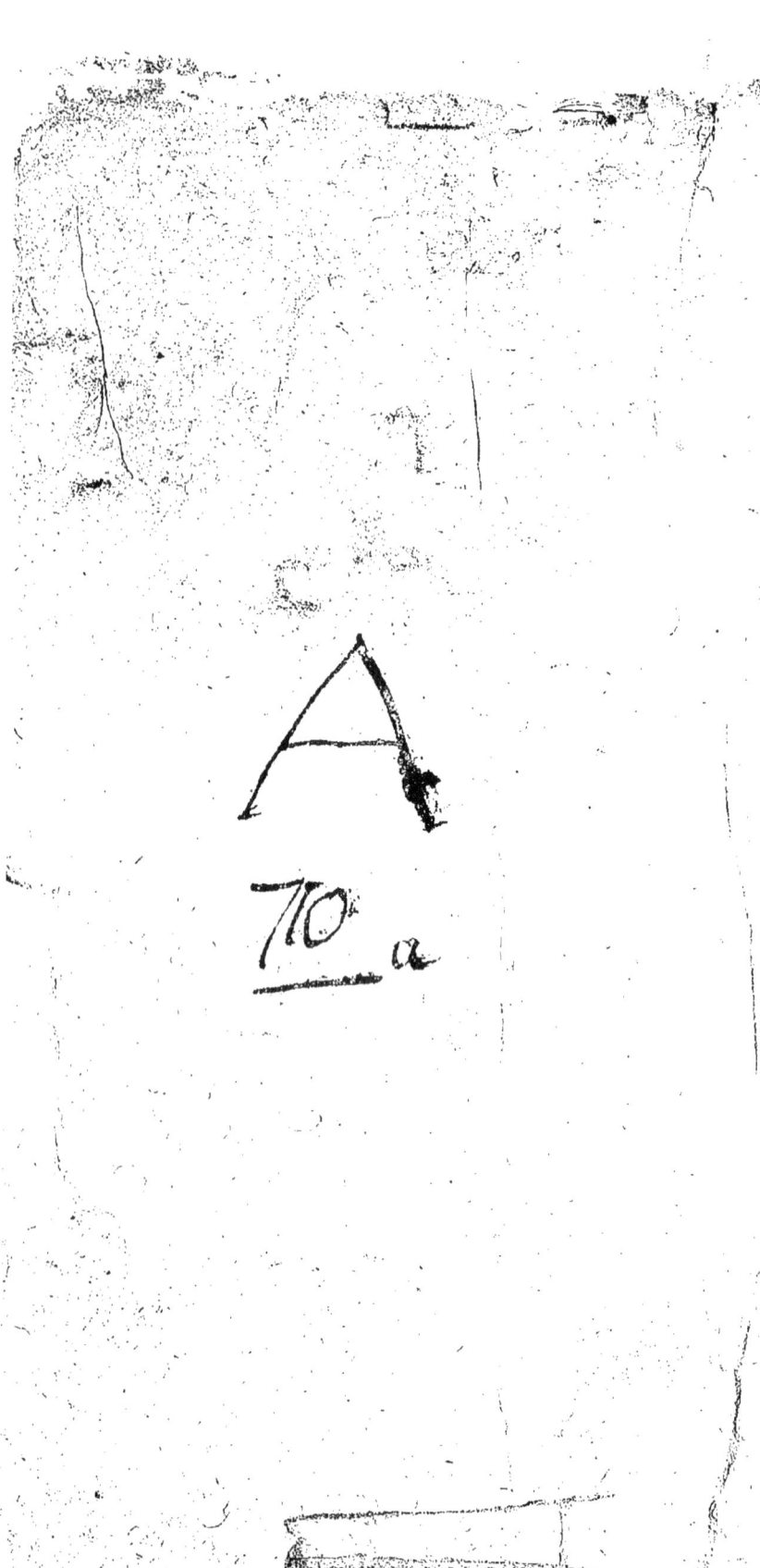

E Conuentu Parisiensi p. p. Recollectorum.

TABLEAVX SACREZ
des figures mystiques du tres-auguste sacrifice et sacrement de l'Eucharistie.

DEDIEZ
A la tres chrestienne Royne de France et de Nauarre de Medicis

Par
LOVIS Richeome Prouençal de la compagnie de IESVS.

Edition derniere reueue, corrigée, augmentée par l'Auteur 1609.

A PARI
Chez Laurens Sonnius rue Sainct Iacques au coq, et Com. ds dor-inilae

A LA ROYNE.

ROYNE tres-Chrestienne, tres-Noble Princesse, & tres-digne Royne par voz vertus, auant qu'estre Royne de France, oseray-ie sortir de mon petit & Religieux cabinet, lieu de penitence, lieu de souspirs & de larmes, pour mesler ma voix parmy les trompettes & clerons, resonans vos loüanges, & parmy les cris & acclamations de bon heur, faictes à vostre arriuee, & ioindre ma plume parmy les deuises & cartels Royaux escrits pour bienuicigner vostre Majesté entrant en la France, laquelle vous

ã

A LA ROYNE.

ouurant les portes de ses villes & temples, fond en ioye maintenant, comme ces mois passez l'Jtalie gemissoit, quand à vostre depart elle perdoit de veuë la perle de ses Princesses ? Oseray-ie apres tant de riches panegyriques, tant de chants diuins, tant de Poëmes & Theatres d'applaudissement, donnez à vostre honneur en tant de lieux, m'ingerer, moy pauure religieux, de dire ou faire quelque chose pour l'adiouster à ces publiques magnificences ? ou me tairay-ie du tout estant François, quand toute la France parle ? Ne feray-ie rien quand chacun est afferé à magnifier vostre heureuse arriuee ? Certes, MADAME, ie me suis treuué perplex entre desir & crainte : voulant d'un costé m'employer pour marquer dignement l'affection d'un tres humble & tres fidele subiect en ceste premiere occasion : & n'osant esperer de l'autre, de

A LA ROYNE.

pouuoir faire chose digne, estant mes forces petites, & ma condition esloignee de ces grandes splendeurs. Neantmoings apres auoir assez balancé en ceste doubte, i'ay osé me resoudre à supplier par cest escript vostre Majesté, me permettre non seulement de ioindre mes vœux & prieres religieuses offertes à Dieu au secret de mon cœur en ma petite demeure pour la prosperité de mon Prince & la vostre, mais encores de vous offrir ce petit present exterieur en tesmoignage de ma deuotion interieure, & vous recognoistre en ceste façon, qui est la premiere que les bons subiects & enfans de Dieu entre les Hebrieux garderent iadis pour recognoistre leur premier Roy. I'espere que vostre Majesté approuuera ma resolution & receura le present d'vn gracieux accueil, tant à l'exemple du Roy vostre espoux qui en a veu cy-deuant de semblable

Premiere recognoissance des subiects 1. Reg 10. 26.

ã ij

A LA ROYNE.

estoffe d'vn visage benin, que pour estre iceluy conuenable à vostre Majesté, & propre de ce premier an de vos Royales nopces, de la reiouissance presente, & de tout le temps qui suiura par apres. Car c'est vn present de quatorze tableaux sacrez, dont le dernier represente le festin nuptial du Sauueur auec son Eglise, & seul contient en soy l'excellence de tous les treize ensemble, estant ce festin dressé de l'appareil de toutes les delices spirituelles & du mets d'immortalité. Et affin que vostre Majesté les voye au frontispice de l'œuure, voicy l'ordre & le dessein abbregé de tous.

1.
Le paradis terrestre.

Le premier est du Paradis terrestre, auquel est figuré le plus ancien mariage du monde, contracté entre Adam & Eue premiers Princes de l'Vniuers & premiers ancestres de la race des hommes. Leur Palais Royal & leur Louure y est magnifiquement basty

A LA ROYNE.

ayant le Ciel & les Astres pour toict & lambris, & pour fenestres les quatre portes du monde, l'Orient, le Couchant, le Nort & le Midy. Leur grand sale, leur anti chābre, leur chambre, & leur cabinet, c'est vn mesme lieu excellent en beauté, mais petit en espace, aussi ne sont ils que deux. Leur table est tousiours couuerte de mets tres-exquis & sur tous de celuy qui est appellé le fruict de vie, tous fournis du Tinel du Createur, & appareillez de la main de la maistresse Nature au feu du celeste flambeau. C'est vn festin perpetuel, encor qu'Adam & Eue ne mangent pas à toute heure, ny vsent de toutes les viandes qui leur sont seruies. Leur iardin de plaisance c'est vn grand domaine, merueilleux en toutes choses rares. Les Tuileries de Paris, & le Pratolin de Florence, encore qu'ils soient magnifiques ne sont rien toutesfois, au prix de celuy qui est ca-

Le fruict de vie.

Les iardins du Roy de France, & le lieu de plaisance du grand Duc.

A LA ROYNE.

son bien-aymé Isaac garotté sur vn Autel, pour le victimer à Dieu selon son mandement: mais Dieu tout benin se contentant de la bonne volonté du pere, arreste le coup & prend en la place du fils, le sacrifice d'vn belier. Tableau d'vne rare foy & charité singuliere enuers Dieu, & d'vn banquet Royal en hommage fidele à sa Majesté.

5. L'Agneau Paschal.   Au cinquiesme, on voit comment les Hebrieux le soir deuant que sortir de la captiuité d'Egypte, mangerent l'Agneau Paschal. Tableau mystique & festin mystique, figurant le sacrifice & la viande du vray Agneau IESVS CHRIST, comme la sortie figure la vraye deliurance du peuple de Dieu, donnee par le sang d'iceluy Agneau son Fils.

6. La Manne.   Le sixiesme donne la Manne, signe de la Manne celeste, qui se voit plouuoir tous les iours sur les Autels

A LA ROYNE.

Chrestiens, festin de merueilles pour le pelerinage des enfans de Dieu.

Le septiesme faict la peinture d'vne table incorruptible, & met en auant les Pains de proposition que le Roy Dauid mange en figure, de ceux que les Chrestiens mangent en verité.

<small>7. Les pains de proposition.</small>

Le huictiesme contient le festin & l'oblation des premices & la figure de nostre nouuelle offrande & Pentecoste cachee soubs l'ombrage de l'ancienne Pentecoste des Juifs.

<small>8. L'oblation des premices.</small>

Au neufiesme se voit le bon Elie dormant à l'ombre d'un geneure, recreu de trauail & de tristesse, lors de la grande persecution de la Royne Jezabel idolatre qui le cherchoit à mort: l'Ange le rafreschit d'vn repas de petit appareil, mais de grand mystere: c'est vn pain miraculeux & vn pot d'eau qui luy donne force & courage de marcher quarante iours, iusques à ce qu'il paruienne au lieu de saunete, à la mon-

<small>9. Elie.</small>

A LA ROYNE.

tagne d'Oreb. Tableau de peine & patience, & festin de la preuoyance de Dieu.

10.
Le sacrifice propitiatoire.

Le dixiesme celebre le sacrifice de propitiation, figure de la remission des pechez, & banquet de reconciliation en la loy de grace.

11.
Les cinq Pains & deux poissons.

L'onziesme raconte l'insigne miracle du Sauueur, quand auec cinq Pains & deux Poissons, il rassasia au desert plus de cinq mille personnes affamées, faisant la prochaine peinture par vn festin de sa preuoyante liberalité.

12.
Le sermon de la saincte Eucharistie.

Au douziesme, le Sauueur faict le haut & mysterieux sermon de la manducation de sa chair. Tableau d'oreille & viande de l'ame, preparatiue de l'institution de l'Eucharistie.

13.
Le lauemēt des pieds.

Au treziesme, il laue les pieds à ses Apostres pour ceremonie preallable du tres-auguste Sacrement & sacrifice de son corps. Tableau d'humi-

A LA ROYNE.

lité, nourriciere de toutes les vertus Chrestiennes, & singulierement necessaire à la perception de ce divin repas.

Le quatorziesme & dernier exhibe la verité, la substance, & le fruict de tous les precedens, Car il contient l'institution de ce Sacrement & sacrifice, predit, promis, & enseigné aux ombres & figures de tous les Sacremens anciens. Tableau de la felicité, Royal & souuerain festin du Sauueur preparé pour les seuls enfans de son regne. C'est le sommaire de l'œuure entier.

14. La saincte Eucharistie

Or MADAME, l'inuention & l'estoffe de ces tableaux n'est pas mienne, ie n'y ay qu'vn peu de langage: elle est du fils de Dieu qui iadis en a tiré les lineamens & pourfils sur la membrane, ou de la loy de nature, (comme sont les quatre premiers) ou de son vieil Testament, (comme sont les sept

Les anciens sacrifices finis en la Croix, & accomplis en l'Eucharistie.

A LA ROYNE.

d'apres,) & s'estant faict homme, il a crayonné les deux penultiesmes, & parachevé tant ceux cy, que ceux-là, des traicts de sa propre main, sur l'instrumẽt de sa nouuelle alliance en l'Eucharistie: & ce d'vne diuine façon. Car establissant ce haut & diuin mystere en la place de tous ces anciens sacrifices & Sacremens, il a mis les viues couleurs sur la vieille & precedente peincture, embelly toutes les parties du dessein iadis faict, donné corps à l'ombre, vie au corps, & ame à la figure muette, & tracé en vn abbregé admirable de ses grandes merueilles, les plus beaux traicts de son infinie sagesse, puissance & bonté.

Or combien que ces vieux Sacremens & sacrifices figuratifs ayent perdu leur raison en leur practique materielle par l'establissement de la verité du nouueau, ils ont neantmoins leur rang & vsage en l'Eglise Chre-

A LA ROYNE.

stienne que vostre Majesté leur pourra donner, & en recevoir fruict en deux belles façons. Premierement si elle commande qu'ils soyent tirez par la main ouuriere des Peintres de sa Majesté, qui faisans courir le pinceau sur vn fond de peinture auec vne graue gentillesse d'inuention, viuacité de couleurs & perfection d'ombrages & de pourfils, sçauront artistement naïfuer l'entretien d'vne figure: & donner sentiment & paroles aux choses muettes. Ainsi pourtraicts il vous seruiront d'vne deuote & riche tapisserie pour tendre vostre cabinet d'Oraison, & representans à vos yeux la memoire de ces histoires sacrees, diront à vostre ame, sans sonner mot, les merueilles du Createur.

Premier vsage des Tableaux.

Les autres tapisseries dont les sales & cabinets des maisons Royales, voz Louures, voz Tuileries, & Fontainebleaux sont tendues, vous pour-

A LA ROYNE.

ront representer pour honneste recreation, les hauts faicts & prouesses des vieux Cesars & Roys, tant Chrestiens que Payens, des Constantins, des Theodoses, des Jules, des Augustes, des Alexandres, des Clouis, des Charlemagnes, des Saincts Louys, comme aussi les combats, hazards, victoires & lauriers du Roy vostre mary nostre Cesar François, & la merueille des Rois en noz iours, quand en l'vne vous verrez comment conduict de la main de Dieu (qui se vouloit seruir de luy quelque iour) & assisté de sa Noblesse Catholique, il marche à la conqueste de son Royaume perdu: en l'autre comment en vne iournee heureusement perilleuse, il court risque de son Royaume & de sa vie, & que neantmoins prenant courage du desespoir, soldat & Capitaine sans peur, il arreste l'ost victorieux auec vne poignee de gens, & rompt les barrieres

A LA ROYNE.

de la fortune. Quand vous notterez en celle-là, les villes & batailles gaignees, en ceste-cy son entree doucement martiale dans sa bonne ville de Paris, plus ioyeuse alors de se voir prinse qu'auparauant assiegee. En l'vne où il est afferé à la Fere, & la prend, en l'autre où il presse l'ennemy assiegé dans Amiens sa conqueste, ville qu'il reprend, imprenable à tout autre qu'à luy, & apres il marie l'Oliue de paix auec son laurier de victoire. Vostre Majesté sera aussi resiouie, voyant en l'vne des dernieres de ces tapisseries, les Ambassadeurs venus de delà les Monts pour traicter paix auec luy, lors de vostre heureuse entree en la France : mais sur toutes vous sera agreable celle qui tient tousjours le haut bout des plus belles sales Royales, representant ce vaillant Prince prosterné à genoux à l'Autel sacré en l'Eglise de Sainct Denis,

A LA ROYNE.

Apoſtre de la France, profeſſant la foy & Religion de ſes Anceſtres, & reprenant l'honneur de fils aiſné de l'Egliſe de Dieu, Catholique, Apoſtolique, & Romaine: & en vne autre piece voiſine, prenant la grãde benediction du grand Pere porte-clef des cieux.

Paſſant de ces choſes à celles qui ſont d'vne autre ſorte d'honneſte paſſe-temps, voſtre Majeſté verra encor de bon œil les peintures tiſſues de ſes chaſſes, image de la guerre & nobles eſbats des Princes & grands Seigneurs : en vne où le ſanglier lancé ſort de ſon buiſſon faiſant claquer ſes defenſes & donne dans la meute du vaultré clabaudant, dont il en larde vn au coffre du corps, & eſcarte les autres, quand le Roy monté ſur vn cheual bay ardant le pourſuit à coſté gauche, & de la poincte de l'eſpée luy perce l'eſpaule droicte. La beſte bleſſee grondant & iettant feu-flamme des

yeux

A LA ROYNE.

yeux, fuit à trauers la forest, les veneurs suyuent apres auec les chiens à grands cris & son de trompe. En vne autre elle se recreera y voyant le cerf mal mené, qui s'estant meslé auec d'autres, ruzant se veut sauuer par le change aux despens du commun, & tient bon en la harde, qui alarmee des chiens, fuit à vau de route, & donne du plaisir au Roy contemplant la ruze de l'animal, & l'effroy de ceste troupe vaillante à se defendre en gaignant au pied, & faisant teste par le talon à ses ennemis : en quelque autre, où le Roy est à la volerie, là, regardant le gerfaut qui vole le Milan Royal : icy le faucon qui ayant prins le vent de haut-vol, va fondre sur le heron tenant son bec en embuche sous l'aille, pour le faire enferrer, mais le fauconnier crie garde le bec. En d'aucunes elle verra le vol du lanier ou du sacre en d'autres les courses, & les ruzes des lie-

ẽ

ures, & toute sorte de chasses siennes, & des autres Seigneurs, entre lesquelles elle notera celle du vaillant Placidas lors que courant vn cerf, il luy voyt vn crucifix resplendissant en la teste, resonnant en l'air vne voix qui luy annonce IESVS CHRIST, dont il est fait d'vn Placidas cheualier Payen, vn sainct Eustache martyr. O chasse heureuse! Telles & semblables pieces de haute lisse & de marche, tissuës d'or & de soye, donneront du contentement à vos yeux: mais les tableaux susdits luy apporteront outre le plaisir de la veuë, la cognoissance de la loy de Dieu pour instruction Chrestienne de l'ame, & c'est leur vsage premier.

S. Eustache.

Le second est de contempler la beauté, l'excellence & la Majesté de nostre Sacrement representee en iceux, comme en plusieurs miroirs, & au nostre la verité de ceux-là diuine-

Second vsage des tableaux.

A LA ROYNE.

ment ramaſſee, au moyen de laquelle contemplation, l'ame en fera vne tapiſſerie ſpirituelle de pluſieurs objects, pour les auoir touſiours deuant ſes yeux, rapportant la figure ancienne au Sacrement nouueau, & par l'aiſle de ce rapport s'eſleuera en l'admiration & en l'amour de ſon Dieu. Parquoy MADAME, ſelon ce ſecond vſage, qui eſt le plus noble, toutesfois & quantes que voſtre Maieſté ſe voudra preſenter à la table Royale du Fils de Dieu, ce qu'elle fait en Roine treſ-Chreſtienne fort ſouuent, elle pourra ietter les yeux de ſon entendement, ſur vn ou pluſieurs de ces Anciens tableaux, tantoſt ſur l'Arbre de vie, meditant ſa nature, ſes qualitez & vertus, ſelon les poincts qui ſont là notez: tantoſt ſur le ſacrifice d'Abel, ores ſur l'Agneau Paſchal, ores ſur la Manne, ores ſur les autres, leſquels auec leurs expoſitions fourniront am-

Meditations preallables à la communion.

A LA ROYNE.

ple matiere de Meditation spirituelle & propre à la communion, tous les iours de Dimanche & des festes de l'an: & apres qu'elle aura attentiuement parcouru en son esprit les traicts de la figure antique, elle se tournera à la consideration de la verité en nostre Sacrement, & iouyra auec telle preparation de ses delices de tant plus vtilement, que ceste contemplation luy aura rendu l'œil de l'ame plus attentif & penetrant, & le cœur plus desireux de la viande celeste. Et en ceste maniere ces tableaux seruiront de tapisserie & de pasture celeste en leur façon: seruiront d'ornement & de preallable preparation à vostre ame, pour dignement receuoir ce diuin mets, & auec luy la refection de toutes les plus belles & dignes vertus d'vne Royne Tres-Chrestienne. Car ce Sacrement ne contient pas seulement la grace de Dieu comme les autres, mais

A LA ROYNE.

l'aucteur de la mesme grace, le Sauueur Jesvs-Christ, suiuy de la magnificence de tous ses thresors. En iceluy vostre Majesté receura lumiere pour la foy, force pour l'esperance, & vne continuelle amorce pour la charité, d'autant que c'est vn esclattant mystere des merueilles de Dieu, vne viue image de la future felicité, & vn festin nuptial d'vne celeste amour. Elle y apprendra l'humilité (vertu tres-necessaire aux grands) y voyant des yeux de la foy le Roy des Roys present & neantmoins reuestu exterieurement de la robbe des accidens vulgaires, de deux elemens sensibles du pain & du vin, condescendant misericordieusement, & se communiquant familierement à l'infirmité & necessité de sa creature. Elle y practiquera la pieté & la Religion enuers Dieu, car elle y adorera sa Majesté supreme en la presence de sa saincte humanité vnie d'vne

La foy l'esperance & la charité.

L'humilité.

La pieté & Religion.

A LA ROYNE.

lien eternel auec elle. En somme elle y prendra le viatique necessaire au pelerinage de ceste mortalité, les biens spirituels & eternels, l'accroissement desquels il luy faut desormais rechercher pour s'agrandir de plus en plus deuant Dieu & deuant les hommes. Car quant est des honneurs & presens de la vie mortelle, vostre Majesté en a autant qu'vne personne raisonnable en peut souhaitter. Elle a pour ses ayeuls & bis-ayeuls maternels, les Empereurs & Rois de Boëme & d'Hongrie, pour ses progeniteurs, les grands Ducs de Toscane, pour ses oncles, les Papes, pour mari, le tres-Chrestien Roy de France, HENRY IIII. Roy de merueille au commencement, au progrez & en la possession de son sceptre, Capitaine tres-vaillant aux combats, & en ses victoires Prince tres-clement. Elle est en somme Royne d'vn Royaume tres-riche, tres-no-

Extraction de la Roine.

A LA ROYNE.

ble, tres-puissant. Ennoblie de ses tiltres & posee à la cime de ses grandeurs, elle est vne des plus grandes & plus hautes Dames du monde, & n'a à desirer l'accroissement d'autres fortunes & biens, sinon de ceux qui peuuent & doiuent tousiours croistre en ceste vie, & vous fournir en l'autre l'estoffe de la couronne de gloire. Ces biens, MADAME, sont les sainctes vertus, ornemens & atours des ames releuees, comme les draps de soye, d'or, & d'argent, & les pierres precieuses, sont les estoffes qui parent les corps des grandes Dames. Ce sont ces ornemens qui ont iadis ennobly les simples Dames sur les Roynes, & rendu admirables les Roynes sur les Roynes mesmes. La vaillante Judith estoit simple Damoiselle de Bethulie, elle fut par ses vertus estimee plus noble qu'aucune Royne de son temps. Hester fut Royne de Perse, belle par excellence, mais

Vrays ornemens des Roynes.

Iudith.

Hester.

ẽ iiij

A LA ROYNE.

sur tout, son humilité, sa modestie, sa charité, sa sagesse & autres diuines qualitez de l'ame, la firent admirer en sa vie plus que la beauté de son corps, plus que la couronne de sa teste, & ont apres sa mort graué son nom à iamais en la memoire des siecles suyuans. Ces ornements, MADAME, auec les dons corporels, que la main de Dieu liberale a mis en vous, sont les attraits qui vous ont desrobé les cœurs des peuples à qui vous estes cognuë dez vos ieunes ans, & les tiltres par lesquels ils vous ont iugé Princesse digne d'vn Royaume. Ce sont les poinctes qui leur ont causé les souspirs & regrets quand il a fallu qu'ils ayent esté priuez de vostre tres-honorable presence, & qui font maintenant que la France espanduë en allegresse, recueille vostre Majesté auec les signes d'vn incroyable contentement. Pour conclusion, ce sont les thresors qu'elle portera

A LA ROYNE,

quant & soy partant de ceste vie mortelle, pour à iamais regner en l'autre, heureuse auec les bien-heureux. Les autres biens, la beauté du corps, les richesses, les Palais, les habits, les ioyaux, les carquans, ceste Royale couronne, & tous les autres depostz de la terre, & despouilles du temps, passeront leur estre au tombeau, comme l'ombre, qui s'enfuit, comme le postillon, qui galoppe, comme vn nauire porté des flots, qui ne laisse apres soy, ny sentier ny trace, comme l'oyseau qui fend l'air donnant poincte d'vne aile forte & d'vne force bruyante, sans marquer les tires de son vol : s'esuanoüyront comme la poudre emportee du vent, comme l'escume espanchee par la tempeste, comme la fumee esparse en l'air, comme la memoire d'vn voyager qui n'arreste qu'vn iour. O Royne tres-Chrestienne, qu'est-ce que

Sapient. 5.

A LA ROYNE.

tout ce monde, vain, que sont ses presens, ses pompes & sa duree, au prix de la gloire qui nous attend en l'eternité! Gloire digne des Roys, & des ames Royales, qui la sçauent priser d'vne iuste balance & la rechercher d'vn cœur haut & constant. Gloire vrayement digne de vous, ô Roy tres-chrestien, & de vous MADAME, & de vos Majestez. Gloire que ie vous souhaitte de tout mon cœur, apres que le Roy qui vous a ioints ensemble, par ce noble & sacré nœud marital, aura fait l'vn pere & l'autre mere d'vn Louys ou d'vn Henry Dauphin de France, de plusieurs fils de France, & d'vne Marie de France, qui tous soyent viues images de leurs progeniteurs, de leurs Ancestres, Monarques, Rois, Empereurs, & de leur vertu, qui soient tous dignes de porter couronne, aussi noble que celle de France, Et d'estre

A LA ROYNE.

auec leur pere & leur mere couronnez au ciel, ayant apres eux longuement & dignement regné sur la terre.

De vostre Majesté.

Tres-humble, tres-obeyssant & tres-fidele subiect & seruiteur,

LOVYS RICHEOME.

Approbation des Docteurs.

NOvs soubsignez Docteurs en la faculté de Theologie à Paris, certiffions auoir leu entierement le present liure intitulé *Tableaux sacrez*, &c. composé par le Reuerend Pere LOVYS RICHEOME de la compagnie du nom de IESVS, & n'y auoir rien trouué contraire à la Foy Catholique Apostolique & Romaine, ny aux bonnes meurs, ains plusieurs belles choses tres-bien deduictes & tres-doctement expliquees auec vne singuliere clarté touchant le haut mystere de la saincte Eucharistie. Partant l'auons iugé tres-digne d'estre mis au iour, tant pour la reduction des errants, que pour l'edification & consolation de tous vrais Catholiques. Faict à Sorbone ce septiesme Mars l'an mil six cens vn.

PH. DE GAMACHES.

I. MVLOT.

INDICE
DES TABLEAVX, ET
DES EXPOSITIONS
d'iceux.

Auant-propos.

Qve c'est que figure, & de combien de sortes il y en a. 1
Les causes, vsages & effects des figures de l'Escriture saincte. 10

I

Le Paradis terrestre & l'arbre de vie. 21

1. l'Eglise de Dieu depeinte au Paradis terrestre. 29
2. Des biens & qualitez de l'Eglise au parangon du Paradis terrestre. 31
3. Le S. Sacrement de l'Autel figuré par l'Arbre de vie. 33
4. Rapport de l'Arbre de vie au sainct Sacrement de l'Autel. 34

5 De l'excellence du Sacrement de l'Autel par dessus l'Arbre de vie. 38
6 Le corps du Sauueur nourriture de l'ame, & cause de la glorieuse resurrection des corps. 40
7 Le Sacrement du corps du Fils de Dieu arboré par toute la terre. 42
8 Souhaits spirituels de la claire vision du corps du Sauueur, & action de graces de ses biens. 43

II.

Abel. 49.

1 Le sacrifice d'Abel figure de la croix & de l'Eucharistie. 55
2 Conuenance de la figure du sacrifice d'Abel auec celuy de la Messe. 56
3 De deux sortes de sacrifians. 59
4 Dieu permet le mal pour en tirer du bien à sa gloire & profit de ses esleus. 61
5 Abel image de l'estat des iustes, & Caïn des meschans. 66

III.

Melchisedec. 71.

1 Melchisedec figure du Sauueur. 81
2 La Prestrise du Fils de Dieu figurée

INDICE.

en celle de Melchifedec. 83
3 Pourquoy le Sauueur a inſtitué le ſa- crifice & Sacrement de ſon corps foubs les eſpeces du pain & du vin. 85
4 Le pain & le vin marques de la paſ- ſion du Sauueur en ſon Sacrement. 86
5 Le pain & le vin en l'Euchariſtie mar- ques du corps myſtique du Sauueur. 87
6 Le corps du Sauueur appellé pain & ſon ſang vin. 88
7 Qu'eſt-ce que Sacrement. 89
8 Qu'eſt-ce que ſacrifice, & comment eſt faict celuy de la Meſſe. 90
9 Differences entre le Sacrement & le ſacrifice. 93
10 Nulle religion ſans ſacrifice. 95
11 Teſmoignages des Docteurs He- brieux ſur le Sacrifice de Melchiſe- dech. 97
12 Teſmoignages des anciens Peres Grecs ſur la figure de Melchiſedech 98
13 Teſmoignages des anciens Peres Latins ſur le meſme ſacrifice. 100
14 Difference du Sacrifice de la Croix & de l'Euchariſtie. 101

INDICE.

15 La differéce du sacrifice de Melchisedech & celuy de la Messe. 103
16 Les bons cheualiers spirituels dignes de la refection & benediction du corps du Sauueur. 105

IIII.

Abraham 109

1 Isaac & le mouton sacrifiez, figure de la mort du Sauueur & du Sacremét & sacrifice de son corps. 118
2 La hauteur du mystere de l'Eucharistie signifié par la montagne, & par Abraham, & comme il s'y faut approcher. 121

V.

L'Agneau Paschal 127

1 Du téps de l'immolation de l'agneau Paschal, & de l'an sacré & ciuil des Hebrieux, & de leur Neomenie. 133
2 Pourquoy l'an des Hebrieux fut Lunaire, & comment la Synagogue est comparee à la Lune. 138
3 L'agneau Paschal figure du sacrifice de la croix & de l'Eucharistie. 141
4 Comment IESVS-CHRIST est immolé en l'Eucharistie. 144
5 L'im-

INDICE

5 L'immolation du corps du Sauueur au sacrifice de la Messe, confirmée par le tesmoignage de l'escriture & des saincts Peres. 148
6 Comment l'agneau monstroit l'vsage & la fin de l'Eucharistie. 151
7 Des ceremonies de la manducation de l'Agneau Paschal. 154

VI.

La Manne. 161.

1 La Manne figure du Sacrement de l'Autel. 167
2 Correspondance de la Manne au S. Sacrement de l'Autel. 168
3 Que signifioit la semblance du coriandre en la Manne. 173
4 Le S. Sacrement gardé au tabernacle comme la Manne en l'Arche. 175
5 Le pain des Iuifs porte nom de merueille en figure du merueilleux Sacrement de l'Autel. 176
6 Merueille de la puissance de Dieu au S. Sacrement de l'Autel. 179
7 De la toute-puissance de Dieu en la transsubstantiation. 181
8 Ce changement est vn miracle pour les fideles Catholiques. 184

INDICE.

9 De la mesme puissance és accidens du pain & du vin. 186
10 La mesme puissance verifiée aux accidens du corps du Sauueur en la quantité. 189
11 Merueilles és qualitez du corps du Sauueur en ce Sacrement. 187
12 Admirables rapports du corps du Sauueur au mesme Sacrement. 190
13 Admirables actions du corps du Sauueur. 192
14 Le corps du Sauueur impassible. 193
15 Il est en plusieurs lieux en mesme temps. 195
16 Le corps du Sauueur dessus les loix du temps. 198
17 De l'assiette admirable du corps du Sauueur au Sacrement. 199
18 Des habits du corps du Sauueur. 201
19 Côment l'Eucharistie est vn recueil des merueilles de Dieu. 202
20 Comment la foy prend force de ce Sacrement. 205
21 De la bonté du Sauueur en ce Sacrement. 207
22 La charité enuers Dieu, & enuers le prochain aidee par ce Sacrement. 212.

INDICE.
23 De la sagesse de Dieu en ce mesme mystere. 214
24 La sagesse diuine en enseignant en ce mystere. 217
25 Colloque de loüange, & d'action de grace à Dieu. 220

VII.

Les Pains de Proposition. 225.

1 Le corps du Sauueur conceu de la Vierge par l'operation du S. Esprit, signifié par les Pains de proposition, paistris de farine tres-pure sans leuain. 229.
2 Comment le corps du Sauueur est offert tous les iours & renouuellé toutes les sepmaines. 232
3 Les commencements & la fin de la communion est la charité, & l'oraison & contemplation. 233
4 Le corps du Sauueur signifié par la table des Pains de proposition. 234
5 Signification du chandelier. 235
6 Le cœur du iuste l'Autel des parfums. 236
7 Dequoy & comment nous deuons remercier Dieu. 238
8 Les vertus necessaires pour digne-

I ij

INDICE.
ment remercier Dieu, & le iuste examen de nos actions. 239
9 Souueraine recognoissance deuë à
Dieu seul, donnee en l'Eucharistie
340
10 Le corps du Sauueur viande des
sanctifiez. 241
11 Que signifioit la table des pains de
proposition, & les chandeliers multipliez par Salomon. 243
12 La pureté du corps necessaire à la
saincte communion. 245
13 Ceux qui communient sainctement
prennent forces & armes de la communion.
14 Briefue exhortation à la pureté pour
se presenter au S. Sacrement. 247
L'oblation des premices de la Pentecoste. 251.
1 Trois festes des premices Iudaïques.
262.
2 La Messe oblation nouuelle en la
Pentecoste des Chrestiens. 264
3 De plusieurs traicts de l'ancienne o-
blation respondant à la verité du
Sacrement & sacrifice de la Messe.
266.
4 Du nom de Messe. 268
5 La transsubstantiation qui se fait en

INDICE

ce Sacrement figurée par le leuain 271

6 Le Sacrement & sacrifice du corps du Sauueur sous les especes du pain, predit en l'escriture, & enseigné par les Docteurs Hebrieux. 274

7 Tesmoignages des Hebrieux sur la transsubstantiation & maniere en laquelle le corps du Sauueur est present en l'Eucharistie. 277

8 Tesmoignages des Docteurs Chrestiens de la transsubstantiation, & maniere de la presence du corps du Sauueur en l'Eucharistie. 281

9 Pourquoy le Sauueur a voulu que son corps fust caché & non visible en ce Sacrement. 286

10 Comme la vieille oblation des premices commença en la Pentecoste, ainsi la nostre nouuelle. 291

11 La Messe commence d'estre celebrée par les Apostres en la Pentecoste. 294

IX.
Le Pain d'Elie. 299.

1 Le Pain d'Elie figure du Sacrement de l'Autel. 305

2 Que signifie l'Escriture par la cuisson du Pain d'Elie soubs les cendres. 307
3 Que nous signifie le sommeil d'Elie soubs l'ombre du geneure. 310
4 Le chemin d'Elie depuis l'ombre du geneure, iusques à la montagne d'Oreb, & de l'eau à luy donnee auec le pain. 313
5 Signification du pot d'eau. 315

X.

Le sacrifice propitiatoire. 319.

1 Trois especes de sacrifice. 321
2 Le sacrifice propitiatoire qui proprement signifioit celuy de la croix. 322
3 Le second genre de sacrifice propitiatoire figure de l'Eucharistie. 325
4 Auec quelle difference les sacrifices & Sacremens Iudaïques & les Chrestiens sont propitiatoires. 326
5 Tesmoignages des anciens Peres Latins & Grecs monstrans que le sacrifice de la Messe est propitiatoire. 329
6 En quelle façon le sacrifice de la Messe, & les Sacremens remettent le

INDICE.

peché puis que la croix est nostre entiere redemption. 334
7 Le sacrifice de la Messe auec les Sacremens est honorable à la croix. 337
8 Le Sacrifice de la Messe vtile pour impetrer de Dieu toute sorte de bien, & qu'il s'estend à toutes personnes, sauf aux damnez. 341
9 Le sacrifice de la Messe vtile aux fideles trespassez en Purgatoire, & honorable à ceux qui regnent au Ciel. 343

XI.

Les cinq pains & deux Poissons. 349

1 Le miracle des cinq pains tableau de l'Eucharistie. 354
2 En quoy le miracle des cinq pains figuroit l'Eucharistie. 356
3 Les deux Poissons figure du mesme Sacrement. 358
4 Pourquoy il n'est faict mention d'aucune boisson en ce miracle, & des autres circonstances d'iceluy. 360
5 Pourquoy le peuple voulut creer Roy le Sauueur, & pourquoy le Sauueur s'enfuit. 362

6 Dieu nourriſſier de toute creature, vraye nourriture de ſes enfans. 365

XII.

Le Sauueur preſchant du Sacrement de ſon corps. 371.

1 Pourquoy le Sauueur fit le ſermon de l'Euchariſtie deuant que l'inſtituer. 375
2 Premiere cauſe pourquoy le Sauueur a voulu donner ſa chair à manger & ſon ſang à boire. 378
3 Remedes de la chair du Sauueur pour noſtre miſere. 379
4 Deux mauuaiſes vnions de la chair d'Adam auec noſtre ame reparees par la chair du Sauueur. 381
5 L'orgueil & la ſenſualité contraires à la foy & les premiers ennemis du S. Sacrement. 388
6 Expoſition des paroles du Sauueur C'EST L'ESPRIT QVI VIVIFIE, LA CHAIR NE PROFITE RIEN. LES PAROLES QVE IE VOVS DIS SONT ESPRIT ET VIE. 393
7 L'hereſie touſiours charnelle & amoureuſe des extremitez. 397
8 Contradiction des errās en leur fau-

se & imaginaire foy. 400
9 Le sens literal fondement des autres,
 contre les mesmes errans. 402
10 Deux sortes de communion la seule
 spirituelle & sacramentelle. 407
11 De la diuine sagesse & bonté, & de la
 folie & mescognoissance des hommes en ce Sacrement. 409
12 Aux deuoyez de nostre siecle. 413

XIII.

Le lauement des pieds. 419.

1 Le Sauueur celebra la Pasque Iuisue
 deuant qu'instituer le Sacrement de
 son corps. 429
2 Signification du lauement des pieds.
 435.

XIIII.

L'Eucharistie instituée. 441.

1 Auant-propos de S. Iean declarant
 la grandeur du mystere de l'Eucharistie que le Sauueur instituoit. 450
2 Exposition des paroles du Sauueur,
 CECY EST MON CORPS. 454
3 De la clarté & du sens de ces paroles,
 CECY EST MON CORPS, par l'e-
 scriture & par la raison. 457

INDICE.

4 Tesmoignage des Peres sur l'exposition des mesmes paroles 460

5 Mysterieux rapports des paroles du Sauueur, CECY EST MON CORPS, aux anciennes figures, & à tous autres corps,. 466

6 Comment le Sauueur s'offrit à Dieu en sacrifice disant CECY EST MON CORPS. 471

7 Le sacrifice & Sacrement du corps du Sauueur, institué au mystique soupper monstré par le tesmoignage des Peres. 476

8 Le testament du Sauueur fait en l'institution du sacrifice & Sacrement de son corps. 478

9 En quelle façon le Sauueur ayant fait son testament, laissa son corps à ses heritiers. 485

10 Deux grandes merueilles aduenuës en l'institution de ce Sacrement. 487

11 S. Iean premier en la communion des Apostres. L'Eucharistie le vray repas & le present du repas. 490

12 Des paroles du Sauueur, Faictes cecy en ma memoire. 492

13 La Messe memorial tres-propre de la Passion du Sauueur. 496

14 La Messe le festin de Dieu, où il est

singulierement inuoqué en la loy de grace, & les Chrestiens exaucez. 499

15 La redemption du genre humain & la fin de la synagogue signifiees par l'institution de l'Eucharistie faicte en la pleine Lune. 504

16 La fin de la synagogue & le commencement de la Loy de grace signifiee par l'Eclipse de la Lune & du Soleil aduenuë au lendemain de la Pasque & de l'Eucharistie instituée. 507

17 L'Eglise signifiee par la Lune, & de la Pasque & renouation Chrestienne. 510

18 Le Sauueur ayant institué le sacrifice & Sacrement de son corps sortit du logis pour aller au iardin des Oliues. 513.

INDICE ALPHABETI-
QVE DES AVTHEVRS
employez en ceste œuure.

A

Abdias
S. *Alexandre.*
S. *Ambroise.*
S. *Anselme.*
Aristote.
Athenagoras.
S. *Augustin,*

B

Baronius.
S. *Basile.*
la S. *Bible, vieil & nouueau Testament.*

C

S. *Chrysostome.*
Ciceron.
S. *Clement.*

Conciles.
 ⎧ d'*Agde.*
 ⎪ 2ᵉ de *Carthage.*
 ⎪ de *Chaalons.*
 ⎨ *Elibertin.*
 ⎪ de *Nice.*
 ⎪ pʳ *Romain.*
 ⎩ de *Trente.*

INDICE.

S. Cyprien.
S. Cyrille.

D
S. Denis Areopagite

E
S. Epiphane.
Euariste.
Eusebe.

G
Galatinus.
Glose ordinaire.
S. Gregoire.
S. Gregoire de Nazianze.
Sainct Gregoire de Nysse.

H
Herodote.
Hesychius.
S. Hierosme.
S. Hilaire.
Homere.

I
S. Iean Damascene.
Innocent Pape.
Iosephe.
S. Irenee.
S. Iustin Martyr.

L
Lampridius.
S. Leon.
Liturgie de S. Iaques.
Lyranus.

M
Martial.
Minutius Felix.

O
Oecumenius.
Optat. Mileuitain.
Origene.

P
Paschasius.
Perse.

DES AVTHEVRS.

Philon Juif.
Platon.
Pline.
Plutarque.
Prosper d'Aquitaine.

S. Remy.
Rupert.

S.
Seneque.
Suetone.
Suydas.
les Sybilles.

R
Rabbins. { Barrachias. Ionatas. Iudas. Kimhi. Mose Hadarsan. Phinee. Salomon. Samuel. }

T
Telesphore.
Tertullien.
Theodoret.
Theophylacte.
S. Thomas.

V
Valere le Grand.

TABLEAVX SACREZ
DES FIGVRES MYSTI-
ques du tres-auguste Sacrement & sacrifice de
l'Eucharistie.

AVANT-PROPOS.

Que c'est que figure, & de combien de sortes il y en a.

LE SACREMENT & sacrifice de l'Eucharistie est vn ouurage de Dieu si haut & si grand, que nulle langue d'homme ny mesme d'Ange, n'en peut assez dire, ny en discourir dignement: Nous en auons dict quelque chose aux quatre liures de la saincte Messe, refutant l'erreur & confirmant la foy Catholique, nous en dressons encor ce traicté, sans meslee de controuerse á l'honneur du mystere, en confirmation de ceste foy, & en faueur de ceux qui n'auront eu le loisir de lire cest œuure-là. Nous prenons pour theme de nos discours, les plus notables figures d'iceluy mystere, tracees au liure de Dieu, que pour ceste occasion nous auons intitulé, TABLEAVX SACREZ, c'est à dire, tables qui mettent deuant les yeux, les images sacrees & figures prophetiques du mystere que nous adorons. Ceux qui auront veu la verité voltigeant armee en lice de dispute, prendront encor plaisir de la voir icy regnant en habit de paix: ceux qui ne l'auront pas veuë, auront occasion de se confirmer sans bruit de guerre, & sans castille en la creance de l'eglise de Dieu.

L'inscription de l'œuure.

Le subiect & la fin de cest auāt-propos.

POVR auāt-propos de toute l'œuure il nous faut briefuement declarer, que c'est que figure, comme nous la prenōs icy, & de combien de sortes il y en a: Item pourquoy Dieu a voulu qu'en la loy de nature & de Moyse, fussent couchees les figures des mysteres de la loy de grace: Par la premiere declaration, nous aurons vne generale cognoissance des figures, que cy-apres nous dechifrerons en particulier, Par la seconde nous cognoistrons, que Dieu a tres-sagement vsé de ceste façon d'enseigner la loy pour la manifestation de sa gloire, & profit de ses enfans, qui sont les deux plans qui font l'assiette de nos tableaux.

Donc pour le premier, nous noterōs que figure prinse à la naturelle selō son nom, signifie la façon & le traict exterieur de quelque corps : ainsi la forme exterieure, les lineamēs, & la proportiō des parties d'vne plante, d'vne beste, d'vn homme, c'est sa figure, mais figure naturelle de laquelle nous ne parlons pas icy, estant ce subiect du tenement des Naturalistes. Parquoy figure selon nostre sens & vsage present, c'est vne chose faicte ou dressee pour en representer ou signifier vne autre, & ceste-cy est artificielle & s'appelle autrement peinture, & se trouue de trois sortes. La premiere est celle qui donne aux yeux du corps, representant par lineamens & couleurs, quelque chose sans sonner mot, qui pour ce est appellée par les anciens peinture muete. Telles sont les images tāt de bosse que de tableau, tel fut le Serpēt d'airain ietté en fonte par Moyse, les Cherubins les Palmiers, &

Definition de la figure naturelle.

Definition de la figure artificielle.

Peinture premiere sorte.
Peinture muete.
Peinture de bosse.
Le serpent d'airain.
Num. 21.
Les Cherubins.
3. Reg. 6. 29.

a ij

autres images pourtraictes au tēple de Salomō. item les peintures des saisons, des vices, des vertus, & autres pieces imaginaires representées ou par le ciseau en relief, ou par le pinceau en plate peinture. A ceste sorte se rapportent les visions qui se font en l'imagination: car encor qu'elles soient aucunement spirituelles, elles se font neantmoins à guise de corps obiectez à la veuë des sens interieurs.

<small>*Plate peinture. Vision.*</small>

La seconde sorte est celle qui donne à l'oreille, que par contraire qualité nous pouuons dire parlante. Telles sont les descriptions ou fictions verbales qui se fōt par les Poëtes, ou Historiens, d'vn arbre, d'vne riuiere, d'vn animal, d'vne tempeste, d'vne vertu, d'vn vice, ou d'autre chose vraye ou imaginaire. Ceste sorte comprend les narrations qui se font pour expliquer quelque figure artificielle, soit elle presente ou feincte comme presente. Tels sont les tableaux de Philostrate: car en iceux il n'y a ny couleur ny peinture, mais la seule parole qui feinct les images & figures, & dechifre les fantasies de l'autheur comme ayant la peinture deuant ses yeux.

<small>*Peinture parlante seconde sorte.*</small>

<small>*Peinture parlante sur vne feincte.*</small>

La troisiesme sorte de figures est vne

<small>*Allegorie troisiesme sorte de peinture.*</small>

chose ou vne action instituee pour representer vn mystere, & si c'est vn mystere ciuil ou profane, c'est vne figure ciuile ou profane, comme estoient les hieroglifes des vieux Egyptiens, consi- *Hieroglifes.* stans en certaines figures de bestes ou d'instrumens, mises pour signifier quelque chose cachee: ainsi vn Crocodile *Crocodile.* estoit la figure d'vn trahistre, l'aigle, la figure de l'ame. Si c'est mystere de religion, c'est vne figure sacree. Ainsi la manne estoit vne sacree peinture, non de couleurs ou de paroles, mais de signification. Ainsi la Circoncisiō estoit vne action signifiant & figurant le Baptesme. Ceste figure est autrement nommee Allegorie, peinture & exposition *Allegorie.* mystique, contenant en soy vn sens spirituel, cogneu aux gens spirituels, & caché aux grossiers.

Ceste derniere sorte faict le subiect fondamétal de nos sacrez Tableaux de l'Eucharistie, car nostre principal but est d'expliquer les choses, & les actions remarquables instituees en la loy de nature & de Moyse, pour signifier le sacrifice & Sacrement du corps du Sauueur: Neantmoins en desployant le volume de ces figures, nous auons vsé

a iiij

de l'entremise de toutes les autres peintures, de la premiere, aux tableaux grauez, esquels est couchée la peinture muete, de la seconde, en l'explication literale desdicts tableaux, donnée de parole. Nous auons aussi faict maintes saillies en recommandation de la vertu, & en detestation du vice, pour l'instruction des mœurs, & souuent excité les personnes à la contemplation & amour de la patrie celeste, touchant par ce moié les quatre sens cardinaux, qui communément se trouuér és thresors de la sainste Escriture, le literal ou historié qui va le premier, l'allegorique ou figuratif, qui est l'esprit du literal, le tropologique ou moral, qui forme les mœurs, & l'anagogique qui monstre l'Eglise triomfante. Le literal est la base des trois, l'allegorique est la signification mystique du literal, le tropologique est le fruict de l'vn & de l'autre, l'anagogique est la fin de tous. Et en ceste façon auons nous comprins quatre sortes d'expositions, & trois sortes de peintures pour enseigner auec fruict & plaisir, le plus grand mystere de nostre religion? car s'il n'y a autres meilleures ni plus vtiles methodes que ces quatre:

La peinture muete.
Peinture parlante.

Quatre sens vsitez en l'escriture.
S. Tho 1. par. q. 1 art. 10. ex S. Greg l 20. moral. c. 1.
Le literal.
l'Allegorique.
Le Moral.
l'Anagogique.

Methode vtile plaisante.

& s'il n'y a rien qui plus delecte, ne qui face plus suauement glisser vne chose dans l'ame, que la peinture: ne qui plus profondement la graue en la memoire, ne qui plus efficacement pousse la volonté pour luy donner branle, & l'esmouuoir auec energie à aymer ou haïr l'obiect bon ou mauuais qui luy aura esté proposé, ie ne vois pas en quelle maniere on puisse plus profitablement, viuement, & delicieusement enseigner les vertus, les fruicts & les delices de ce diuin & sacré mets du corps du Fils de Dieu, qu'auec les susdites expositions, & auec l'air de ceste peinture triple, de pinceau de parole, & de signification.

Si mon effort en ceste matiere vrayement Chrestienne & digne de l'oreille de tout homme d'honneur, apporte quelque profit & lustre à nostre foy, & quelque profit spirituel au public, comme ie le desire de tout mon cœur: la loüange en soit toute à Dieu, qui m'a fourny l'esprit & le corps, l'ancre & le papier, pour escrire. Et si à l'exemple de ces tableaux Chrestiens, les bōs esprits prennent occasion d'vser de semblable methode s'esgayans sur quelque digne subiect, pour enseigner auec honneste

Aux escriuains Chrestiens.

a iiij

recreation & profit, le moyen de suiure la vertu & fuir le vice, i'en auray vn singulier contentement & foulas pour ma part, & eux en receuront recompense d'honneur & de gloire de la main de celuy qui ne laisse aucune bonne œuure faicte pour son nom, sans loyer, ny aucun mal commis contre ses loix, sans peine.

Certes pour dire cecy en passant, c'est vne misere autant digne de compassion que de honte, que plusieurs Poëtes & Orateurs parmy les Chrestiés, & nommément en nostre France, employent la bonté & fertilité de leurs esprits, à escrire des comptes, des fables, des amours, & autres choses, ou inutiles, ou pernicieuses, & s'esuantrent comme Araignes à tistre des filets aux mouches & œuures de vanité, quittât mille beaux subiects sur lesquels ils pourroient auec loüange eternelle faire courir la poincte de leur style : C'est grande honte au nom Chrestien de voir vn Pindare Payen, vn Euripide, vn Virgille, vn Appeles, vn Philostrate & séblables Autheurs prophanes, trauailler si soigneusement à descrire, châter, peindre & representer leurs Capi-

Araignes.

taines, leurs gestes, leurs Dieux, leurs vices & leurs vanitez, pour la gloire de leur superstition, & plusieurs Chrestiens ne sçauoir choisir ny vne matiere ny vne façon propre du nom Chrestien, pour escrire Chrestiennement à la loüange du vray Dieu, à l'honneur & lustre de leur religion. Chose deplorable encor d'en voir d'autres tremper le pinceau & la plume dans les bourbiers & cloaques des choses profanes, *Tableaux de scandale.* & en dresser des tableaux d'abomination & de scandale, & escrire & peindre de tels fatras & vilenies plus profanement que les profanes mesmes, sans se soucier de perdre leur ame, moyennant qu'ils gaignent quelque bruit de reputation parmy les ames legeres. Et quelle folie funeste d'acheter à si haute enchere les fumees de vanité? d'encourir l'ignominie & peine eternelle, pour mettre son nom au vent, & estre estimé des fols, gentil artizan de folie? Mais venons au second poinct de nostre Auant-propos, & declarons pourquoy Dieu a vsé iadis des figures preallables à la loy de grace.

Les causes, usages & effects des figures de l'escriture Saincte.

RESTE encores à declarer selon noſtre pouuoir, pourquoy la prouidence diuine a voulu vſer des figures preallables en la loy de nature & de Moyſe, deuant qu'enuoyer ſon Fils, pour eſtablir la ſienne en propre perſonne.

SVR quoy nous diſons en general que c'eſt pour declarer qu'il eſt Dieu, & pour enſeigner profitablement ſa creature, & prouuons ainſi noſtre dire. La maniere d'ouurer familiere à Dieu, c'eſt de parfaire ſes œuures admirables ſur des petits principes & commencemens, & faire paroiſtre qu'il eſt Dieu aux choſes petites, auſſi bien qu'aux grandes, & aux commencemens & progrés, auſſi bien qu'à la fin.

Dieu commence par des petits principes.

EN creant le monde, il commença par le rien, & en le gouuernant il continuë la production des creatures, par la ſemēce d'icelles, qui n'eſt preſque rien, & qui eſt digne d'admiration, c'eſte ſemence contient en ſa petiteſſe, tout ce qui en doit naiſtre par apres. Ceſte

En la creatiō par le rien.

methode est conuenable à manife-
ster clairement sa sagesse, puissance &
bonté, & fort propre pour suauement
apprendre l'homme selon sa capacité.
Qui voit vn bel & grand palmier bien *Exemple.*
branchu, touffu, & chargé de dattes, il y
a dequoy admirer le Createur en ceste
creature, mais celuy qui contemple le *Contempler les choses en*
petit noyau dont tout cela est sorty, la *leurs sources*
racine, le tronc, les brāches, les fueilles, *& fin.*
& le fruict de l'arbre, il magnifie d'vn
costé ceste sagesse diuine, qui par l'in-
terualle du commencement à la fin, &
de l'esbauchement à la perfection de
cest arbre, enseigne si proprement la
grandeur, par l'opposition de la petitesse, de l'autre il admire son infinie vertu,
qui d'vn si petit germe a peu produire
de si grāds effects: & loüe sa bonté, qui *La sagesse de*
en a fait present à l'vsage de l'homme. *Dieu admira-*
ble en la fon-
CESTE façon est aussi claire que mer- *dation &*
ueilleuse en tous les membres de cest *gouuernemēt*
Vniuers: mais tres-illustre & tres-admi- *de son Eglise*
rable en la Monarchie que ce mesme
Dieu a establie au regne de son Eglise,
dont les fondemens ont esté merueil-
leux en la loy de nature: les progrés en- *En la loy de*
cor plus en la loy des Iuifs, mais l'ac- *nature & de*
complissement fait en la loy de grace, *Moyse.*

surpasse toute admiration. Les fondemens en la loy de nature, & les progrés en celle de Moyse, sont merueilleux, parce qu'en leur petitesse, ils contenoiēt le modelle & la figure de la grandeur de la loy du Sauueur, & en ceste loy du Sauueur, l'acheuement est infiniemēt plus admirable en ce qu'il contient la perfection de tout ce qui auoit esté iadis fondé & figuré en l'vne & en l'autre loy : Et c'est ce que souuent l'escriture nous met deuant, comme vn clair argument de la Majesté du Createur. S. Paul escrit que toutes choses aduenoient en figure aux Iuifs, c'est à dire, que la vieille loy estoit vne peinture de la nouuelle; Et le Sauueur proteste souuent qu'il veut accomplir la loy, iusques à vn petit iotta, c'est à dire, que la loy de grace estoit l'accomplissement des anciennes loix.

OR Dieu s'est diuinement fait paroistre Dieu, en ceste œconomie, & rapport des choses passees aux futures, & si esloignees les vnes des autres, si iamais en aucun autre effect. En premier lieu, predisant ce qui estoit à venir, il a monstré auoir deuant ses yeux presentes toutes choses, fussent elles passees, ou à

En la loy de grace.

Tout en figure aux Iuifs.
1. Cor. 10.

Vn iotta.
Matt. 5. 18.

Dieu s'est monstré Dieu au rapport des choses passees aux presentes Tout sçauāt.

enir (marque de supreme diuinité) car *Sçauoir &*
ans ceste sciéce il n'eust peu ordonner *predire les*
& predire tant & si beaux desseings des *choses futu-*
mysteres qui ne deuoiét estre effectuez *res marque de*
qu'apres la suite de plusieurs miliers *diuinité.*
d'ans, ny faire & móstrer des lineamés *Esa. 41. 23.*
S. Cyril li.
de la loy de Moyse en la loy de nature, *de adora-*
& faire en la loy de Moyse vn corps de *tione.*
figures qui representassent la loy du
Messie, comme nous voyons auoir esté
faict: Car la Circócision dónee à Abra- *La circonci-*
ham, la mer Rouge, le desert, la mánne, la *sion.*
móntagne de Sina, les sacrifices, les ceremonies, en somme tous les mysteres Iudaiques, n'estoient que tableaux &
peintures de ce corps, cótenans en signification nostre verité. Qui dóc eust
sçeu tirer ces traicts si diuins, de temps
en temps, de saison en saison, si non celuy qui tient en son bureau la science
& la face des temps & saisós, & de toutes choses passees, presentes & à ve-
nir? Et qui eust peu accorder le passé *Tout puis-*
auec le present, & le present auec le *sant.*
passé: qui eust peu ioindre la figure au
corps, & le corps à la figure: l'ombre à
la verité, & la verité à l'ombre, & auec *Contre les*
Athees.
si belle symmetrie, parfaire l'ouurage
de point en point, selon le vieil dessein,

sinon celuy qui peut tout ce qu'il veut?

COMME ceste façon d'ouurer par petis commencemens & figures, aboutissant à la perfection & à la verité, par des moyens proportionnez au commencement & à la fin, a esté conuenable pour tesmoigner la maiesté de Dieu, aussi a elle esté necessaire pour instruire les Iuifs en la loy d'enfance, & merueilleusement propre pour rendre parfaicts les Chrestiens en la loy de perfection. Les Iuifs estoient rudes & enfans: Et leur loy estoit vn pedagogue: Dieu les apprenoit par figure, les menaçoit du foüet, leur promettoit le laict & le miel, c'estoit les enseigner selon leur capacité, les brider par leur frain, & les attirer par leurs cordeletes. Platon dict que les ieunes gens doiuét commencer leur eschole par la Mathematique, parce que c'est vne science qui s'apprend par des choses qui leur agreent, par des lineamés, par des triãgles, quarrez, Cylindres, & par images qui glissent doucement dedans l'esprit. Il falloit donc apprédre la religion aux Iuifs enfans, par figures de religion côme alphabets familiers à l'enfance, & tel estoit l'vsage d'icelles entr'eux,

Maniere d'enseigner par figures necessaire aux Iuifs, & vtile aux Chrestiens. La loy pedagogue. Galat. 3. 14.

Platon.

L'vsage des figures parmi les Iuifs.

mais entre les Chrestiens, il est autre, les Iuifs mangeoient les figures par lesquelles ils estoient enseignez, leur agneau Paschal, leur manne, leurs sacrifices, leurs offrandes & les autres plus remarquables, & en icelles s'ils estoient spirituels, contemploient la future verité de la loy de grace. Les Chrestiens tiennent la verité presente & en icelle contemplent les figures passees sans en plus vser à la façõ des Iuifs, de laquelle contemplation ils retirent plusieurs fruicts. Le premier est qu'ils admirent ceste supreme sagesse, voyans qu'elle à dés le commencement si bien fondé le regne de son Fils, & conduit à la perfection de la loy de grace, par des principes si petits en apparence, & si grands en signification : voyans qu'elle a si diuinement couché les viues & dernieres couleurs de la loy de grace, sur les ombres & lineamens qu'il auoit tracez en l'ancienne loy.

Parmy les Chrestiens.

Fruicts de la contẽplation des figures.
Admiration de la diuine sagesse en desseignant.

LE second est qu'ils admirent la mesme sagesse contemplans le beau rapport du nouueau & vieux testament, se regardans l'vn l'autre, cõme deux Cherubins accarrez deuãt l'arche, l'vn cõtenant le pourtraict veritable, l'autre la

Second fruit.
L'admiratiõ de la diuine sagesse au rapport.
Deux Cherubins se regardans deuant l'arche.
Exo. 25.

viue verité, l'vn disant, le Messias viendra, l'autre, le Messias est venu, l'vn, le Messias endurera la mort de la Croix, l'autre le Messias a enduré la mort de la Croix; l'vn, le Messias instituera vn Sacremét & sacrifice eternel de son corps, l'autre, il a institué le Sacrement & sacrifice eternel de son corps; & ainsi des autres mysteres.

Trois fruicts particuliers.
La foy confirmee.

CES deux admirations nous apportent trois autres fruicts. Premierement elles illustrent nostre foy ; Car quád les mysteres que nous croyons, nous sont declarez par les figures & propheties dónees plusieurs siecles auparauát, nostre foy préd fóds & racine sur l'auctorité & certitude des choses passees. C'est pourquoy l'escriture voulant pláter ceste foy renuoye souuent l'auditeur aux tableaux & tesmoignages de l'ancienne loy. Ainsi le Sauueur faisant fidele ce sien disciple secret, Nicodeme, illustre le mystere de sa Passion par l'histoire du serpent d'airain iadis erigé au desert en figure d'icelle passion : Ainsi insinua il la victoire de la Resurrection, par le naufrage & saillie de Ionas du ventre de la Baleine: Ainsi les Euangelistes & Apostres vsent souuent du tesmoignage

Nicodeme enseigné par figures.
Io. 3.
Serpent.
Num. 21.

Ionas.
Ioan. 2.
2. Mat. 12. 19.

gnage du vieil testament, pour donner pied & credit à la foy qu'ils enseignent.

SECONDEMENT, ces figures affermissent nostre esperāce, car voyans que ce que Dieu auoit iadis figuré & predit est fidelemēt accomply, nous sommes induicts à esperer que ce qui nous est predit, le iugement, la recompense, la gloire, la peine & le reste, s'accomplira auec mesme fidelité. Finalement elles enflāment nostre amour enuers Dieu, parce que ceste contemplation des figures lointaines, rapportees à la verité presente, nous fait voir l'Eternelle charité de laquelle Dieu nous a aymez, nous preparant par vne si longue preuoyāce le bien qu'en fin il nous a donné, nous en promettant tousiours d'auantage, & parce que l'amour & les bien-faicts engendrent l'amour, c'est pourquoy si nous ne sommes desnaturez, nous croissons en amour enuers Dieu par ceste meditation. Ce sont les causes, effects & vsage des figures. Reste d'entrer au temple de Dieu pour y voir les sacrez tableaux du Sacremēt & Sacrifice du corps de son fils, extraicts des cayers de son sacré testamēt, expliquez par sa parole, & selon la doctrine de ses

Nostre esperance affermie.

Nostre amour enflammé

L'amour engendre l'amour.

b

diuins peintres & escriuains, truchemens de ceste sienne parole. La peinture muette sera pour vos yeux: le narré pour vos oreilles, & l'exposition de l'vn & de l'autre, seruira à vos esprits. Le premier est du Paradis terrestre & de l'arbre de vie planté en iceluy, tous deux peincts en ces crayons.

LE PARADIS TERrestre, & l'Arbre de vie.

CHRESTIENS spectateurs, vous sçauez que cest admirable Chroniqueur & diuin Cosmografe Moyse, dit en l'histoire de la creation, que Dieu auoit planté au commencement vn iardin de volupté vers l'Orient, auquel il mit l'homme qu'il auoit formé. C'est ceste belle & spatieuse region que le Peintre vous represente en ce tableau. Elle est haute d'assiete, riche de biens, rare en beauté, gracieuse en seiour, & abondante en toute sorte de delices. La terre y est en quelques en-

Gen.2.8.

La terre.

droicts applanie en platte campagne, en d'autres releuée en petits tertres & collines, chargees de plantes & d'arbres de rare bonté.

L'eau. Au lieu où elle est la plus haute, vous y remarquez vne fontaine qui surgissant à gros boüillons, & se formant en riuiere, serpéte & arrouse tout le iardin, vers la fin duquel elle se diuise en quatre chefs, & fait quatre grands fleuues coulás en diuers endroicts de la terre.

Phison. Le premier desquels appellé Phison iette au bord le sable d'or, & plusieurs belles pierres precieuses, mais personne ne les ramasse, parce qu'il n'y a encor qu'Adam & Eue au monde: leurs enfans les

L'air. cueillirōt apres. L'air y est tres-pur & tres-subtil: c'est pourquoy vous n'y voyez aucune marque de nuages ou broüillars, le Soleil luisant tousiours clair & brillant. Quant

Le feu. est du feu, qui est l'elemēt le plus

hautain, il se tiét coy en son regne sur l'air, il côtribue neantmoins sa lueur & chaleur d'vne douce temperature, à guise de flambeaux du ciel. Ceste gaye verdure dont la terre est tapissee par tout, & ces fleurs odoriferantes, qui vont diaprant de mille couleurs ceste verdure, & celles qui sôt espanies aux arbres, monstrét le Printéps, auec lequel les autres saisons font leur quartier ensemble, & partant l'Esté a ja fait iaunir la moisson en ceste rase câpagne, & meurir plusieurs fruicts de sa cueillette en ces prairies & vergers voisins. Commeaussi l'Autône monstre ses belles grappes de raisins meurs en ces collines-là, combien que la vigne ne soit encor plantee & cultiuee par Noé. L'Hyuer dône son repos sans aucune rudesse de froid, car il est radouci, partie par la lueur du Soleil, qui tous les iours iette ses

Les quatre saisons.
Le Printemps.
L'Esté.

L'Automne.

L'Hyuer.

Voy. S. Ba. sil. 2. Parad.

clairs rayons sur l'horison de ceste diuine region, sans s'esloigner beaucoup vers le Sud: partie par l'haleine moitement chaude des vents Meridionaux, qui soufflent doucement à trauers pour rabbatre la pointe de l'air refroidy. De maniere que c'est vn perpetuel accord des quatre saisons, le Printemps tenãt le dessus. Ces bois de haute fustaye & ces taillis espais, sont pleins de petits oysillons, qui font retétir l'air de mille sortes de ramages, & sur tous les rossignols, qui à l'enuy & à plusieurs chœurs musiquét tout le long de l'annee: mais le Peintre n'a sçeu representer à l'oreille ceste douce harmonie, comme il represente à l'œil les oyseaux, & sur tous celuy qu'on appelle l'oyseau de Paradis, suspendu en l'arbre de vie, & l'autre qui vole s'esgayãt en l'air, petit de corps aux grãdes & lõgues pennes par tout,

Musique des oyseaux.

& diuinement colorées: sa teste est jaune, son col émaillé d'vn vert gay, ses aisles teintes de tané pourprin, & le reste du corps d'or paillé, citadin du ciel, beau par excellēce, & admirable en ce qu'il est tousiours en l'air, sans iamais toucher la terre, aussi n'a-il point de pieds, & quand il se veut reposer, il s'accroche aux arbres, auec deux plumes longues, faictes en façõ de filets d'archal: ainsi qu'il est representé là. Ces Lions, Elefans, Tygres, & autres animaux que vous voyez en diuers endroits, ne sont point cruels, ny felons, mais doux & obeyssans: aussi Eue n'en a aucune peur, non plus qu'Adam son mary, qui se pourmeine auprés d'eux costoyant ces bois.

Toutes sortes d'animaux parfaicts estoient au Paradis terrestre. S. Basil. or. de par. S. Aug. l. 4. de ciu. c. 11.

L'arbre de vie.

CE qui est de plus exquis & plus admirable en ce iardin, c'est l'Arbre de vie, ou de vies, selon le mot Hebrieu, planté au milieu des autres, ainſi appellé, parce que ſon fruict eſt de telle vertu, qu'il peut nõ ſeulemẽt nourrir pour vn̄ tẽps le corps, comme les autres fruicts, mais encor reparer toutes ſes defectuoſitez, & lui dóner la vigueur d'vne vie & force immortellemẽt perdurable, & cóme Dieu a fait en l'hóme vn abregé de tout l'vniuers, de meſme a-il ramaſſé la vertu de toutes les plãtes & arbres de ceſtui-cy. Et crois-ie que c'eſt L'AMBROSIE & le NECTAR, ou les plantes appellees NEPENTHES & MOLY, que les anciens Poëtes ont dit par ambages fabuleuſement vrais, auoir la force de faire raieunir, preſeruer de la mort, & chaſſer toute ſorte d'ennuy & d'angoiſſe.

CE premier qui eſt à coſté gauche vers l'Occident, c'eſt l'arbre de ſcience de bien & de mal, chargé de pommes, belles à voir & delicieuſes au gouſt. Eue, qui eſt là de-

marginalia:
L'AMBROSIE & le NECTAR preſeruans de la mort & faiſans raieunir. Suidas.
NEPENTHES chaſſe triſteſſe.
MOLY de meſme vertu. Plin. l. 25. c. 4.
L'arbre de ſcience de biẽ & de mal.

bout, les contéple d'vn œil & d'vn sentiment ambitieux, & en mangeroit volontiers, n'estoit qu'elle est aduertie par son mari, que Dieu l'a defendu. L'ennemy du genre humain picqué d'enuie, & vaillant en guette, s'estant apperceu de ce regard mol & curieux, prend l'occasion de la seduire, & reuestu du corps d'vn serpent, animal caut & *Le serpent.* fin, qualitez agreables à ce trompeur, a ja lié le tronc de l'arbre, gyrât par plusieurs côtours & replis, pour monter & parleméter d'en-haut auec elle, & luy persuader d'é prendre: la pauurette en va máger, ne se doubtant ny de la fraude, ny de la mort cachee en embusche, & qui pis est, elle persuadera son mary Adam, de faire le mesme. Las! côbien cher coustera ce morceau! Combien funeste sera ce coup de dent! & combien de playes & de morts formilleront de ceste mor-

Lucifer d'Ange faict diable, chassé du ciel.

fure! Ha! bône mere ne prestez pas l'oreille à ce malin abuseur, qui a mis la reuolte au ciel dont il vient d'estre precipité, & plein de fureur & de rage, ne cherche en terre que vostre côfusion: gardez vous pour Dieu, de toucher à ces pommes, seules defendues, puis qu'il y a tant d'autres mets en la table de ce iardin de delices, n'offensez pas pour vne petite friâdise, la majesté d'vn Seigneur qui vous a faict tant de biens & faueurs! Que si vous auez enuie de mâger quelque fruit exquis & diuin, haussez la main à cest arbre de vie, & non à cettuy-cy de mort, & ne vous tuez point vous mesme, & toute vostre race en vous, par vn crime d'enorme mescognoissance, commis auec si peu de subiect! excusez moy spectateurs, la peinture me transporte & me faict parler à ceste image comme si c'estoit Eue mesme.

Deux arbres contraires en qualité de vie & de mort.

L'EGLISE DE DIEV DEPEINTE AV PARAdis terrestre.

I.

DIEV nous enseigne les choses celestes par les terrestres, & les spirituelles, par les corporelles. Ce beau iardin qui a esté cy deuāt representé, selon l'histoire de Moyse, par deux crayons diuers, l'vn de la peinture, l'autre de la parole, estoit la figure de l'Eglise de Dieu, que l'escriture appelle tantost iardin, tātost vigne plantée par la main du tout puissant. Et certes si ce beau lieu terrestre figuroit quelque demeure, il n'en pouuoit figurer aucune plus raisonnablement, que celle où Dieu regne, & ouure singulierement, & où ses enfans sont diuinement nourris, qui est son Eglise, demeure diuine des hommes, & vrayement esleuée sur la terre, d'autant que les desirs des Saincts qui la com-

L'Eglise iardin.
Can. 4.
Isa. 51. 61.
Apoc. 2.

S. Greg. s
Can. 4.
S. Au. v. l. 8.
de Genes.
ad lit. c. 5.

posent, habitent au ciel, demeure pleine de delices spirituelles, vray palais & seiour des enfans de Dieu. S. Augustin ayant confirmé que ce iardin auoit esté vn lieu corporel, & tel selon le sens literal que Moyse le descrit, il declare dequoy il a esté la figure, disant. *Le Paradis est la vie des gens de bien, les quatre fleuues, les quatre vertus cardinales, à sçauoir la prudence, la force, la temperance, la iustice, les arbres, sont tous les arts, & les fruicts des arbres, sont les œuures des gens de bien: l'arbre de vie, la sapience mere de tous biens: l'arbre de science de bien & de mal, l'experience d'vn commandement transgressé.* Et adiouste pour remarquable & seconde signification. *Toutes ces choses peuuent estre entendues de l'Eglise pour estre mieux receues comme signes prophetiques deuanciers de ce qui estoit a venir. L'Eglise donc est vn Paradis mentionné aussi au liure des Cantiques. Les quatre fleuues sont les quatre Euangiles: les arbres fruictiers sõt les Saincts: les fruicts sont les bonnes œuures: l'arbre de vie, c'est le Sainct des Saincts* IESVS CHRIST: *l'arbre de science de bien & de mal, le franc arbitre de la volonté.* Atant S. Augustin allegorisant sur ceste histoire du Paradis terrestre.

Marginalia:
S. August. de ciuit. l. 13. c. 21.
La vie des iustes, Paradis.
Les quatre fleuues.
L'arbre de vie.
L'arbre de science.
Le Paradis terrestre l'Eglise.
Cant. 4.
S. Aug. l. 13. de ciuit. ca. 21.

Des biens & qualitez de l'Eglise au parangon du Paradis terrestre.

EN l'Eglise donc on void spirituellement tout ce qui corporellement estoit en ce iardin de delices : elle a son regard vers l'Orient : car c'est elle qui est tousiours tournée à IESVS-CHRIST vray Orient, & ainsi appellé : Orient qu'elle regarde, ou adore contemple, aime, & admire tousiours, en signe dequoy les temples materiels des Chrestiens sont tournez à l'Orient, au lieu que celuy des Iuifs regardoit le Ponant. En icelle on voit l'accord des quatre Euangiles, & Euangelistes, fondemens & sources de nostre foy, comme quatre elemens, & quatre fleuues vniuersels. Le Soleil de iustice, qui est Dieu, y luit tousiours: les Sacremens, le Baptesme, la Confirmation, la Penitence, & les autres: les Vertus, la Foy, l'Esperāce, la Charité: & semblables celestes qualitez, y tiennent le lieu des arbres & plantes: les sainctes actiōs des iustes, sont comme sa verdure, ses fleurs, ses fruicts, & ses souëfues odeurs. La parole de Dieu, les escrits des

L'Orient de l'Eglise.

Iesus Christ. Orient. Zach. 9. 11.

Les quatre fleuues.

Le Soleil.

Les arbres & plantes.

La verdure,

L'or & les perles.
Saincts, leur eloquence, sont l'or & les perles produites des quatre diuins fleuues de l'Euangile; les oysillons qui chātent en ce Paradis, ce sont les ames deuotes, qui en tout temps resonnent de cœur & de bouche & par bonnes œuures, les loüanges de Dieu; les oyseaux de Paradis, sont les Chrestiens parfaicts, dont la conuersation est tousiours au ciel; dont les pensées, desirs & œuures sont toutes dorées, & flāboyātes de charité comme plumage d'or & de pourpre. Les Lyons, les Ours & les Tygres & autres nobles animaux, marquent les Roys & potentats Chrestiēs, qui nonobstant leurs grādeurs & puissances, obeïssent, cōme les plus petits, à la voix du Sauueur parlāt & cōmandant par les gardiens & pasteurs de son Eglise. Ceste Eglise donc est vn Paradis en terre, figurée par ce premier-là; & elle mesme est la figure du futur Paradis, qui nous attend au Ciel; figure de tant plus diuine, que les delices de l'ame qui se treuuent en elle, sont plus precieux & plus approchans de la semblance de la vraye felicité, que les presens corporels contenus en ce iardin terrestre, dressé pour le premier Adam. Venons à l'arbre

Les oysillons.

Les oyseaux de Paradis.

Les Lyons.

L'Eglise figure du ciel.

bre de vie, ornement de ce Paradis, & propre de nostre subiect.

Le S. Sacrement de l'Autel, figuré par l'Arbre de vie.

3

L'ARBRE & le fruict de vie planté au milieu du Paradis terrestre : estoit la figure de Iesus-Christ & du Sacremēt de son corps. L'hōme est vn arbre, dit Philon Iuif, apres Platon; mais vn arbre celeste & renuersé; car les arbres terrestres ont la teste fichee en terre, à sçauoir la racine: l'homme au cōtraire, a la sienne esteuée au ciel. Il est donc vn arbre celeste & diuin. Le Sauueur aussi cōpare souuent l'hōme de bien au bon arbre, & le malin au mauuais. Et l'aueugle qui fut par luy guery, estant interrogé s'il voyoit quelque chose, respondit qu'il voyoit des hōmes, comme des arbres marchās sur terre. Or si cest arbre merueilleux estoit la figure de quelque homme, & de quelque viāde, que pouuoit il plus dignemēt figurer en l'Eglise de Dieu, que Iesus-Christ, homme & Dieu, & son corps la plus diuine viā-

L'arbre de vie figuré du S. Sacremēt. Pascasius l. 1. de corp. Dom. c. 7. L'hōme arbre celeste. Philo Iud. l. de planta Noe, ex Plato. L'aueugle. Matth. 7. 17. 12. 12. Marc. 6. 24.

C

de de toutes? Mais pour bien cognoistre la correspondâce de ceste peinture à la verité, il nous faut notter les traits du vieil mystere, & les rapporter aux qualitez du nouueau.

Rapports de l'arbre de vie au Sainct Sacrement de l'Autel.

Premier traict de la semblance de l'arbre de vie au Sainct Sacrement.

LEs pourfils & les traicts de la peinture & semblance entre nostre Sacremét & l'arbre de vie, sont ceux cy. L'arbre de vie, estoit l'arbre des arbres, c'est a dire, le recueil de la vertu de tous les arbres & plantes, comme l'homme de toutes les creatures, & le Soleil de toutes les lumieres: le corps de Iesus-Christ aussi c'est le plus noble de tous les corps, riche magasin de toutes vertus, & le thresor de la diuinité mesme, produit par l'œuure du Sainct Esprit, d'vne terre vierge, corps en qui habite veritablement la plenitude de tous biens, & le Sacremét de ce corps, c'est le recueil de tous les anciens Sacremens & Sacrifices, & pour ce, Sacrement des Sacremens, & Sacrifice des Sacrifices, comme l'arbre

L'ARBRE DE VIE. 35

e vie, l'arbre des arbres, & le fruict des //uicts; Sacrement vrayement posé au //ilieu de l'Eglise, c'est à dire esleué au //lus noble rang entre les mysteres celestes, à la semblance de l'arbre de vie //lanté au milieu du iardin, parmy les //rbres terrestres. *Au milieu du Paradis.*

L'ARBRE de vie estoit destiné non //our entretenir le corps petit à petit, //omme faisoient les autres fruicts, mais //ou d reparer toutes ses defectuositez, le //endre vigoureux, & luy dôner vne vie //arfaicte sans fin, qui est dôner le com- //ble de vie à la fois, & nourrir en vn coup au plus haut tiltre qu'vn corps puisse estre nourry. De mesmes le corps du Sauueur est laissé en refection à son Eglise, non pour substenter les corps à la façon des viandes corruptibles, qui se conuertissent en leur substance, mais pour les conuertir en la sienne, leur imprimât ses diuines qualitez, & leur donnant le germe d'immortalité. C'est ce que disoit le Sauueur. *Celuy qui mange ce pain, viura eternellement. Qui mange ma chair & boit mon sang, il a vie eternelle, & ie le resusciteray au dernier iour.* *Le second traict de semblance.* *Ioan. 6. 51. 44.*

L'ARBRE de vie n'estoit que dans l'enclos du Paradis terrestre, n'y en auoit *Troisiesme traict de semblance.*

c ij

qu'vn, Le sacrifice aussi & Sacrement du corps du Sauueur ne se faict qu'en son Eglise par Officiers legitimement ordonnez, & s'il se treuue parmi les heretiques, il y viēt de l'Eglise, & par tout c'est vn mesme corps, & non plusieurs. Au moyen dequoy, il n'y a aucū Sacrement vtile de ceste viāde precieuse, ny aucun arbre de vie és assemblees des heretiques, non plus qu'en celle des Payés, & s'ils le portēt de l'Eglise chés eux, & le prennent estant infideles, c'est à leur dānation, par ce qu'ils sont hors de la saincte Eglise, vray & seul Paradis terrestre, auquel est plāté l'arbre de vie pour les enfās de Dieu. *L'Agneau* dit S. Augustin, *est immolé en vne seule maisō, par ce que la vraye Hostie du Redempteur est immolé en vne Eglise Catholique, la chair duquel la loy defend estre porté dehors, d'autant qu'il ne faut point ietter aux chiēs ce qui est sainct.*

L'Agneau.
Exo. 12. S.
Aug. ser. de
tempor. 181
c. 12.

Quatriesme traict de semblance.

L'ARBRE de vie estoit preparé pour viande à Adam demeurāt en estat d'innocēce, & partant il n'en māgea point apres auoir peché, laquelle priuation fut iustice de Dieu, & misericorde ensemble. Iustice, par ce que l'homme pecheur meritoit par sa desobeïssance d'estre priué de l'vsage du fruict reserué côme prix d'obeissāce, disent S. Chrysostome & Theodoret, misericorde, par ce qu'ayāt esté condāné à plusieurs miseres, s'il en eust māgé, il eust esté rēdu immortel & immortellement miserable sur terre, au lieu qu'en viuant peu de temps, sa misere en est d'autant racourcie. Parquoy, dit S. Gregoire de Nazianze, apres S. Irenee, *la peine luy à tourné à misericorde, car s'il eust gousté de ce fruict, sa vie eust esté rendue immortelle, & ses maux perdurables sans borne de temps.*

L'arbre de vie prix d'obeyssance.
S. Chrys. hom. 18. in Genes.
Teod q. 26. in. Genes.
Iustice & misericorde.
S. Iren. l. 3. c. 37.
S. Greg. Naz. or. 2. de pasc.

LE fruict de nostre Sacremēt est aussi preparé pour ceux qui ont l'ame nette, que si quelqu'vn le prend auec conscience de peché mortel, c'est à dire, se sentant l'ame chargee de tel peché, il prend la mort, & se met en danger d'estre eternellement miserable. C'est ce que dit S. Paul. *Quiconque māgera & beura le calice du Seigneur indignement, il sera coulpable du corps & du sang du Seigneur. Et partant que l'homme s'esprouue soy-mesme, & qu'en ceste façon, il mange ce pain & boiue de ce calice: car quiconque en mange & boit indignement, il mange & boit sa cōdemnation, ne discernāt point le corps du Seigneur.* Il exaggere la grandeur du crime, & menace les criminels par grosses & piquantes

1. Co. 11. 27.

paroles, pour rendre le Chrestien attētif & reserué a ce qu'il face deuoir de se preparer dignement à la manducation de ce pain : & auec ce il mōstre en quoy consiste le moyen de faire ceste preparation, qui est nettoyer l'ame par vne saincte confession de tous les pechez desquels on est souuenant; en faire penitence & satisfaction : car cet examen & ceste preuue, dont il parle, & qu'il commande, n'est autre chose que cela, comme S. Chysostome, S. Ambroise, S. Cyprien, S. Augustin, & tous les saincts Peres l'ont expliqué. Et sur ce propos dit S. Iean. *Bien heureux sont ceux qui lauent leur robbe, à fin que leur puissance soit au bois de vie*; c'est a dire, bien heureux sont ceux qui font penitence, & se nettoyēt de tout peché, afin qu'ils puissent dignement participer le fruict de ce diuin Sacrement arboré en l'Eglise de Dieu pour la vie eternelle.

S'esprouuer.
1. Cor. 11. 18
C'est faire penitence & se confesser.
S. Chrys.
ho. 24. in 1.
Cor. ho. 3.
ep. Eph
S. Amb. l. 6.
in Luc. c. 37.
S. Cyp. l. 3.
ep. 14. S. Au.
tract. 26. in
Ioan. Apoc.
22.

De l'excellence du S. Sacrement de l'Autel par dessus l'arbre de vie.

A semblance de l'arbre de vie auec nostre Sacremēt nous fait admirer la sagesse & vertu diuine qui a sçeu & peu faire vn si diuin pourtraict de son plus auguste Sacremēt: mais si nous cōtéplōs la differēce & l'excellēce de l'vn par dessus l'autre: nous admirerōs dauantage sa demesuree liberalité enuers nous. La differēce est premierement en ce que l'arbre de vie n'estoit qu'vn corps terrestre & corruptible, produit & nourri de la terre, insensible à la façon des autres choses crées, viuifié d'vne ame de plante n'ayant ny sens ny discours: nostre arbre de vies est vn corps immortel, celeste & diuin, engendré au vētre d'vne vierge, par l'œuure du sainct Esprit, animé d'vne ame intellectuelle, portāt l'image & semblance de Dieu grauée auec les plus vifs & naifs traicts de perfection & beauté, que iamais ame humaine porta. Que si la main ouuriere du Createur s'est mōtrée admirable en la structure commune du corps de l'homme, quelle langue pourra dire, ains quel esprit sçaura comprendre la beauté du corps de son Fils? ny encor de la terre, de laquelle il a produit & nourri ce corps, qui est le sacré corps de la vierge Marie? ô corps deifique du Fils? ô corps diuin de la mere! ô vierge fertile sur toutes les meres! ô mere chaste sur toutes

Le corps du Sauueur noble sur tous les corps.

Premiere difference.

La structure du corps humain admirable.

c iiij

les vierges, ayant engendré vn tel fils! ô terre celeste: vraye terre viuante, & vray pourpris de l'Eglise: iardin de Dieu infiniement plus noble que ce premier Paradis terrestre! vierge diuinement, & vrayement feconde, pour auoir porté l'arbre d'vn si precieux fruict, surpassant en toute valeur & beauté tous les fruicts de la terre! ô liberal donateur d'vn tel fruict!

Le corps du Sauueur nourriture de l'ame, & cause de la glorieuse Resurrection des corps.

6

Seconde difference.
Le corps du Sauueur nourrit l'ame, & le corps à la gloire.

LA seconde difference de nostre Sacrement d'auec l'arbre de vie, c'est, que cest arbre n'estoit que pour le corps qu'il deuoit rendre immortel, le preseruant de la mort. Nostre arbre de vie est aussi pour l'ame, laquelle il embellit, nourrit & engraisse de celestes & diuines vertus : & si opere-il beaucoup plus au corps que ne faisoit ce premier fruict : car il le dispose non seulement à l'immortalité, comme celuy-là : mais à la resurrection glorieuse: & partant est-il sans comparaison plus digne d'estre appellé arbre de vies, que n'estoit celuy du Paradis terrestre: car il donne trois vies, la vie de grace à l'ame, la vie du corps au corps, & à tous les deux, la vie de gloire, prerogatiue tres-diuine & seule propre du corps du fils de Dieu: car encor que les cieux, les astres & autres corps naturels fournissent quelque nourriture spirituelle à l'ame, luy seruans d'obiect pour contempler leur structure & beauté, & s'alimenter & refaire de la science de leur nature, c'est toutes-fois de bien loin & par imagination, au lieu que ce corps deifié, se marie auec elle par vn estroit nœud d'amour celeste & diuin, & agissant en elle par son attouchement, luy imprime ses qualitez de grace & de gloire, ce qu'aucun autre corps de la nature ne peut faire, estant cela au dessus de leur force & vertu, & reserué au seul corps du maistre de la nature.

Trois vies données par le S. Sacremēt de l'Autel.

Le Sacrement du corps du fils de Dieu arboré par toute la terre.

7

Troisiesme différence.

FINALEMENT le premier arbre de vie auoit pour seule & derniere demeure la terre, & ce pour vn peu de temps, & en vn seul endroict, possible eust-il esté multiplié en plusieurs endroicts, si l'homme eust perseueré constât en son innocêce premiere: Le second est en plusieurs lieux de la terre, demeurant tousiours vn & sera au ciel eternellement: car en terre preparé en ce Sacrement, il refectione les enfans de Dieu durant leur peregrination, en quelque plage du monde qu'ils soient espars, & leur est & sera là haut vn obiect & vn mets eternel de felicité en la propre forme & claire vision de sa gloire, lors que l'ame abysmee en la profonde contemplation & amour de son Dieu, iouïra à souhait des richesses de sa diuinité, & le corps reuestu d'immortalité & d'honneur, verra de ses yeux & admirera la merueille & la goire du corps qui l'aura rachepté.

Le corps du Sauueur est en plusieurs lieux sacramentellemêt.

Souhaits spirituels de la claire vision du corps du Sauueur, & action de grace de ses biens.

8

Ô BON IESVS quand luira ce iour que nous verrons à descouuert, ce corps lumineux de vostre saincte humanité, lequel nous voyons par foy maintenant caché dãs la profondeur de ce profond mystere! Quand viendra ceste saison en laquelle nous iouïrons en pleine liberté, de cest arbre de nostre salut, verdoyant, fleurissant, & fructifiant deuant nos yeux en tout temps, dedãs le pourpris du Paradis celeste planté en la terre des viuans! terre d'vn perpetuel Orient, d'vn perpetuel Printemps, abõdante de fruicts d'immortalité, arrousée de torrens de delices, ennoblie de toute sorte de beauté, habitée de diuins esprits, demeure & seiour d'hõneur, de bon-heur, & de repos interminable! Quand ô doux Iesus serons nous en possessiõ de ces biens? vous le sçauez, Seigneur, à qui riẽ ne peut estre caché, & vous seul en auez la claire cognoissance: nous

Le Paradis

n'en auons que la fidele esperance, & n'en sçauons rien que ce que la bouche de vostre chere espouse nous en a dict. Ce sera quand il vous plaira. Ce sera quand le decret de vostre sage misericorde aura marqué la fin de nos maux, & le terme de nostre vie mortelle, pour donner commencement à celle qui ne sçait ny la mort ny la fin. Ce sera alors, que loing de tous regrets, nous iouïrons du comble de tous biens en vous & par vous eternellement bien heureux. Mais tandis, ô Createur souuerain, nous auons vne eternelle obligation à vostre infinie bõté, de ce qu'elle auoit preparé à nostre premier pere & à nous, le diuin benefice de cest arbre preseruatif de la mort, & souuerain electuaire de l'immortalité, auec mille autres biens, pour le soustien & plaisir de la vie du corps. Que s'il n'a receu l'vsufruict d'iceluy arbre, ç'a esté sa faute & mescognoissance, de tant plus enorme que vostre liberalité estoit grande enuers luy, & vous de tant plus loüable en vostre liberalité, dequoy vous luy auiez preparé le bien, encor que vous eussiez preueu qu'il vous offenseroit & se priueroit de la iouyssance d'iceluy

La mort c'est la fin des miseres aux injustes.

L'arbre de vie

par son crime.

BEAVCOVP plus vous deuons nous remercier de ce que vous nous auez donné en la loy de grace vn Sacrement de vie, infiniement meilleur que l'arbre de vie, car quelle distance y a-il entre vostre corps celeste, & le bois du Paradis terrestre? Entre le prix du corps qui a rachepté tout le monde, & vn arbre qui n'est pas la milliesme partie du monde? Entre l'excellence du corps en qui habite la fontaine de vie, & le fruict en qui ne residoit qu'vne partie de vie? Entre la vertu d'vn corps deifié, portant Dieu, & porté de Dieu, & vne plante viuifiee de Dieu, n'ayant en soy que la vertu d'vne creature mortelle? Quelle est doncques vostre bôté, ô benin Seigneur? Et qui eust iamais cuidé, qu'apres auoir esté si grieuement offécé des hommes, & les ayant iustement priuez de l'vsage de ce premier fruict, vous deussiez si benignement leur en substituer vn qui le surpassast infiniement en toutes belles qualitez? Et qui pourroit estre si bon, & si liberal, sinon vous, qui estes sans mesure & sans borne la mesme bonté & liberalité: Soyez beni, ô Seigneur, de vos dons! & puis

Le S. Sacrement.

Bonté du Createur.

que ſas fin vous eſtes doux & gracieux, donnez nous encore la grace & moyen de vous loüer, remercier, & ſeruir de toutes les forces de noſtre ame, iuſques au dernier ſouſpir de noſtre vie, & de ſi ſainctement paracheuer la peregrination de ceſte noſtre mortelle courſe auec le precieux Sacrement, & viatique de voſtre corps, qu'vn iour nous puiſſions iouyr eternellement du fruict de vie que vous gardez en voſtre Paradis celeſte pour viande de felicité preparée à vos bien-aymez.

ABEL.

ABEL.

SILENCE messieurs & attention, pour bien penetrer les traits & le sens de ceste sacree Peinture, & aprendre comment il faut faire sacrifice à Dieu, & luy prester hommage fidele. Abel, premier pasteur & premier iuste des enfans d'Adam, & Prestre de la loy de nature, sacrifie à la diuine Majesté: l'Autel est dressé à la naturelle sans art: car le monde ne faict que naistre, & n'y a encores aucun architecte ny masson entre les mortels: le Prestre est aussi habillé simple-

Genes. 43.

l'Autel.

d

ment à la façon d'Adam son pere, couuert à demi & chamarré d'vne peau de brebis : mais la victime est d'élite, & la meilleure qu'il a peu choisir au troupeau, & le cœur de l'offrāt encor meilleur ; vous lisez sa profonde deuotion & humilité en la posture du corps, priant les deux genous en terre, & ses yeux larmoyans tournez vers le ciel : sa bouche modestemét ouuerte, prononçant les loüanges de Dieu : les bras & mains moyennement esleuees implorās sa diuine misericorde, & tous les traicts de son doux & gracieux visage, tesmoignent la pieté, la foy, l'esperance, la charité & autres diuines vertus de l'ame, auec lesquelles il sacrifie la victime, & soy mesmes au Createur. Si bié que le cœur de l'offrāt, & l'odeur de l'offrande, donne iusque au ciel, d'où comme vous

La victime & l'intentiō de l'offrant.

ABEL.

voyez, Dieu fait descendre ce feu ondoyant en l'air, & fondant sur l'Autel, pour deuorer l'holocauste, en tesmoing qu'il est tres-acceptable aux yeux de la diuinité. Ce n'est pas le mesme de Cain frere aisné d'Abel, qui par maniere d'aquit & pensant tromper Dieu, fait son oblatiō, en ceste autre endroict, de certaines meschantes gerbes de paille, reseruant le meilleur grain pour soy : aussi n'a il du ciel aucun signe d'approbation, comme l'offrande d'Abel : dequoy il se depite fort, & en donne des signes euidens. Voyez vous qu'il est morne: comment il roule les yeux en la teste, & refroigne son front en homme esperdu & forcené ? Dieu l'a bien apperceu d'enhault, & le tense & corrige en pere : luy remonstrant que l'œil de sa science penetre le profond

Le feu du ciel sur l'offrande d'Abel.
S. Cypr. Serm. de Natiui.

Cain sacrifiant.

Cain tenté Gene. 46.
Dieu cognoit le cœur. Iere. 17.

d ij

des secrettes pensees, que l'homme hypocrite se trompe s'il pense tromper Dieu par aucun beau semblant, qu'il est en sa liberté de bien faire, & qu'en bien faisant il l'aura pour amy, & trouuera le bié. Mais Caïn demeure Caïn, endurcy & obstiné à ceste correction, & tourne la pointe de son despit contre l'innocence de son frere Abel, qu'il delibere dés maintenát mettre à mort, s'en va executer son dessein, & abbreuuant en ce commencemét du monde la terre du sang humain, du sang de l'innocent & de son propre frere, se marquera le premier meurtrier, premier tyran, & premier parricide entre les mortels, & la pierre fondamentale du regne de Satan. Et toy ô enfant debonaire, qui es attentif à ton sacrifice, sans rien doubter de l'enuie de tó frere des-

Le premier meurtrier parricide & tyran.

naturé, tu seras le premier mem- *Abel pre-*
bre de l'Eglise de Dieu, represen- *mier mem br*
tant generalemét en ton nom, & *cité de Dieu.*
en ta personne les larmes, trauaux, *psa. 142. &*
angoisses, & persecutions, & tout *L.15-de ciui*
l'estat laborieux des iustes en ceste
vie, & par special porteras en tõ sa- *Figure de la*
crifice & en ta mort, la figure du iu- *Croix.*
ste Messias occis pour effacer nos
pechez & nous dõner la vie. A Dieu
Abel, à Dieu l'heur de la famille de
ton pere, à Dieu l'honneur de la
terre, tu vas estre emporté de la
terre sur la fleur de tes ans, & les
astres te gemiront, & detesteront
le crime de ton frere. O tendres
ames qui voyez & escoutez cecy,
vous sanglotez en vos cœurs, & la
larme vous vient à l'œil, de tristesse
& de compassion, mais consolez
vous : cecy n'est que peinture &
representatiõ : Abel est maintenãt
en l'asseurance de la main de Dieu,

d iiij

& ne mourra plus, & viura à iamais, & nous viurons auec luy au ciel, si nous l'imitons sur la terre, & tous les meschans obstinez periront auec Cain obstiné.

LE SACRIFICE D'ABEL
FIGVRE DE LA CROIX
& de l'Eucharistie.

I

LE Sacrifice d'Abel estoit vne manifeste figure tant de la mort du Sauueur, que du Sacrement & sacrifice de son corps: memorial de celle mort. Qu'il fut figure de la mort, l'escriture l'enseigne quand elle dit, que l'Agneau a esté occis dés le commencement du monde. C'est à dire, que IESVS-CHRIST a esté mis à mort dés le commencement, en figure, laquelle figure ne consiste pas seulement en la mort d'Abel, mais aussi en son premier sacrifice auquel il offrit vn agneau victimé. Tertullien, S. Augustin & autres Docteurs declarét ceste figure par ceste sé-blance : Abel iuste, frere de Caïn iniuste, IESVS-CHRIST tres-iuste, frere

Agnus oc-
cisus obori-
gi. Apo. 13. 8
Tertullian.
de car.
Christi. S.
Aug li. 15.
cap. 18. &l.
18. cont.
Faust. c. 9.
& 11. Rup.
l. 4. Gen. 4.

d iiij

36 ABEL

des Iuifs tres-iniuftes : Abel pafteur,
IESVS-CHRIST le bon pafteur: le ſacrifice d'Abel fut agreable à Dieu,
IESVS-CHRIST par ſon ſacrifice a ap-
paiſé l'ire de Dieu : Abel offrit ſes agneaux, IESVS-CHRIST, ſoy-meſme, vray
agneau : Abel fut occis par enuie,
IESVS-CHRIST fut crucifié par enuie:
Abel fut occis aux champs, IESVS-
CHRIST hors la porte de Hieruſalem.
Que ce fut auſſi la figure du ſacrifice
de l'Euchariſtie, il eſt euident par la foy
de l'Egliſe qui l'a touſiours ainſi creu,
côme elle teſmoigne par l'âciêne oraiſon dont elle vſe offrant le ſacrifice, laquelle eſt inſereé au canon de la Meſſe
& aux eſcrits de S. Ambroiſe en ces termes. *Sur leſquels preſens, daigne regarder Seigneur d'vn œil gracieux, côme tu regardas aux
preſens de ton ſeruiteur le iuſte Abel.* Voyôs
les Marques & lineamês de ceſte figure.

Conuenance de la figure du ſacrifice
d'Abel auec celuy de la Meſſe.

Ego ſum paſtor. bonus Ioa.1.

IESVS occis par enuie Marc.15.10
Figure de l'Euchariſtie.

S. Amb. li. 4. de Sac. c. 6 & in Ca. Miſſ.

Le premier ſacrifice n'eſt trouué en l'eſcriture.

2.

VOICI quelques traiêts de la figure reſpondans à la veité.
Le ſacrifice d'Abel, fut le premier ſacrifice de la loy de nature : car

encor qu'il ne faille doubter qu'Adam n'eust sacrifié, neantmoins l'escriture ne fait métiõ que de celuy d'Abel cõme premier, & sans doubte ce fut aussi le premier en dignité. De mesmes le premier sacrifice offert par IESVS-CHRIST vray Abel, ça esté celuy de l'Eucharistie, car celuy de la croix a esté le secõd. Item comme Abel sacrifia ses agneaux premiers nais, ainsi IESVS-CHRIST s'offrit en l'Eucharistie premier né de son pere, & de sa mere, & premier né entre plusieurs freres. Item cõme Abel vn peu apres ayant sacrifié fut mené par son frere hors la maison & par luy mis à mort, ainsi le Sauueur trois heures apres qu'il eut offert son premier sacrifice, fut fait prisõnier & le lendemain fut mené hors de la ville de Hierusalem au mõt Caluere, & illec mis en croix. Le sacrifice d'Abel fut agreable à raison de l'innocence & pieté de l'offrant, le sacrifice de l'Eucharistie est tousiours agreable à Dieu à raisõ de sõ fils, qui est tousiours le premier & principal offrãt en la Messe, cõme aussi il est le principal agent en tous les autres Sacremens, car cõme c'est luy qui fait son corps c'est luy aussi qui baptise, qui cõ-

Le premier & propre sacrifice de la loy de grace.

Le Sauueur principal offrant en tous les Sacremés.

firme, qui efface les pechez, & qui fait le reste; le Prestre n'est que son vicaire & son instrumēt. Il y a de plus au sacrifice de l'Eucharistie, c'est que l'offrande est encor agreable de soy à Dieu : car c'est IESVS-CHRIST mesme : c'est luy qui est l'offrande & l'offrant ensemble.

Trois especes de sacrifice en celuy d'Abel.
Finalement le Sacrifice d'Abel contenoit seul les trois especes de sacrifice qui apres furent instituées de Dieu en la loy de Moyse, comme il sera dit au tableau des premices du sacrifice propitiatoire, qui sont l'holocauste, le pacifique & le propitiatoire.

L'holocauste. Au premier toute la victime bruloit & se faisoit directement à l'honneur de Dieu, & en recognoissāce & hommage de sa majesté.

Le pacifique. Le secōd estoit offert en action de graces auec alliāce & ioye de la creature au Createur.

Le propitiatoire. Au troisiesme on bruloit la victime pour impetrer remissiō des pechez. Ces trois sortes estoient au sacrifice d'Abel, & se trouuét clairemēt au sacrifice de la Mes-

Tous en la Messe. se : car tout est à DIEV, & toute la victime offerte à son honneur : il y a action de graces, & actiō tres-grande, c'est pourquoy elle est appellée Eucharistie : il y a propitiation, car les pechez y sont pardonnez. Le sacrifice de la croix encor que ce fût vrayement holocauste, & action de grace en vertu, neantmoins il fut proprement propitiatoire, c'est pourquoy l'escriture assignant la cause pourquoy IESVS-CHRIST est mort, elle met tousiours le peché. *Il a esté liuré,* Rom. 4. 25. dit S. Paul, *pour nos pechez,* & souuent 1. Cor. 15. 3. ailleurs, il est donc propitiatoire, parquoy le sacrifice d'Abel contenant les trois susdites sortes de sacrifice, figuroit en ceste qualité l'Eucharistie. Et voila l'ancienne figure accōplie par la verité.

De deux sortes de sacrifians.

3
OVTRE les propres sacrifices qui se font par prestres & Officiers destinez, auec des victimes & des presens tels qu'Abel & Caïn offrirent sur l'Autel de pierre, il y en a d'autres generaux, qui sōt les œuures de vertu, de foy, d'amour, d'esperāce, de charité, l'oraison, l'aumosne, le ieusne, la misericorde, les pleurs, les bons desirs, & autres actions de pieté, que non seulement les Prestres, mais chacun doit offrir en l'autel de son ame à la façon d'Abel, en innocence & sincerité ; & s'offrir soy-mesme com-

Sacrifices generaux.

me luy s'offrit, prenant en luy le modelle des vrays sacrificateurs. S. Cyprien parlant des sacrifices Chrestiens. *Abel, dit-il, innocent & iuste sacrifiat à Dieu auec pureté, il enseigne les autres qu'il faut venir à l'Autel auec la crainte de Dieu, & simplicité de cœur.* Et S. Ambroise. *Abel offrit sacrifice des premiers nais de son troupeau, nous apprenant par cela que les presens de la terre ne plairoient point à Dieu, mais seulement ceux la esquels reluiroit la grace du diuin mystere.*

CAIN au contraire a esté fait l'exemple de tous les mechans. Il offrit negligemment par maniere d'aquit, frauduleusement, donnant du pire, & pensant tromper Dieu, ainsi font à son imitation les hommes peruers mettans tousiours le pire sur l'Autel de DIEV, les pires grains, les pires raisins à la disme, les pires pains à l'aumosne, les pires enfans à l'Eglise, & ce non pour l'honneur & gloire de Dieu, mais pour la vanité du monde, pour interest particulier, pour leur commodité temporelle. Tels sacrificateurs sont imitateurs de Caïn & participans de son crime, & seront mesprisez de Dieu, & compagnons de sa peine.

marginalia:
S. Cypri l. de ora. domi.
S. Ambr. l. de ora Dominic. incar. c. 1.
Caïn.
Imitateurs de Caïn.

ABEL.

Dieu permet le mal pour en tirer du bien à sa gloire & profit des ses eslus.

4

Ais Abel a esté tué par sõ frere Caïn, quel est ô Seigneur le secret de vostre prouidéce en ceste permissiõ? comment auez vous enduré, que vostre premier iuste, premier sacrificateur, premier seruiteur fidele en vostre maisõ, ait esté iniquemét oppressé, & que l'enuie ait eu le dessus côtre l'innocence? Telle demãde peut faire le cœur humain s'esmerueillant de prime-face des iugemés de Dieu, qu'il ignore: mais il faut sçauoir qu'il ne fait ny permet rien qui ne soit sainct, & honorable à sa Majesté. Il a dõc permis que l'iniuste opprimast l'innocent pour deux principales raisons, dont la premiere est prinse de sa sagesse qui requeroit que Caïn fut laissé en sa liberté, ouurant selõ le naturel de l'hõme, cõme les autres creatures agissent selon le leur. Il veut que le feu chauffe necessairement, que l'eau humecte necessairement, & ainsi du reste des autres

La premiere raison, La sagesse du Createur. Dieu laisse agir les causes à leur façon.

semblables creatures. Il veut au contraire que l'homme opere auec frāchise selon l'image & semblance de sa Majesté. Il luy a donné vn franc-arbitre, & luy a mis l'eau & le feu deuant, luy permettāt d'etendre la main auquel il voudra à la charge que s'il choisit ce qui est de la vertu il en aura loyer, s'il trāsgresse ses loix il en portera la peine. C'est ce que Dieu disoit vn peu auparauant à Caïn, *Si tu fais biē ne receuras-tu pas du bien? & si tu fais mal, ton peché ne sera-il pas aussi tost deuant ta porte? mais ton appetit sera en ta puissance & tu le regenteras*: Sans ceste liberté l'homme ne seroit pas homme, mais beste, agissant non auec election & chois, mais par impetuosité de nature, comme vn cheual. Et si Dieu lioit tousiours les bras aux meschans on ne sçauroit cognoistre ny le meschant ny l'hōme de bien. Il permit donc à Caïn de tuer son frere pour demonstration de sa sagesse, permettant d'ouurer librement à la creature libre, comme par mesme sagesse vn peu deuant il auoit permis à Adam de transgresser son cōmandement, & se donner vn coup de mort, & à toute sa race, parce qu'il l'auoit creé auec telle franchise.

marginalia:
L'hōme libre.
L'eau & le feu.
Ecc. 15. 17.
Gen. 4. 6. 7.
L'homme seroit beste s'il n'auoit vn franc arbitre.

ABEL.

LA seconde raison pourquoy il permit ce meurtre comme plusieurs autres maux, est tirée de sa puissance & bonté: sa puissance peut tourner à bien, tout le mal qui se fait par sa permission, & sa bonté le veut; parquoy il le permet. Les hommes ne doiuent iamais permettre le mal s'il le peuuent empescher: car ils ne sont pas tous puissans pour le reparer estant faict; mais Dieu le permet d'autant qu'il en peut tirer du proufit. Surquoy S. Augustin dit tres-bien. *Il a esté conuenable à la toute puissance de Dieu de permettre les maux prouenans de la volonté du franc arbitre, car sa toute puissante bonté est si grande, qu'elle peut faire bien du mal mesme, soit en le pardōnant, soit en le guarissant, soit en le tournant à l'vtilité des iustes, soit en les vengeāt par punitiō tres-iuste.* Et vn peu apres. *Y a il rien de meilleur ou de plus puißāt que celuy qui ne faisāt aucū mal, tourne les maux en biens, & en tire du profit?* En vn autre lieu rendant la raison pourquoy Dieu auoit permis que les Anges tresbuchassent. *C'est*, dit-il, *par ce que Dieu iugea estre vne chose plus digne de sa puissance & bonté, de faire bien du mal commis, que de permettre qu'aucun fist mal*; donc alors par ceste raison encor, il laissa faire à Caïn, comme

La seconde raison.

L'homme ne doit iamais permettre le mal de gayeté de cœur.

S. Aug. l. de ciuit. cap. 6.

Puissance diuine tournāt le mal en bien

S. Aug. l. 22. de ciuit. c. 1.

du depuis à plusieurs autres meschans, iusques à leur permettre de tuer sõ propre fils, qui est le plus grand excés de malice, qui oncques fut cõmis, ne qu'õ puisse commetre, ny mesme imaginer: car Dieu fut mis à mort, le Createur par sa creature, le pere par ses enfans, le Roy par ses vassaux, crime auquel tous les plus enormes crimes sont impliquez, & qui surpasse l'enormité de tout crime: & neãtmoins de ceste mort, de ceste ignominie & enormité, la puissance & bõté diuine en a tiré sa grande gloire & de sõ fils, & la vie & le salut des humains. c'est ce qu'admire S. Augustin disant. *Quel grand biẽ nous a dõné Dieu, du mal du trahitre Iudas? & quel grand bien à tous les gentils de la sentẽce des Iuifs condemnans le Saueur à la mort?* De mesme conuertit-il le mal qu'endurent ses seruiteurs, à leur bien & honneur, la mort d'Abel à l'vtilité & honneur d'Abel, & la confusion de Caïn: l'vn a esté fait honorable martyr, l'autre infame meurtrier: Abel est honoré de la gloire de premier martyr: Caïn marqué de l'ignominie de premier parricide: & ainsi des autres Saincts persecutez & des meschãs persecuteurs.

Ceux-cy exercent leur furie, Dieu en fait des martyrs,

Le plus grand excez de tous.

S. Aug. in Psal. 37.

Martyrs. S. Au. l. de conti. c. 6. Sæuiant eorum hostes, &c. S. Aug. l. de contin. c. 6.

martyrs, dit S. Augustin. Les bons sem- | psal. 115.
blēt estre negligez, mais leur mort est | Sap. 3.
precieuse deuāt Dieu. *Ils ont esté estimez*
morts deuāt les yeux des fols: mais ils sont en
paix: & les meschans qui semblēt triō-
pher, aurōt en fin leur change, trainās
cependāt leur peine voire en ceste vie.
Car si le peché, dit S. Augustin, qui semble | S. Aug. lib.
impuny porte en crouppe sa peine, si bien qu'il | de conti-
n'y a persōne qui ne se fasche de l'auoir cōmis, | nent. c. 6.
ou qu'il n'en soit aueugle, s'il n'en sent aucune | Peccatum
douleur: comme donc tu demandes, pourquoy | habet pe-
Dieu permet les pechez s'ils luy desplaisent? | dissequam
De mesme ie demande, comment luy peuuent | pœnam.
ils estre plaisans, puis qu'il les punit? S. Chri-
sostome mōstre en ceste mesme histoi- | S Chryso.
re l'experiēce de la doctrine de S. Au- | in epist. ad
gustin. *Pense*, dit-il, *à cecy: Caïn a faict vn* | Rom. hom.
meurtre: Abel a esté le meurtry: lequel des | 8. ad finem.
deux estoit mort? Celuy qui crioit mort, qui es-
toit Abel, le sāg duquel crioit? ou celuy qui crai-
gnoit & trēbloit pl° miserable qu'aucū mort?
Et sur la fin de ceste homilie, il fait parler ainsi Dieu contre Caïn. *Tu n'as point*
craint Abel viuant, crains-le donc mainte-
nant trespassé. Tu n'as point eu de peur de le
tuer: sois maintenāt l'ayāt tué, en continuelle
frayeur: viuant il te seruoit, & ne l'as voulu
endurer, endure-le maintenant mort, comme

e

vn seigneur terrible. Ainsi monstre-il que la condition d'Abel fut meilleure que celle de Caïn, & qu'il est beaucoup plus desirable d'endurer iniure que de la faire, & beaucoup plus grand malheur de commettre le mal que de le souffrir.

Il est meilleur d'endurer iniure que la faire.
Platō, Sen. & autres.

Abel image de l'estat des iustes & Caïn des meschans.

COMME Abel fut l'image du chef IESVS CHRIST, ainsi a-il porté l'image de la conditiō des enfās de Dieu membres de ce chef, & Caïn au contraire celle des meschās. Abel simple, debōnaire, seruāt Dieu en syncerité de cœur, souspirāt sur la terre, sans maison, sans possession, & du tout mesprisant la vanité de ceste vaine vie: aussi fut-il en presage, appellé Abel, qui est à dire souffle ou vanité. Caïn au cōtraire amoureux de la terre, & de ses presēs: faisant bastir vne cité, l'appellāt Enoch du nom de son fils, & ne se souciāt que de la terre. Abel dōc image des iustes qui habitēt la terre comme voyageurs, meditans & cherchans la future patrie. Selon ce

Abel halitus & vanitas.
Caïn citoyen de la terre.

patrõ Abraham marcha pelerin sur la terre, n'y ayãt rien acheté d'icelle qu'vne cauerne pour son tõbeau & des siés, & le Fils de Dieu alla encor plus auãt: car il n'eut en sa vie aucun lieu pour reposer sõ chef, & en sa mort il emprunta son sepulchre. C'est ô ames Chrestiennes rachetees de la terre pour heriter le Ciel, pour vous faire recognoistre vostre cõdition & de vos deuãciers auec celle de vostre Sauueur, gemissez donc sainctement vos peines en ceste vallee de larmes, prenans patience en vos afflictions, vostre premier frere a ainsi vescu icy bas, & ainsi y est il mort, & vostre chef & Redempteur y a ainsi voyagé, & ainsi a-il laissé la vie. Leuez les yeux au Ciel vostre propre cité: ceste terre n'est pas pour vous, ny ses hõneurs, ny ses delices pour vous: elle est auec ses delices & hõneurs, pour les enfans de la terre, habitans de la terre & bourgeois de la cité de Cain: ne portez pas enuie à leur prosperité qui n'est qu'vne fumee d'vn moment : & qui cõme fumee s'esuanoüira en riẽ: mais rendez graces immortelles à Dieu, qui vous appelle à fruition de ses biens immortels: & pendant que vous estes

Abraham pelerin.

Le Sauueur sans maison.
Matth. 8. 10
Luc. 9. 58.

e ji

en la region de mort, pensez à la vie perdurable, & viuans en enfans de Dieu, fichez vos cœurs en Dieu & vos esperances aux biens & honneurs de son eternité.

MELCHISEDEC.

MELCHISEDEC.

MELCHISEDEC Roy de Salem & grand Prestre du tref-haut Dieu, aduerty qu'Abraham auoit gaigné vne merueilleuse victoire sur quatre Rois victorieux, & qu'il s'acheminoit vers luy auec ses troupes, il sort de la ville accōpagné de son Clergé & de sa Noblesse, & tout le menu peuple, & luy va au deuant pour le recueillir auec sacrifice d'actiō de graces, & le benir de sa grande benedictiō. Le voila arriué au lieu où il le rencontre paré de ses habits de grand Roy, & de

Genest. 14

e iiij

souuerain Prestre, plein de maiesté en sa personne & en son maintié. Regardez son port venerable, la serenité de son front, & la grauité de son visage : Quelques vns ont pensé que c'estoit Sé fils de Noé: mais l'Escriture ne faict aucune mention de son origine, non plus que de sa natiuité & de sa mort, combien qu'elle ait de coustume de cotter fort curieusement les genealogies, maisons & tiges des personnes illustres : qui faict coniecturer qu'elle a caché quelque haut secret dans l'ombre de ce mysterieux silence sur la race de cestuicy.

Erreurs des Samaritains croyans que Melchisedec estoit Sem. S. Epiph. hæref. 55.

L'ORNEMENT qu'il porte en la teste, c'est vne Mittre de crespe retors, tissu de diuerses couleurs, haute & ronde en coiffure, doublee de drap d'or, aboutie d'vn safir en forme de gland, où est atta-

L'ornement des anciens Prestres.

ché vn ruben de crespe azuré volant par derriere. Sur le front il a vne lame de fin or liée d'vne bande de hyacinthe comme d'vn diademe Royal: & sur la lame est engraué le grand nom de DIEV. Sa première robbe plus proche du corps battant iusques aux talons, est vne aube de fin lin : la tunique qui est dessus cette-cy plus courte d'vn pied, est toute de hyacinthe crespe, brodée à l'entour d'vn orlet d'ouurage tissu, & ceinte ioignant les reins d'vn baudrier d'or façonné en broderie : de laquelle estoffe & façõ est aussi fait l'habit qui luy couure les espaules à guise de camail attaché deuant la poictrine par trois esquarboucles taillez en rond en façon de bouton, enchassez en l'or. L'autel est erigé, & le pain & vin apportez, & le sacrifice commencé. Abra-

Le nom de Dieu tetragrammaton.

L'Autel.

ham a mis pied à terre, cóme aussi la plus part de ses gens. Il est couuert d'vn habillemét de cuir boüilly, doré & enrichy de diuerses figures, duquel genre d'habillemét est venu le nó de nos cuirasses de fer, qu'il faudroit plustost appeller ferrasses: ses brassars, cuissots, & iambieres, que vous voyez fort bien assorties sur les ioinctes de leurs gueulars figurez, sót de mesme matiere. Il porte en la teste vn heaume admirablement bien graué, enrichi d'or & empennaché de plusieurs rares plumes. Le coutelas luy pend au costé gauche, attaché à son baudrier mis en escharpe: il baise la main droicte en signe d'honneur: de la gauche il tient vne pertuisane: vn de ses escuyers luy porte son escu, vn autre tient son cheual par la bride: à l'aisle de ce premier esquadró, c'est ce cour-

cuirasse, habillement de cuir.

MELCHISEDEC. 75

fier de poil bay-doré, balzan des *Les pieds de*
deux pieds, qui mõstre par la bel- *derriere.*
le façon de tout son corsage, qu'il
est bien maniant & adroit, & digne d'estre monté d'vn grand Capitaine. Contemplez vn peu sa
teste petite, ses oreilles de rat ac-
crestées, le front descharné & large, marqué d'vne estoille droict
au remoulin: le col de moyenne
longueur: gresle ioignãt la teste,
gros vers la poictrine, & doucement vouté par le milieu, la poictrine ronde & large, & la croupe
à proportion, la queuë & le crain
long: voyez cómét en marchant
superbemẽt son frain il iette l'escume blanche, ouurant ses na-
seaux enflez, & monstrant le ver-
meil du dedans: voyez comment *Les mains*
il frappe la terre de la main de la *sont les piedʒ*
de deuant.
lãce qu'il tiét en l'air, cóme s'il faisoit la iambette, & prenez garde

aux traicts delicats du Peintre à representer naïfuement la corne des ongles lisses, bien arrondie & large, auec les coronnes deliées & pelües, & les paturons courts, & moyennement releuez, & les ioinctures grosses auec leur toupet.

L'vsage des selles d'armes & d'estriers, long temps apres Iules Cesar.

Sur le dos il n'y a qu'vn coussinet attaché auec de petites sangles & vne croupiere sans estriers, car ils n'estoyét encor en vsages nó plus que les selles d'armes. Les gens qui composent ce premier esquadrõ sót les trois cens & dixhuict hommes d'armes seruiteurs nais en la maison d'Abraham. Ils sont diuersement habillez: les vns portent la cuirasse comme leur Capitaine, quoy que moins richement estoffée. Les autres la cotte de maille à maches & gorgerin: quelques vns la cotte d'armes de fer à lambeaux en la fauldiere, les greues & soliers de lame d'acier, & tous ont l'escu pendát du col en escharpe & gantelets aux mains. Auec ceux-cy il a par miracle mis en route l'armee de quatre Roys Assyriés qui vn peu deuant auoyent gaigné la bataille contre cinq autres Roys, à sçauoir contre le Roy de Sodome, de Gomorre, d'Adama, de Soboim, & de Bale alliez d'Abraham, & s'en retournoyét en leur païs auec leurs soldats enrichis du butin des vaincus, principalement de deux villes tres-opulétes Sodome & Gomorre, qu'ils auoyét saccagees emmenans vne milliasse de prisonniers, entre lesquels estoit Loth nepueu d'Abraham, & toute sa famille, & insolens du succés s'en alloyent à la desbandade, sans ordre de guerre, ne pensans qu'à yurongner & dormir. Abraham outré de l'infortune de son nepueu & de ses alliez,

Cinq Rois vaincus par quatre. Gen. 14.18.

Sodome & Gomore pillees.

& se deliberāt d'en auoir la raison, partit en diligēce: si bien qu'ayāt ioinct les ennemis la cinquiesme nuict les chargea si rudemēt à l'impourueu, qu'il les descōfit, & reprint les prisonniers, & en ramena d'autres auec vne glorieuse victoire, & aussi riche despoüille des bestes & d'habits, & de toute sorte de biens, que le Peintre a diuersement exprimé à la queüe du susdit esquadrō: car vous y voyez des chameaux, & des cheuaux, les vns monstrans le bout de la teste seulemēt; les autres toute la teste, quelques vns vne partie du corps; vous y voyez aussi des cottes d'armes, des bahus & choses semblables, & ne se faut esbahir si les soldats ont leur habillement & armes sanglantes: car ils viennent freschemēt du combat. Ces premiers Seigneurs proches d'Abra-

La despouille.

Les Roys de Sodome & Gomorre.

[...]am portás les grands pennaches [e]n leurs salades dorées, & ceintes d'vn diademe, sont le Roy de Sodome & Gomorre, qui ayans rallié quelques troupes luy sont venus au rencontre pour luy congratuler. Abraham vsant de toute courtoisie en leur endroict, leur rend non seullement leurs gens prisonniers, mais encore leurs biés rauis vn peu deuant, qui se trouuent en nature. Ils s'en retournent content. Melchisedec est attentif au sacrifice, & faict ses offrandes de pain & de vin à Dieu, le priant affectueusement. Escoutez ce qu'il dict.

Gen. 14. 17.

Benit soit Abraham par le tres-haut Dieu, Seigneur du Ciel & de la terre: & loué soit le Dieu souuerain par la defense duquel les ennemis sont entre tes mains. Ce dict, il benit Abraham: luy faict part du sacrifice, & à

Priere de Melchisedec.
Gene. 14.

ſes gens, & les inuite tretous à ſa maiſon pour eux rafraiſchir: chacun remercie Dieu auec le ſouuerain Preſtre, & Abraham luy dóne pour ſon droict la dixieſme partie de toute la deſpoüille: ô combien de myſteres ſont cachez à l'vmbrage de ceſte peinture!

MELCHISEDEC FIgure du Sauueur.

LE s hommes ne peuuent pourtraire au tableau ce qui est à venir n'en pouuans auoir l'image corporelle: mais Dieu qui voit tout presét, auoit faict le pourtraict de la Prestrise future de son Fils, en la personne de Melchisedec, & de l'Eucharistie en l'offrande d'iceluy. S. Paul l'escrit ainsi. *Melchisedec*, dit-il, *Roy de Salem Prestre de Dieu souuerain, alla au rencontre à Abraham reuenant de la desconfiture des Roys, & le benit, à qui Abraham departit la disme de tout. Et premieremẽt est interpreté Roy de Iustice, & puis aussi Roy de Salem, c'est à dire de paix: sans pere, sans mere, sans genealogie: n'ayant commencement de iours, ny fin de vie: mais estant faict semblable au Fils de Dieu demeure Prestre eternellement.* Il dit dont ap-

f

MELCHISEDEC.

Rapport des qualitez du Sauueur à celles de Melchisedec.

Roy de Iustice.

pertement que Melchisedec estoit la figure du Sauueur, & en couche les traits & figures. Melchisedec estoit en figure Roy de Iustice: IESVS-CHRIST est le vray Roy de Iustice, constitué iuge des viuãs & des morts: Melchisedec portãt le nom, & IESVS-CHRIST, la chose:

Roy de paix. Melchisedec Roy de Paix: le Sauueur est le vray Salomon Prince de paix: car c'est luy seul qui a moyéné la paix entre Dieu & les hõmes: Melchisedec Roy & Prestre des Cananeans & d'Abraham:

Roy des Gentils & Iuifs. IESVS-CHRIST Roy des Gentils signifiez par les Cananeãs, & des Hebrieux sortis d'Abraham, ayant fait des deux peuples, le bastiment de son Eglise: luy estant la pierre de l'angle. Melchisedec oinct de Dieu d'vne onction, non corporelle cõme Aaron & les autres Prestres Iuifs, mais spirituelle: IESVS-CHRIST oinct de son Pere, & le Sainct des Saincts.

Oinct de Dieu.

Sans mere au Ciel, sans pere en terre. Melchisedec sans pere & sans mere & sans genealogie, c'est à dire mis en l'escriture sãs aucune mentiõ de pere & de mere, ny de lignée, non qu'il n'eust pere & mere, mais par mystere.

La generatiõ aussi du Fils de Dieu est inenarrable, non seulement l'eternelle, mais encor la tẽporelle: car quel esprit

ourra comprendre comment il a esté
1gendré, & de toute eternité de son
ere, & auec le temps sans cohabitatiō
homme né d'vne vierge deuant l'en-
ntement, en l'enfantement & apres?
)ōc Melchisedec le souuerain Prestre
stoit la figure de IESVS-CHRIST.

*La Prestrise du Fils de Dieu figurée en
celle de Melchisedec.*

2

MAIS le traict plus naïf de ceste
figure & de nostre mistere, c'est
celuy que l'Apostre met le dernier comme le plus parfaict, disant que
la Prestrise du fils de Dieu selō l'ordre de Melchisedec demeure eternellement, qui estoit aussi la prophetie de Dauid. *Le Seigneur* Psal. 109.
*a iuré & ne s'en repentira point. Tu es Prestre
eternellement selon l'ordre de Melchisedec.* Ce
traict contient le mystere du Sacremēt
& sacrifice de l'Eucharistie institué par
IESVS-CHRIST en son Eglise sous
les especes du pain & du vin pour durer
iusques à la fin du monde. Il y a eu entre Deux sortes
les hommes deux sortes de prestrise de- de sacrifice
uāt la venuë du Sauueur: l'vne auec sa- & de Pre-
crifice non sanglant, qui offroit à Dieu strise.

f ij

Sacrifice sanglant & non sanglãt. Bestes des sacrifices anciens.

des dons sans effusion de sang, telle estoit celle de Melchisedec offrant pain & vin; l'autre auec sacrifice sanglãt, qui estoit de trois sortes de bestes à quatre pieds, à sçauoir de bouine, moutonnaille, & capraille; & d'autant de sortes d'oyseaux, de coulombes, tourterelles, & moyneaux. Telle estoit la sacrificature d'Aaron, dont la verité a esté accõplie & a prins fin en la Croix, où IESVS-CHRIST s'est offert vne fois en sacrifice sanglant de la mort, à la semblance de la sacrificature & sacrifice d'Aaron, & tel sacrifice ne pouuoit estre reïteré, ne pouuãt IESVS-CHRIST mourir qu'vne fois. La verité de la Prestrise & sacrifice de Melchisedec commença au soir de l'institution de l'Eucharistie, quand le Sauueur institua le Sacrement & sacrifice non sanglant de son corps, sous les especes du pain & du vin, ce qu'il a continué du depuis par le ministere & seruice des Prestres ses vicaires, & continuëra tant que l'Eglise voyagera en terre estant luy Prestre eternellement selon l'ordre de Melchisedec, c'est à dire offrant sans cesse le vray pain & le vray breuuage de son corps & de son sang comme Melchisedec en offroit la figure. Mais pourquoy est-ce que ceste souueraine sapiëce a institué le sacrifice & Sacrement de son corps sous les especes du pain & du vin ? si nous en pouuons sçauoir quelque raison, ce sera autant de lumiere pour voir & admirer sa grandeur.

Pourquoy le Sauueur a institué le sacrifice & Sacrement de son corps soubs les especes du pain & du vin.

LA supreme sagesse a institué le Sacrement & sacrifice de son corps sous les especes du pain & du vin, pour plusieurs raisons, dont les principales me semblent celles-cy. La premiere, par ce que le pain & le vin marquent sensiblement & fort proprement, la nature, l'vtilité & l'excellence de ce sacrifice & Sacrement. Il n'y a rien si commun, ny si exposé à nostre cognoissance que le pain & le vin. Or comme ils sont les deux plus nobles & propres soustiens de la vie humaine, de mesme le sacrifice & Sacrement du corps du Sauueur, est le plus diuin alimët & appuy de nos

Premiere raison pour declarer l'excellence de ceste nourriture.

Le pain.

ames & corps. Le pain & le vin sont tres-vtiles & necessaires au commencement, au milieu, & à la fin du repas, & les Hebrieux soubs le mot du pain comprennent toute viande, comme estant aussi la principale & la compagne de toutes; & les sages anciens ont iadis appellé le vin, le Roy & les delices du banquet. Le Sauueur donc a institué l'Eucharistie auec ces deux symboles, pour nous apprédre par iceux qu'en la loy de sa grace, le sacrifice & Sacremēt de son corps, tiennent le premier rang entre tous les presens & viandes qu'on peut mettre sur la table de son Autel pour honorer sa Majesté & alimenter nos ames.

Pain pour toute nourriture.
Ioā. 6. 46.
Eccle. 25.
Ezech. 4.
Le vin Roy des banquets.

Le pain & vin marques de la passion du Sauueur en son sacrement.

Seconde raison pour enseigner la passion du Sauueur. Le froment.

LA seconde cause pourquoy le Sauueur a institué le mystere de son corps en ces elemens, c'est pour nous mettre deuāt les yeux ce qu'il a enduré pour nous, se faisant pain & breuuage pour nous. Le grain est ietté en terre pour deuenir espy, & se multiplier; il meurt pour sortir, il endure aux champs, les vêts, la gresle, la gelée, le chaud & le froid ; il est batu en l'aire, brisé au moulin, maceré au paistrin, & cuit au four. Le raisin porte *Le raisin* les marques des mesmes tourméts : car apres auoir eschappé les iniures de l'air, comme le grain, il est foulé & petillé aux pieds, il est serré au pressoir, il endure la cuue & la caue pour deuenir bon vin. Ces actions & passions sont les traicts qui nous font la peinture des trauaux que le Sauueur a enduré pour nous estre le pain & le vin celeste qu'il nous donne au sacrifice & Sacrement de son corps.

Le pain & le vin en l'Eucharistie Marques du corps mystique du Sauueur.

§

La troisiesme cause de ceste institutió faicte en tels elemés, c'est pour marquer le corps mistique de l'Eglise de IESVS-CHRIST, car comme le pain & le vin sont faicts de plusieurs grains ammócelez en vn, l'Eglise aussi est composee de plusieurs mébres vnis en vn chef, c'est pourquoy les Grecs appellét le repas de ce sacrifi-

Ceste raison est dónee par S. Chryso. hom. 24. in 1. Cor. 10. par S. Aug. tract. 26. in Ioan & par autres Docteurs.

88 MELCHISEDEC.

Synaxe. ce SYNAXE, c'est à dire collection, & les Latins COMMVNION, quasi commune vnió. Pour ces raisons & semblables le Sauueur a institué ce mystere auec le pain & le vin: de maniere que les seuls elemens nous parlent sans mot dire en ce Sacrement, & nous enseignent trois belles leçons, la charité du Sauueur à nous nourrir de soy-mesme, la patiēce à endurer pour nous mesmes: & l'vnió de nous-mesmes en luy, tant est sage ceste diuine sagesse à bien ordonner, & à bien apprendre ce qu'elle ordonne!

Le corps du Sauueur appellé pain, & son sang, vin.

6

POVR les mesmes causes que dessus, l'escriture appelle le corps du Sauueur, pain, & son sang, vin. Hieremie dit en la personne des Iuifs, *Mettons le bois en son pain*, c'est à dire mettons son corps en la croix, cōme les Peres anciens l'ont interpreté. Item, *Il lauera son estole au vin, & sō vestement au sang de raisin*: c'est à dire il espandra son sang en abondance, figurant le sang par le vin. S. Paul aussi appelle le Sacrement pain & vin, & l'explique le

Ierem. 11.
Tertul. liu. 4. contra Marc. c. 40.
Gen. 49. o
1. Cor. 10. 16.

corps & sang du Sauueur. *Qui mangera* 1 Cor. 11.17
dit-il, *ce pain & boira ce calice indignement,*
il sera coulpable du corps & du sang du Sei-
gneur. Le Sauueur mesme s'appelle pain Ioan. 9.
& son sang breuuage, parce qu'il s'offre
en sacrifice à son Pere, & se donne en
Sacrement aux hommes, sous les especes du Pain & du vin.

Qu'est-ce que Sacrement.

7

L'EVCHARISTIE est sacrifice *Sacrifice.*
& Sacrement ensemble, com-
me l'oblation d'Abel, l'agneau
Paschal & plusieurs autres mysteres anciens. Car le corps du Sauueur en tant
qu'il est offert à Dieu en la Messe, il est
sacrifice, & le mesme corps en tant qu'il
est donné en viande aux Chrestiens, il
est Sacrement. C'est pourquoy quel- *Sacrement.*
ques figures le representoiét seulement
entant que Sacrement, comme l'arbre
de vie, les autres entant que sacrifice
seulement commun estoient quelques
sacrifices pour le peché, desquels nous
parlerons au tableau du sacrifice propitiatoire, les autres entant que sacrifice *L'arbre de*
& Sacrement ensemble, comme l'obla- *vie.*
tion de Melchisedec & semblables. Or

le Sacrement est vn signe & vn instrument d'vne chose sacree. Ainsi le Baptesme signifie l'interieur & sacré lauement de l'ame & le faict, comme instrument de Dieu, si celuy qui reçoit le Baptesme n'y met empeschement: de mesme l'Eucharistie côtiét le corps & sang du Sauueur inuisibles, & la nourriture de l'ame, & en est le signe par les especes visibles du pain & du vin materiel, & en telle qualité il est Sacrement.

Que c'est que sacrifice, & comment est faict celuy de la Messe.

Definition du sacrifice.

LE sacrifice prins en sa propre signification, c'est vne action exterieure de religiõ & de culte souuerain faicte en recognoissance de la supreme Majesté pour propre officier, auec quelque present & chãgemét d'iceluy present. En ceste façon les victimes des bestes & autres corps en la loy de nature & de Moyse, estoiét, sacrifices: l'Eucharistie sacrifice aussi en la Loy de grace, & ce de tant plus excellẽt que le corps du fils de Dieu offert en iceluy, surpasse en dignité tous les autres corps dont on peut faire present à la diuine majesté. Ce sacrifice se faict, comme cy apres nous dirons plus au long, par les paroles de la consecration, CECY EST MON CORPS, CECY EST MON SANG, par lesquelles IESVS-CHRIST transsubstantie le pain & le vin en son corps & en son sang: & par les mesmes, il l'offre à son Pere pour son Eglise, encor qu'il n'vse d'autres parolles formelles d'oblation, disant, ie vous offre mon corps: car c'est assez qu'il le face present sur l'Autel à ceste intention : il n'en vsa non plus se donnant en sacrifice en la Croix, ny les anciens sacrificateurs en leurs sacrifices. Dieu entendoit assez le langage du cœur. L'Eglise ayant ce corps par la liberalité de Dieu, le luy offre aussi auec IESVS-CHRIST, & par iceluy l'honore & l'hommage, en tiltre de latrie & culte souuerain, & le prie par les merites acquis en ce corps, & en prend apres sa refection : & comme iadis Dieu donnoit aux Iuifs des bestes, & les Iuifs les luy offroient & l'en honoroient, & en mangeoient la chair: ainsi nous a-il donné & nous donne le corps de son Fils, & nous l'en honorōs, & le prions auec luy comme auec vn riche present pour l'appaiser & rendre fa-

En quoy cōsiste l'actiō du sacrifice de l'Eucharistie.

Voy le tableau de l'Eucharistie.

Le corps du Sauueur est faict present pour estre offert.

Dieu honoré & seruy de ses biens.

uorable, & en prenons apres noſtre refection ſans que iamais il ſoit conſommé comme eſtoiēt les corps des beſtes qui ne pouuoient ſeruir qu'vne fois, & en falloit prendre de nouueaux à chaſque ſacrifice. Le corps du Sauueur eſt immortel & ſeul ſuffiſant pour honorer Dieu, & eſtre la paſture d'immortalité à tous les membres de ſon Egliſe en tout temps. Nous auons dict cy deuant que les bonnes œuures faictes pour Dieu ſont quelquesfois appellees ſacrifices, comme l'oraiſon, le ieuſne, l'aumoſne, & autres actions de pieté: mais ce ſont ſacrifices generaux & par ſemblance, & chacun les peut & doit offrir, au lieu que le propre & vray ſacrifice ne peut eſtre offert que par vn propre & vray Preſtre d'office, tel qu'eſtoit Melchiſedec & les Preſtres Iuifs iadis, & maintenant les Preſtres Chreſtiens.

Toute bonne œuure eſt ſacrifice. S. Aug. lib. 10. de ciuit. c 6.

Différence entre le Sacrement & le Sacrifice.

9

EN premier lieu le Sacrement est institué de Dieu pour la sanctification de sa creature, & le sacrifice pour en honorer le Createur: l'vn regarde l'homme, l'autre regarde Dieu: car combien que la sanctification donnee par le Sacrement redonde à l'honneur de Dieu, & l'action du sacrifice à la sanctification de la creature: la propre fin neantmoins où vise le Sacrement, c'est sanctifier l'homme: celle du sacrifice, c'est hommager Dieu: ne plus ne moins qu'en la Monarchie ciuile, l'hommage lige, est pour le Roy: & l'administration de la iustice, est pour le peuple: encor que la iustice honore le Prince, & l'hommage proufite au sujet. De mesmes donc en l'Eglise, Monarchie spirituelle, le Sacrement est ordonné pour ayder l'homme, & le sacrifice pour honorer Dieu. Ce qui se faict au de-là de ces fins en l'vn & en l'autre, c'est en consequence & par suite, & non en premiere intention & visee. Et par-

La premiere. Le sacrifice est pour honorer Dieu, & le Sacrement pour sanctifier l'homme.

Hommage lige.

tant comme le Sacrement est proprement signe & instrument de la grace de Dieu, ainsi le sacrifice marque specialement la grandeur & Majesté d'iceluy.

La Sacremēt signe de grace. Le sacrifice signe d'honneur.
Seconde difference.
Le Sacrement ne profite qu'au recevant.
Le sacrifice à tous.

En second lieu le Sacremēt ne proufite sinon à celuy qui le prend en bonne disposition, comme le Baptesme ne sanctifie que le baptisé : le sacrifice peut proufiter à tout le monde, absens, presens, iustes, iniustes, disposez, indisposez, viuans & trespassez, s'il ne sont morts en peché mortel : car encor qu'il ne soit institué directement pour sanctifier l'homme, comme il a esté dict, il ouure neantmoins la porte à la sanctification de tout l'homme en tāt qu'il appaise Dieu en l'honnorant & priant, & par cest office de pieté il obtient de sa misericorde grace de nouuelle benediction, de penitence & de remission à tous ceux pour lesquels il est offert : ainsi le sacrifice de la Messe est vtile à tous ceux qui l'oyent & pour lesquels on la dict.

Nulle religion sans sacrifice.

10

COMME l'Eglise a tousiours eu des Sacremens pour moyenner la sanctification des enfás de Dieu: aussi n'a-elle iamais esté ny sera sur la terre sans sacrifice, & ce à bonne raison. Car puisque toute vraye religion est instituee pour souuerainement recognoistre & seruir Dieu: il faut necessairemēt qu'il y ait en son Eglise, qui est son regne & sa Monarchie, vn culte public & commun de supreme honneur, par lequel les hommes, assemblez en corps de republique, professent leur foy & deuoir enuers luy. Ce culte est le sacrifice, par lequel Dieu est recogneu & adoré publiquement, comme souuerain seigneur: maistre de la mort & de la vie, & aucteur de nostre bien & salut, honneur le plus haut qui se puisse donner, propre à Dieu & incommunicable à la creature; & du droict de la seule diuine Majesté. Parquoy vne Religion sans sacrifice, est vn corps sans ame & vne Monarchie sans hommage, & sans recognoissance publique de souueraineté, c'est à dire sans marque de

L'Eglise tousiours auec Sacremens & sacrifices.

Toute republique instituee auec marques de souueraineté.

Le sacrifice souuerain.

Religion sans sacrifice, c'est vn Royaume sans droict d'hommage

Monarchie. En l'Eglife donc, feule gardienne de la vraye religiō, il y a eu toufiours des facrifices propres & des Preftres pour les adminiftrer. Le plus celebre de la loy de nature, ça efté celuy du pain & du vin adminiftré par Melchifedec fouuerain Preftre: en la loy de Moyfe, il y en a eu plufieurs, en la Loy de grace, le Sauueur a eftabli celuy de fon corps: vn feul, en la place de tous les anciens, la verité de tous, & feul le plus fuffifant de tous: tāt à raifon de la chofe offerte qui eft de prix infiny, que de la qualité de l'offrant qui eft le Fils de Dieu; car le Preftre n'en eft que le vicaire, parquoy ce feul facrifice eft au prix de tous les anciés, comme le Soleil aupres, de toutes les eftoiles enfemble: facrifice tres-parfaict, & tref-digne du Sauueur qui l'a inftitué en la loy de grace la plus parfaicte Monarchie qui fut onc, ne qui iamais fera: & inftitué d'vne façō auffi noble que myfterieufe, à fçauoir à la femblance du facrifice du Roy & fouuerain PreftreMelchifedec foubs les efpeces du pain & du vin, qu'il offrira iufque à la confommation du monde par les Preftres fes vicaires, eftant luy fouue-

Suffifance du facrifice de la loy de grace.

MELCHISEDEC. 97
souuerain Prestre eternellement selon
l'ordre de Melchisedec.

*Tesmoignages des Docteurs Hebrieux
sur le mesme subiect du sacrifice
de Melchisedec.*

II.

RABBI Samuel renommé entre les Hebrieux parlât de ce qu'offrit Melchisedec. *Il fit vn acte de Prestrise, car il sacrifioit pain & vin à Dieu sainct & beni.* Rabbi Phinee grand Docteur Hebrieu aussi. *Du temps du Messie tous les sacrifices cesseront, mais le sacrifice du pain & du vin demeurera tousiours, ainsi qu'il est escrit en la Genese.* ET MELCHISEDEC MIT DEVANT PAIN ET VIN. MELCHISEDEC, *c'est à dire le Roy Messias exceptera de ceste cessation du sacrifice le sacrifice du pain & du vin comme il est dit au Pseaume.* TV ES PRESTRE ETERNELLEMENT SELON L'ORDRE DE MELCHISEDEC. Il veut dire que Melchisedec estoit la figure de IESVS CHRIST qui est le vray Messias, & que IESVS-CHRIST Prestre eternel selon la forme de Melchisedec, institueroit en son Eglise vn sacrifice eternel de son

Rabbi Samuel sur la Genese.

Rabbi Phinee. voy Galat. 1. 6 Genes. 14.

p salme. 10.

g

corps & de son sang soubs les especes du pain & du vin, faisant cesser tous les autres sacrifices, n'estans iceux que figures & predictions de cestuy-cy : & ainsi le voyons-nous estre accomply depuis la mort du Sauueur, en laquelle tous les sacrifices sanglans figures d'icelle mort, ont finy, cóme au contraire en l'institution de l'Eucharistie, qui est nostre Messe, le sacrifice figuré par celuy de Melchisedec a commencé.

Tesmoignages des anciens Peres Grecs sur la figure de Melchisedec.

12

S. Clemen.l 4. Stro.

SAINCT Clement. *Melchisedec Roy de Salem Prestre du tres-haut Dieu, donna la pain & le vin sanctifié en figure de l'Eucharistie.* Sainct Chrysostome parlant du mesme sacrifice de Melchisedec. *Voyāt la figure ie te prie pense à la verité.* C'est à dire, si tu fais cas de l'offrande de Melchisedec, combien plus le Sacrement & sacrifice du corps du Sauueur qui est la verité signifiée iadis par celle ancienne figure?

S. Chryso. hom 35. & 36. in Gen.

Idem. Item. *Apres que Melchisedec Roy de Salem eust offert pain & vin (car il estoit Prestre du tres-haut) Abraham print de sa main des* choses qui auoyent esté offertes, c'est à dire, il mangea & beut du pain & du vin sanctifiez.

THEODORET ayant declaré comment le Sauueur auoit commencé en l'institution du Sacremēt de son corps, sa Prestrise selō l'ordre de Melchisedec, il adiouste. *Nous auons trouué Melchisedec Prestre & Roy, offrant à Dieu non des sacrifices des bestes priuées de raisō, mais du pain & du vin.* Il veut dire que la Prestrise & l'offrande du Sauueur n'est pas auec effusion du sang des bestes, comme celle d'Aaron, mais sans tuerie: & que son corps est donné en sacrifice soubs les especes du pain & du vin selon l'ordre de Melchisedec.

<small>Theod. in Psalm.109. Idem in Gen.4.63.</small>

S. Iean Damascene. *La table de Melchisedec figuroit la nostre mystique, toute ainsi que Melchisedec portoit la figure & l'image du vray Pontife* IESVS-CHRIST.

<small>S. Ioan. Damasc. l. 4. de fid. c. 14.</small>

THEOPHYLACTE sur l'Epistre aux Hebrieux expliquant les paroles du Psalmiste, TV ES PRESTRE ETERNELLEMENT SELON L'ORDRE DE MELCHISEDEC. *Il est tres-certain* dit-il, *que ceste Profetie s'entend de* IESVS-CHRIST, *car c'est luy qui seul a sacrifié pain & vin selon l'ordre de Melchisedec.* Et vn

<small>Theophil. in ca.5. ad Heb. Psal 106.</small>

g ij

peu apres, Il dit ETERNELLEMENT, tant parce que IESVS-CHRIST intercede pour nous inceſſamment à ſon pere, que parce qu'il eſt offert tous les iours: ceſte oblation ſe faict ſans ceſſe par les officiers ſeruiteurs de Dieu ayans pour Pontife & pour ſacrifice CHRIST le Sauueur; c'eſt luy-meſme qui ſe rompt & ſe diſtribue.

Teſmoignages des anciens Peres Latins.

12

S. Cyp. 2. epiſtol 3. ad Cecil.

SAINCT Cyprien. Qui a plus eſté Preſtre du ſouuerain, que noſtre Seigneur IESVS-CHRIST, qui a offert ſacrifice à Dieu le pere, & offert le meſme que Melchiſedec pain & vin, à ſçauoir ſon corps, & ſon ſang? Car ce corps eſt le vray pain, & ce ſang eſt le vray vin & le vray breuuage.

Ioan. 6.

S. Hiero. ep. 126. ad Euagr.

SAINCT Hieroſme rendant raiſon à Euagrius pourquoy Melchiſedec eſtoit comparé au Sauueur. C'eſt, dit-il, parce qu'il ne ſacrifia point des victimes de chair & de ſang (des beſtes) mais dedia le Sacrement de CHRIST auec du pain & du vin ſimple, & pour ſacrifice. Et ailleurs. Voy la Geneſe tu trouueras le Roy de Salem prince de celle cité,

S. Hiero in ep. ad Marcel nomine Paulæ & Euſtoch. ſcripta.

qui alors offrit en figure de CHRIST, pain & vin, & dedia le mystere des Chrestiens au sang & corps du Sauueur. Item. Nostre mystere (la Messe) est signifié par le mot OR-DRE non en immolant selon l'ordre d'Aaron des victimes de bestes: mais en offrant pain & vin c'est à dire le corps & le sang du Sauueur.

S. Ambroise sur le propos de l'Eucha- S. Ambr. ristie. *Nous auons cogneu que la figure de ces* l.5. de sacra. *Sacremens a precedé és temps d'Abraham lors* c. 1. *que S. Melchisedec offrit le sacrifice.*

S. Augustin parlant de ce sacrifice de Melchisedec. *Alors premieremēt se mōstra* S. Aug l. *en figure le sacrifice qui maintenant est offert* 16. de ciu. *des Chrestiens par tout l'vniuers.* Et ailleurs c. 22. *Ceux qui lisent sçauent ce que mit en auant Melchisedec lors qu'il benit Abraham, & en* S. Aug l. 1. *sont ia faicts participans; ils voyent que par* cont. ad-*tout le monde on offre vn tel sacrifice.* C'est le uers. leg. c. sacrifice de la Messe qui est offert par 20. tout l'vniuers.

Difference du sacrifice de la Croix & de l'Eucharistie.

14

LE sacrifice de la croix a esté sā- De ceste glant, fait vne seule fois en Hie- oblation par. rusalem seulement: celuy de le S. Paul l'Eucharistie non sanglant, s'est faict aux Hebr. Heb. 7. 27.

g iij

& se fera par tout l'vniuers où l'Eglise est esparse iusques à la fin du móde. Celuy de la croix est la cause supreme de nostre biē, le thresor & la finãce generalle de nostre rachapt, & la fontaine de no-stre sāctification: car par ceste mort le Sauueur nous a acquis tous les biēs, s'il ne tient à nous: le sacrifice de la Messe, c'est l'instrumēt pour no⁹ appliquer l'v-sufruict de tous ces biens acquis; c'est la clef qui ouure ce thresor; c'est le moy-en d'auoir part à ceste finance, & le seau pour puiser à la source de ceste fontaine & nous modifier. Et comme quand quelqu'vn est laué par le Baptesme, ou absout par la Penitence: le merite de la croix influë à celuy qui est faict Chre-stié & qui reçoit l'absolution de ses pe-chez en la practique de tels Sacremēs; de mesme est departy le fruict de la croix par le sacrifice de l'Eucharistie, à tous ceux qui l'offrent, & pour qui il est offert, & ce mesme corps qui a esté mis sur l'Autel de la croix, & qui est of-fert sur l'Autel de l'Eglise, est donné en viande d'immortalité à tous ceux qui le veulent receuoir. La Messe donc ce-lebrant ce mystere faict le Sacrement & le sacrifice du corps du Sauueur, & en

Le sacrifice de la Messe applique ce-luy de la croix.

tous les deux elle est comme iadis les anciens Sacremens & sacrifices, vn instrumét pour faire participer le merite de la passion du Sauueur, mais de tant plus efficace & precieux que IESVS CHRIST, qui est en icelle le Prestre & l'offrande (car l'homme n'en est que vicaire) surpasse la dignité des prestres anciens & des victimes terrestres. C'est la difference du sacrifice de la croix & de la Messe, & la gloire de Dieu diuersemét manifestee, en deux diuers mysteres.

La difference du sacrifice de Melchisedec & de celuy de la Messe.

15

LE sacrifice de Melchisedec n'estoit que l'ombre & la figure: celuy de la Messe est le corps & la verité. En celuy-là il n'y auoit que du pain & du vin terrestre, materiel & insensible, ne nourrissant que le corps pour vn peu de temps: en cestuy-cy est offert le corps & le sang du Sauueur, le vray pain & le vray breuuage, pain du ciel vif, immortel, glorieux, pain diuin, & chair diuine ensemble, sans substance

Pour l'ame & pour le corps.

d'aucun pain materiel: viande & breuuage ensemble, donnant l'aliment de grace à l'ame, & le germe d'immortalité au corps, & à tous les deux le fruict de toutes benedictions. En celuy-là, Dieu auoit monstré sa diuine sagesse figurant par des traicts si diuins la future Prestrise de son Fils en la personne de Melchisedec, & du sacrifice du corps d'iceluy Fils au sacrifice de Melchisedec. En cestuy-cy il a laissé les marques infiniement plus claires de sa toute puissance, sagesse & bonté, changeant la substance cachee du pain en celle de son corps, sans chāger la forme exterieure des accidēs: s'offrāt soy-mesme par soy-mesme estant ensemble le sacrificateur & la chose sacrifiee: pouuoit-il se monstrer plus grand, plus sçauant, & plus liberal? pouuoit-il establir vn sacrifice plus honorable pour recognoistre la Majesté diuine, que celuy auquel il luy offre, nō le sang des bestes, mais le sien propre, mais son propre corps: Sacrement plus proufitable à la creature que celuy auquel il luy donne ce mesme corps! Ce mystere donc si conuenable à l'hōneur de Dieu, & si propre au salut de ses amis, ne meritoit-il pas d'estre eternellement continué en l'Eglise selō que Dauid l'auoit diuinemẽt prophetisé. *Tu es Prestre* Psalm.109. *eternellement selon l'ordre de Melchisedec?* nō selon l'ordre d'Aaron, qui estoit la sacrificature des corps des bestes, moins honorable & moins profitable, & digne d'estre changee: mais selon l'ordre de Melchisedec, non sanglant, qui deuoit estre du corps du fils de Dieu soubs les figures du pain & du vin, sacrifice & prestrise tref-honorable & tref-digne de durer iusques à la fin du siecle, n'en pouuant estre fourny vne meilleure pour l'honneur de Dieu & bien de ses enfans.

Les bons cheualiers spirituels dignes de la refection & benediction du corps du Sauueur.

16

MAis qui sont les enfans dignes du repas de ce sacrifice & de la benedictiō de nostre vray Melchisedec? Certes ce sont Abraham & ses soldats, enfãs & soldats spirituels d'Abraham vrays Chrestiẽs, qui ont l'ame genereuse & armee de toutes pieces de vertu; qui poursuiuent ardemment les ennemis de leur salut à la piste, combat- *Les gẽs-d'armes d'Abraham.*

-tent vaillamment les forces des Assyriens, l'orgueil, l'auarice, le ventre, l'enuie, la gloutonnie, la haine, la paresse, l'iniquité, l'impieté & les autres vices signifiez par les Assyriens. Ce sont ceux qui donnēt la disme de leurs victoires, & de leurs despoüilles à Dieu : qui luy rendent graces de ses biens-faicts, & recognoissent son assistance, comme supreme cause de leurs belles actiōs: pour lesquelles ils ne se glorifient qu'en luy, confessans que tout leur bien vient de luy: ce sont ceux qui comme vrais enfans d'Abraham & vaillans cheualiers, sçauent dextrement manier leus corps en toute sorte de combats & exercices de guerre spirituelle.

Dismes d'Abraham.

Ce braue cheual d'Abraham si biē fait & si bien dressé à la bride & à l'esperon, au trot, au galop, au courir, au parer, au palot, & aux passades : ce sont les corps bien domptez & bien apprins à suyure les commandemens & saillies de l'ame guerriere. Tel estoit celuy qui disoit, *Ie chastie mon corps & le fais seruiteur* : tels ont esté mille champions du Sauueur, qui ont victorieusemēt combatu contre les bandes & armees ennemies du monde, de la chair & de Satan. Tels soldats sont dignes du pain de Dieu, di-

Le cheual d'Abraham.

Castigo corpus meum. 1.Cor.6.27

nes à qui le grād & vray Melchifedec
ienne au rencontre à la fin de leurs vi-
toires pour les honorer, pour les congratuler & inuiter à receuoir le sacré repas de son corps, & les sanctifier de sa
grande benediction, auec laquelle ils
s'en retournent en leurs pays, qui est le
ciel, riches de butin & ennoblis de
gloire immortelle.

ABRAHAM.

ABRAHAM.

CES deux ieunes hómes seruiteurs d'Abraham attendent au pied de la montaigne auec cest asne basté: luy auec son fils Isaac a prins le haut, & leur à cómandé de demeurer iusques à ce qu'il aura illec adoré & offert sacrifice. c'est le troisiesme iour qu'ils sont partis du logis auec luy, l'ayant tousiours accompagné: leur face monstre qu'ils sónt tristes & estonnez: c'est, cóme il est vray-semblable, pour ne sçauoir la cause de ceste separation, & pour auoir veu & oüy des choses mal plaisantes. Ils

Le sacrifice d'Abraham. Gen. 22.

ont veu quand leur maiſtre tout penſif, a mis le bois que l'aſne portoit, ſur les eſpaules d'Iſaac, prenát luy du feu en ſa main & vn glaiue, & certes les groſſes larmes leur couloiēt des yeux, voyans leur ieune maiſtre, endoſſé de ce peſát fardeau, marcher auec peine non petite: car il eſt tédrelet & delicat: aagé de vingt & cinq ans ſeulemēt. Ils ne peuuēt auſſi imaginer quel eſt le ſacrifice qu'Abraham veut faire, veu qu'il auoit de couſtume de ſacrifier deuát ſes domeſtiques, ſans iamais auoir vſé de ſemblable ceremonie: mais ce qui les met encor en plus grád eſmoy, c'eſt qu'ils n'ōt aperceu aucune beſte à ſacrifier, dequoy eſtant en ſoucy Iſaac meſme, a demandé à ſon pere en chemin où eſtoit l'agneau de l'holocauſte, à quoy Abraham a reſpondu que Dieu y pouruoiroit.

Iſaac immolé en l'aage de 25. ans. Ioſ. l. 1. antiqui. c. 13. quelques vns tiennent que ce fut à 13. Gen. id Chron.

Le bon enfant ne sçauoit pas que c'estoit luy-mesme l'agneau destiné au sacrifice : moins sçauoit-il ce que ce sainct vieillard ruminoit à part soy: car il sentoit vn merueilleux combat en son ame, pressé d'vne part des assaults de la nature qui l'amolissoit à compassion paternelle: de l'autre, de la parole de Dieu, qui le faisoit roidir à l'execution de son mandemét. La nature luy disoit, ô pere que fais-tu? as-tu engendré vn fils pour en estre le meurtrier? l'as tu mis au monde pour le mettre à mort? as-tu donné la vie à ta creature pour la luy rauir au Printemps de son estre? veux-tu enseuelir en vn moment le soulas de ta vieillesse & toutes les esperances de ta race future, dás le tombeau de tó fils vnique? dóné de Dieu apres tant & si belles promesses de ta posterité? si ten-

Combat de la nature & de la grace.

„ drement nourry? si soigneusemét
„ esleué? si beau, si gracieux, si obeïs-
„ sant, si accomply en toute sorte de
„ graces? Et qui iamais vit vn tel pe-
„ re que toy? Et que diront tes do-
„ mestiques, tes voisins & alliez? Et
„ que dira ceste pauure mere qui ne
„ pense rien moins au logis, quand
„ elle te verra reuenir tout seul, &
„ qu'elle ouïra la piteuse nouuelle
„ de son cher & vnique fils, tué non
„ de l'effort d'vne maladie, non de la
„ main de l'ennemy, non de la dent
„ de quelque beste furieuse, mais
„ par le glaiue de son propre pere
„ ensanglanté du sang de son fils? ô
„ pere que fais tu? Et en quel poinct
„ de rigueur est ta vieillesse reduicte
„ & la fin de tes iours? ô que tu estois
„ heureux, si tu n'eusses onc est pe-
„ re! heureux si en tes ieunes & steri-
„ les ans, tu eusses esté raui au tom-
„ beau! Cecy luy disoit la nature. La
foy

foy & la charité enuers Dieu, luy
tenoient bié autre langage & bien
plus esleué. Abrahá il te faut obeïr „
à la voix de Dieu: ton fils n'est ny à „
toy ny à sa mere que par emprunt:
c'est luy qui te l'a presté sans donner certain terme de vie: il le veut
auoir maintenant, c'est son droict,
il est maistre de la vie & de la mort:
il ne peut estre iniuste en rien de ce „
qu'il commande: quoy qu'il com- „
mande au pere de tuer son fils. Il est „
tout puissát pour multiplier ta ra- „
ce sans ton Isaac, ayát mille moyés „
dans le thresor de ses diuins secrets „
pour accomplir ce qu'il t'a promis: „
si tó fils est beau, sage & vertueux, „
tant plus est-il digne d'estre preseń- „
té deuant les yeux de sa Majesté: „
personne ne te blasmera d'auoir „
obey à Dieu, & si on t'en blasme „
qu'as tu affaire des paroles & iuge- „
ment du monde vain, où la voix de „

Quand Dieu le commande le pere tue iu-stement le fils.
S. Aug. l. 1. de ciuit. c. 21

h

Dieu souuerain resonne:& ta femme si elle est sage elle prendra patience cedant à la necessité, & au
vouloir diuin : si elle n'est pas sage,
il ne la faut pas croire. Obeys seulement, & ne te soucie d'autre chose:
le Seigneur tout puissant l'a ainsi
commandé, & son cómandement
ne te peut apporter que bon-heur,
ny l'execution d'iceluy que repos
& loüange. Ainsi combattoient
la nature & la foy, la passion & la
grace, mais en fin la victoire est de-
meuree à la foy & à la grace. Parquoy estans paruenus sur la montagne, & ayans rangé le bucher sur
l'Autel, & dressé tout l'appareil de
l'holocauste, Abraham a declaré
son dessein à son fils, & l'embrassât
tendrement luy a dict: ô mon cher
fils, tu m'as tantost demandé où
estoit l'agneau de l'holocauste, c'est
toy mon doux amy, qui dois estre

gneau: c'est toy que le grád Dieu „
hoisy; tu n'es plus à moy, ie ne „
is plus ton pere, tu es holocauste „
cré á Dieu: à Dieu mon fils! & en „
s paroles perdant la voix, l'a baisé „
nglottant & pleurant. Et Isaac à
y, ô mon tres-honoré pere, la vo- „
nté de Dieu & la vostre soit ac- „
omplie: ma vie est à luy & à vous, „
 ma mort ne peut auoir vn plus „
onorable tombeau, que l'Autel „
e sa Maiesté! A Dieu mon tres-ho- „
oré pere, accomplissez son bon „
laisir: à Dieu ma treshonoree me- „
e, sans à Dieu: ie regrette vostre re- „
gret, ne regrettez pas ma mort puis „
qu'elle est si diuinement ordónee: „
vous me verrez en la terre des vi- „
uans. Abraham l'a lié l'a mis sur le „
bois, l'a baigné de larmes, l'a baisé
de rechef, & de tant plus qu'il a
veu courageux & obeissant, de tát
plus gráds ont esté les eslancemés

h ij

de l'amour paternel. Donc comme vn agnelet il a cóséty à tout, & s'est donné à manier du cœur qu'il auoit dit, & s'estant mis à genoux comme il a peu, en la posture que maintenant vous le voyez, se recommande à Dieu, & se sacrifie à sa saincte volonté soy-mesme, vif holocauste, prestant le col paisible à son pere pour estre victime. Abraham a le bras haussé & le va frapper. O Dieu! misericorde à ce pauure pere, & à cest enfançon: contentez vous s'il vous plaist de la bonne volonté & viue foy de tous deux: ils se sont ia sacrifiez à vous en leur cœur! N'ayez peur, ô ames debonnaires & tendres! voila l'Ange qui empesche le coup, & crie à haute voix : ABRAHAM, ABRAHAM, n'estends point la main sur l'enfant. Abraham s'arreste, & se va mettre à genoux rauy d'aise &

d'admiration. L'Ange luy monſtre vn mouton retenu en vn buiſſon par ſes cornes pour le bruſler en holocauſte au lieu d'Iſaac. Abraham le va mettre ſur l'Autel en action de graces: & ainſi ſont ils tous deux deliurez, & tous deux remercient la diuine faueur. O grand Dieu voſtre nom ſoit beny en voſtre commandement, & en voſtre defenſe! ô que vous eſtes ſage en tous les deux, & bon en tous les deux! ô que vous ſçauez dextrement faire preuue de la foy & amour de ceux que vous aymez, & puiſſamment les retirer de peine, & les mettre en repos!

ISAAC ET LE MOVTON
sacrifiez figure de la mort du Sauueur & du Sacrement & sacrifice de son corps.

Figure de la mort du Sauueur.
S. Aug. ser. 71. de tempore.

PERSONNE ne doute que le sacrifice faict en la personne d'Isaac & du mouton, ne contienne la figure de la mort du Sauueur. Le traict
„ consiste en ces points que sainct Augu-
„ stin deduit pieusement & disertement
„ en vn sien sermon. Abraham donne
„ son fils en sacrifice, & son fils Isaac se
„ donne aussi : Dieu le Pere a donné son
„ Fils pour nostre rachapt : IESVS-
„ CHRIST s'est donné au Pere pour la

Moria la montagne où Isaac fut immolé & le Sauueur crucifié.
S. Aug. ser. 71. de temp.

mesme fin. Isaac porte son bois à la montagne : IESVS-CHRIST porte sa croix au môt Caluere, qui est là mesme où Isaac fut immolé, dit le mesme Docteur l'ayant apprins de Sainct Hierosme, qu'il cite : & n'importe ce que Io-

ABRAHAM.

seph escrit qu'Isaac fut offert en la montagne MORIA où par apres Salomon edifia le temple; car le lieu du temple & le mont Caluere estoyét en vne mesme montaigne, quoy que ce fussent diuers endroits d'icelle: & le mesme mont Caluere estoit la sepulture du vieil Adã. Au reste le mouton occis, & bruslé sur l'Autel au lieu d'Isaac, contient le mystere accomply en la croix, comme declare encor sainct Augustin. *Abraham dit-il, represente Dieu le Pere donnant son Fils vnique: Isaac represente* IESVS-CHRIST *obeissant à son Pere, & s'offrant sur l'Autel de la croix:* mais la diuinité represẽtée par Isaac n'endure aucune lesion, ains seulement l'humanité signifiée par ce moutõ. Il est attaché par ses cornes en vn buisson, comme IESVS CHRIST fut attaché en sa puissance qui sont ses cornes, par sa puissãce mesme: car autre force ne le pouuoit forcer, le faire infirme, ny le garroter, attaché au buisson & entre les pointes des tourmens & blasphemes qu'il endura, *attaché, dit le mesme Docteur, lors qu'il pendoit entre les cornes de la croix, cloué pieds & mains, & couronné d'espine.* Ce sont les traicts de la croix & du sacrifice d'Abraham. Persõne ne doute nõ plus que

Le Temple basty en vn autre costé de la montaigne Moria.
Ioseph. l. 1 antiq. c. 13

Le mouton l'humanité du Sauueur.
S. August. serm. 71. de temp.

Isaac de la diuinité.

La puissance du Sauueur signifiée par la corne.
S. August. serm. 71. de temp.

h iiij

Figure de la saincte Eucharistie.
S. Amb.l.4. de Sacr.c.6.
S. Tho. in Prosa,
LAVDA SION.
S. Amb.l.4. de sac. c.9.
S. Tho. in prosa.
Traicts de semblance de la figure à la verité.

ce mesme sacrifice n'ait esté vn tableau du sacrifice & sacrement de la Messe, veu que ç'a tousiours esté la foy de l'Eglise Catholique, comme il appert tant par le Canon d'icelle Messe, où il est faict mention de ce sacrifice, de celuy d'Abel & d'Abraham en mesme rang; que par le tesmoignage de Sainct Ambroise, qui couche la mesme oraisõ dedans ses escrits, & S. Thomas d'Aquin en la Prose, LAVDA SION : & sera aisé de le recognoistre au rapport des traicts de la figure à la verité.

En ce sacrifice Abraham offroit l'offrande qu'il auoit produite, à sçauoir sõ fils qu'il auoit engendré ; en l'Eucharistie le Fils de Dieu offre son corps qu'il s'est formé au ventre de la Vierge, & qu'il fait present en l'Autel, par sa toute-puissãte parole. Abraham sacrificateur offroit la victime, & Isaac viue & raisonnable victime, s'offroit aussi ; en l'Eucharistie IESVS-CHRIST, s'offre ensemblement Prestre & offrande, sacrificateur & victime viuante & raisonnable.

ISAAC immolé n'endura rien au sacrifice : mais seulement le mouton substitué : le corps du Fils de Dieu n'endure aucune lesion en l'Eucharistie, perse-

ABRAHAM. 121

uerant toufiours entier, mais feulement la fubftance du pain & du vin qui laiffe d'eftre apres les paroles de la confecration, & les efpeces vifibles & accidens qui font fubiectes à lefion.

ISAAC fut immolé non en tout lieu indifferemmét felon le chois des hommes, mais en vn lieu choify & monftré de Dieu, qui parla ainfi à Abraham. *Tu* Gen.22.2. *m'offriras ton fils en holocaufte en l'vne des montagnes que ie te ferai voir* IESVS-CHRIST auffi offert feulement en la mótagne de l'Eglife, montagne de Sion, *Sion regne de* où il regne: & offert en l'Autel & lieu, IESVS que cefte Eglife inftruite du Sainct Ef- Pfal.2.6. prit, enfeigne. Voila quelques traicts de la figure qui fignifioit noftre verité: voyons les autres.

La hauteur du myftere de l'Euchariftie, fignifiée par la mótagne & par Abraham, & comme il s'y faut aprocher.

2

IL y a encor quelques circonftances en la figure, qui nous enfeignent les autres qualitez de noftre Sacremét & facrifice: la mon-

La mõtagne. tagne nous aprend sa hauteur: car c'est vne marque familiere en la saincte escriture pour monstrer vne chose diuine & rehaussee sur la bassesse du iugement commun. Ainsi Moyse receut la Majesté de la loy, & les secrets de Dieu en la mõtagne: & ainsi le Prophete exhortãt le Predicateur de mener vne vie saincte & contemplatiue, luy dict: *Toy qui euangelise Sion monte en haut*. C'est à dire esleue ton ame au dessus les choses terriennes, & monte la mõtagne de contemplation, pour bien annõcer la montagne de la grandeur de Dieu. Ainsi le Sauueur se transfigura en la mõtagne de Thabor: ainsi luy-mesme, & son Eglise, est appellée mõtagne, & les choses hautes en esprit, signifiées par la circõstance des lieux esleuez de la terre. Comme donc le sacrifice d'Abrahã fut celebre & haut en assiete corporelle, ainsi la grandeur de nostre mystere est esleuée en hauteur spirituelle, & tres-retirée de la bassesse du iugement terrestre & des sens, & vrayement posée en la cime de la montagne de Sion, estant le plus haut & le plus admirable de tous les autres Sacremens en l'Eglise de Dieu.

Exod. 20.

Esa. 40. 7.

Matth. 17.
Le Sauueur appellé montagne.
Dan. 2. 35.

Povr la mesme signification les deux

ABRAHAM.

seruiteurs d'Abraham, qui nous mar- *Les seruiteurs*
quent l'entédement & la raison humai- *d'Abraham.*
ne demeurent au pied de la montagne,
tristes & pensifs comme incapables de
ce mystere. Item, l'asne qui nous signifie *L'asne.*
les sens corporels, moins encor aptes à
s'esleuer vers ceste diuine hauteur. C'est
seulement Abraham & Isaac, à sçauoir *La foy A-*
les esprits illustres & esleuez d'vne fer- *braham ne-*
cessaire pour
me & viue foy, qui ont l'aisle forte pour *penetrer la*
se guinder là sus & contempler la hau- *hauteur du S-*
acrement.
teur, la grandeur, & la Majesté du Sacrement & sacrifice du corps du Fils de
Dieu en la cime de la saincte Sion.

Mais en montant il faut perseuerer à
marcher trois iours, & porter le feu & le
glaiue, & le bois à brusler, à l'imitation *Les trois*
d'Abraham & d'Isaac. Ces trois iours *iours.*
sont l'appareil des bonnes œuures que
nous deuons faire marchans & ouurans
en la foy de la Trinité, quád nous nous
voulons presenter à l'Autel, & à la table
de ce diuin sacrifice. Le bois encor nous *Le bois.*
signifie la matiere des bónes œuures que
nous deuós apporter pour les brusler en
holocauste sur l'Autel sacré de l'amour *Le glaiue.*
diuin. Le glaiue c'est la parole de Dieu
de laquelle nous deuós estre armez: car
c'est-elle qui dit, CECY EST MON CORPS

& peut faire tout ce qu'elle dit. Si la nature estriue à croire, si elle oppose les sens, ou encor le iugement humain, il luy faut opposer ceste diuine parole, & combatre à l'imitation d'Abraham, qui creut ce que la nature lui dissuadoit fort & ferme, & eut bonne volonté d'executer ce qu'elle auoit en horreur. Le feu d'Abraham c'est la charité dont nostre cœur doit brusler icy, si en aucun autre acte de religion : car c'est vn festin nuptial, & vn banquet d'amour preparé pour les enfans d'Abrahã, reuestus de la robbe nuptiale, preparé pour vous, ô ames fideles, qui gemissez sainctemẽt, & combattez vaillamment les assauts de la mescreance, & les conseils de la chair. Perseuerez courageusement iusques au troisiesme iour, auquel Dieu vous esleuera de ceste terre basse pour vous faire voir sa gloire en la cime de la haute & celeste Sion nostre vraye & asseurée demeure.

Le feu.

La robbe nuptiale.
Matt. 22. 12

L'AGNEAV PASCHAL.

L'AGNEAV PAS-
CHAL.

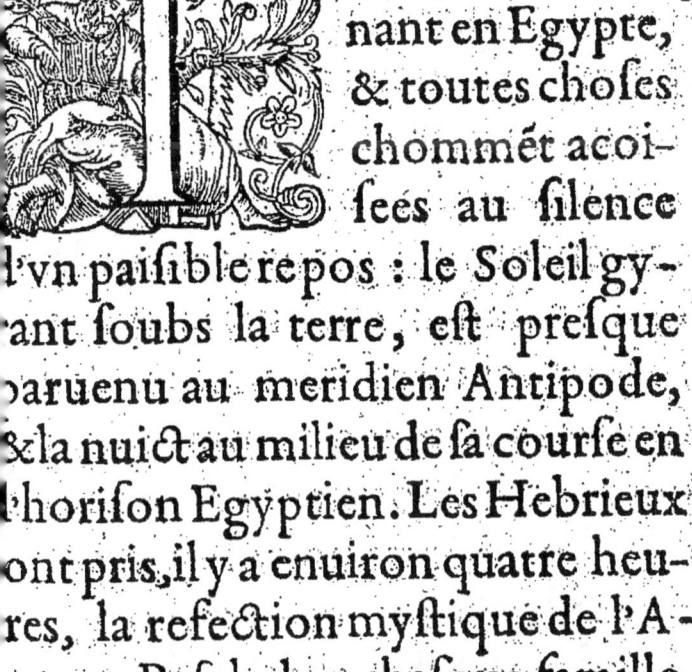OVT est en te-
nebres mainte-
nant en Egypte,
& toutes choses
chommét acoi-
sees au silence *Dum quie-*
rũ silentiũ.
Sap. 18, 14.

d'vn paisible repos : le Soleil gy-
ant soubs la terre, est presque
paruenu au meridien Antipode,
& la nuict au milieu de sa course en
l'horison Egyptien. Les Hebrieux
ont pris, il y a enuiron quatre heures, la refection mystique de l'A-
gneau Paschal en chasque famille,
selon qu'ils en estoient aduertis, &
la continuerõt desormais tous les
ans en mesme iour & en mesme

heure, c'est à dire au vespre du quatorziesme iour du premier mois de leur an Sainct, commençant en Mars: car l'an ciuil commécera en Septembre. La ceremonie a esté rare: car aians tainct du sang de la beste, les sursueils & posteaux de tous leurs logis, ils ont mangé auec du pain sans leuain, & des laictues ameres, l'agneau rosty, deuestans les os de leur chair, sans en briser aucun: & se hastoient merueilleusement en mangeant: tenant chacun vn baston en la main, ayant la robbe ceincte sur les reins, & les souliers aux pieds, comme gés qui doiuent incontinent se mettre en chemin. Apres auoir finy le banquet sacré selon ceste ceremonie, ils ont ietté les reliefs dans le feu: personne n'ose du depuis sortir á la rue leur ayant esté faict expres commandement de se tenir coy

L'an sacré & ciuil des Iuifs.
Ioseph. l. 1. antiq c. 4.
Exo. 12. 11.

Pain sans leuain.
Azymes.
Laictues agrestes.
Exod. 12. 8.
Nul os rompu
Exo. 12. 49.

Les reliefs bruslez.
Exod. 12.

dans

L'AGNEAV PAICHAL 129
dedans, & non sans cause : car il y
aura bié tost vn terrible massacre,
ains il commence desia : oyez vous *Tanis ville*
les lamentations & vrlemens des *Royalle au bord du Nil,*
Egyptiens en ceste ville prochaine *où les prodiges ont esté*
appellee Tanis, où les Pharaõs fot *faicts.*
leur commune residence; c'est bié *S. Hiero. in Esa. 19.*
la funeste nuict où ceste supreme *Psalm 77.*
puissáce fait executer sa rigoureu- *Non loing de Memphis*
se iustice contre toy Pharaon & *ville Royalle aussi.*
contre tes subiects ministres de ta *Par les gresles.*
malice. Ta dureté a esté batuë & la *Exo. 9. 22. 24.*
leur, par neuf grãdes playes : batuë *Et tenebres, Exo.10. 11.*
de la furie des quatre elemens, du *Par les eaux tour-*
feu, de l'air, de l'eau, & de la terre : ba *nées en sang.*
tuë par des petits animaux armez *Exo. 7. 17.*
des armes du tout-puissant, à fin *Par des grenoüilles.*
que tu fusses côtraint de laisser sor- *Exod. 8. 3.*
tir en liberté les Hebrieux que tu *Et moucherons.*
retiens oppressez d'vne iniuste & *Exod 8. 17 24.*
cruelle tyrannie. Tu es neátmoins
tousiours demeuré endurcy : mais
à ceste fois tu es vaincu, & te faut

i

quitter le donjon de tó acerée opiniastrise, & faire ioug à la necessité ne l'ayant voulu faire à la voix du Dieu des armées, duquel tu sens maintenant le bras plus pesãt que iamais. O Ciel, quel estonnement & quel horrible carnage exerce cest Ange exterminateur! Il a ja mis sur le carreau vne milliasse de premiers nais, tant des hommes que des bestes, & les y mettra tous, sans espargner l'aisné mesme du Roy, qui seoit glorieux au throsne de Majesté. Cest horrible executeur de iustice va par tout, & donne contre tous, sauf contre les Hebrieux. Il a voiremét circuit leurs maisons tenant le glaiue en main, voyant les surseuils & posteaux des portes rougis du sãg de l'Agneau, il a passé outre, & n'osant les endommager en rien, a faict fondre toute la fureur sur l'Egypte, & nomme-

L'aisné de Pharaon tué. Exo. 12. 29.

Le sang de l'Agneau garde les Hebrieux. Exod. 12.

L'AGNEAV PASCHAL 131
mét sur ceste miserable cité. Tout
y est plein de corps gisans par les
maisons, par les estables, & par les
ruës: la terre est effroyable du spe-
ctacle de tant de morts, & l'air y est
espouuétable des tenebres, & plus
encor des cris des citoyens gemis-
sans & craignans auoir pis: car ils se
persuadent & à bó droit, que ceste
nuict fera vn tombeau general de
l'Egypte. Pharaon a enuoyé quel- *Congédōné
ques gétils-hommes de chambre *par Pharaō.*
pour appeller Moyse & Aaron, qui *Exod. 12.*
sont ja venus. Il les prie de luy dō- *31.32.*
ner leur benediction, & sortir en
paix & en haste, eux & tout ce qui
leur appartiét: le peuple Egyptien
effrayé, les presse tantqu'il peut; les
Hebrieux sortiront sur la diane, nō *Butin des*
sans emporter vn riche butin, d'or, *Hebrieux.*
d'argét, d'habillemés, pierres pre- *EXO. 12. 36.*
cieuses, & séblables thresors, qu'ils
emprunteront des Egyptiens à bó

i ij

terme de iamais rendre: cela leur seruira de paie de leurs iournées; car ils ont enduré & trauaillé en Egypte plusieurs centaine d'ans, sans toucher aucun salaire de leurs trauaux & peines, c'est vn emprunt de nom, mais en effect, c'est vne restitution de iustice, iustement ordonnée de Dieu. Si vous voulez attendre vn peu, vous aurez le plaisir de regarder ceste sortie; vous verrez vne belle troupe de monde: car ils sortiront six cens mille hommes de pied Hebrieux, sans compter les petits enfans, & les femmes & plusieurs Egyptiens qui les suiuent, pour estre mis au roolle des enfans de Dieu auec eux. Ils commencent desia de sortir.

Les Hebrieux batus apres auoir trauaillé. Exod. 5. 14.

Six cens mille. Exod. 12. 37.

DV TEMPS DE L'IM-
MOLATION DE L'AGNEAV
Paschal, & de l'an sacré ciuil des Hebrieux, & de leur Neomenie.

I.

POVR bien voir la verité de nostre Sacrement en l'ombre de ceste figure, il faut noter en premier lieu, la ceremonie du temps, & la fin d'icelle. Dieu commandoit de prendre l'Agneau le dixiesme iour de la premiere Lune du Printemps, où commençoit l'an sacré, & l'immoler, c'est à dire le tuer, & offrir à Dieu, au vespre du quatorziesme le rostir incontinent apres & le manger, auec la ceremonie representée au tableau. La Lune premiere de l'an sacré, estoit la Lune nouuelle, la plus voisine de l'equinoxe du renouueau, lequel equinoxe tomboit alors au quatorziesme de Mars, & depuis la correction

Au dixiesme iour.
Exod. 12.
Qu'est-ce qu'immoler.
Lune premiere c'est le premier mois lunaire.
Premiere Lune premier mois de l'an.

i iij

du Calendrier du Pape Gregoire xiij. il tombe au vint-vniesme, & toute ceste Lune prenant partie de Mars, partie d'Auril, faisoit le premier mois de l'an, la seconde Lune faisoit le second mois, & ainsi des autres, & autant de Lunes nouuelles, autant de commencemens de mois; & le premier iour de la Lune, estoit le premier iour du mois, & le quatorziesme de la Lune, estoit le quatorziesme du mois: de maniere que l'ã des Iuifs, c'estoiẽt douze lunatiõs, ou douze mois lunaires, ayant chacun vingt-neuf iours & demy qui est l'entier espace du cours de la Lune: il est vray, que pour garder le nombre des iours entier, ils faisoiẽt qu'vn mois auoit trẽte iours & l'autre vingt & neuf: & iceluy an lunaire, ne cõprenoit que trois cens cinquante quatre iours, moindre douze iours que le nostre solaire, qui est de trois cents soixante & cinq iours. C'est pourquoy les Iuifs de deux en deux, ou de trois en trois ans, intercaloient vn mois: afin de faire par telle additiõ, leur an lunaire, égal au solaire, dõt les autres peuples vsoient, comme nous faisons maintenant, & alors leur an estoit de treize mois. Or l'an qui commençoit en

La premiere Lune c'est aussi le premier iour.

L'an des Iuifs c'estoiẽt douze lunations.

De 354. iours L'an solaire de 365. iours

An de treize mois.

ce mois de Mars, c'eſtoit l'an cómandé
de Dieu, & appellé ſainct ou ſacré parce
qu'en iceluy, il mit ſon peuple en fran-
chiſe: l'ordonnance eſt couchée en ces
mots, *Ce mois vous ſera le commencemẽt des
mois, & le premier és mois en l'année.* Ils auoient vn autre an commũ & vulgaire égal à ceſtuy-cy, vſité és cõmmerces
& trafiques ſeculieres, commençãt à la
Lune plus voiſine de l'equinoxe d'Automne, qui venoit communement en
Septembre, comme celuy du Printẽps
en Mars, & le cours de ceſte premiere
Lune eſtoit le premier mois de cet an ci
uil, comprenant partie de Septembre,
partie d'Octobre, comme le premier
mois de l'an ſacré, auoit vne partie de
Mars, & vne partie d'Auril: ainſi qu'il a
eſté dict. Ioſephe a noté ceſte differẽce
d'ans entre pluſieurs autheurs, & les
Chreſtiẽs vſent de la meſme diſtinctiõ:
mais fondée ſur vne autre cauſe: car ils
ont vn an ſacré, & vn ciuil: celuy-là
commence ou à Noël, ou en la Circon-
ciſion, ou en Mars. Deuãt le Roy Char-
les neufieſme, en Frãce, on le commençoit à Paſques, & du depuis, à la Circon-
ciſion: & ſelon cet an nous comptons à
preſent mil ſix cens, depuis la natiuité

L'an ſacré des Iuifs.
Exod. 12. 1.

L'an ciuil des Iuifs cõmen-çant en Sep-tembre.

L'an ſacré en Mars.

L'an ſacré.

L'an ſacré & ciuil.
Ioſeph l. 1. antiq. ca. 4.

L'an ſacré des Chreſti-ſtiens.

Depuis la natiuité du Sauueur.
1600.

i iiij

du Sauueur venu au monde pour reparer nos fiecles, & nous donner l'eternité pour le temps. Noftre an ciuil eft variable felon la diuerfité des pays, ou encor de la vocation des perfonnes; les mefnagers & gens de lettres, le commencent à la S. Remy, plufieurs à la S. Martin : quelques vns à la Sainct Iean, & autres en autres faifons : mais l'an facré a fes bornes vniformes peu s'en faut par toute l'Eglife Catholique.

L'an ciuil diuers.

OR Dieu auoit commandé aux Hebrieux le facrifice de l'Agneau Paschal anniuerfaire en ce premier mois, & au quatorziefme iour d'iceluy, par ce que ce fut le téps tout voifin de leur fortie & deliurance : car ils fortirét le lendemain ayans efté occis les aifnez d'Egypte à la minuit : & comme la ceremonie auoit efté inftituée en tel article de téps pour marquer le benefice, & quant & quant le iour & l'heure d'iceluy : auffi à elle efté religieufemét gardée toufiours du depuis, à cefte mefme fin : & a efté accóplie par le Sauueur faifant noftre vraye deliurance, & fubftituãt le vray Agneau en memoire d'icelle, cóme apres nous verrons. Les mefmes Hebrieux auoient commandement d'offrir vn facrifice à

Pourquoy le facrifice de l'Agneau Paschal fut ordonné en Mars.

L'AGNEAV PASCHAL. 137
toutes les Lunes nouuelles, c'est à dire *La Neomenie*
à toutes les Calendes & premiers iours *des Iuifs c'est*
des mois : laquelle solemnité les He- *le sacrifice des commence-*
brieux appelloient Hodesch, qui veut *mens des*
dire, commencement, les Septante l'ōt *mois.*
tourné Neomenie Νεομηνία, mot Grec *Num 10. & 28.*
qui signifie nouueau mois, où Lune *Ioseph. l. 3. ant. c. 10.*
nouuelle. Or ceste feste n'estoit pas in- HODESCH.
stituée pour en seruir d'vn sacrifice d'é- *La cause de Neomenie.*
trée, à la Lune, comme faisoient les *Νεομηνία*
Payens, mais pour remercier Dieu du
benefice de sa bonté & sagesse au gouuernement du monde, & pour estre instruicts qu'il faut entrer en toutes les
saisons, & commencer toutes ses actiōs
par la loüange d'iceluy, & par l'inuo- *Le Soleil & la*
cation de son nom. Et par ce estoient *la Lune mar-*
ils inuitez par cet exercice d'honorer le *que des teps.*
Createur de la Lune, & de tout l'vni- *Gen. 1. 14.*
uers, prenant le cours de son astre en signe des temps, pour laquelle fin il a esté
crée.

Pourquoy l'an des Hebrieux fut lunaire, & comment la Synagogue est comparée à la Lune.

Es causes pourquoy Dieu voulut que les Hebrieux prissent leurs ans du cours de la Lune, plustost que du Soleil côme il se fait maintenant en l'Eglise, sont dignes d'estre sçeuës, si elles estoient aussi faciles à trouuer: car il ne faut pas doubter que ceste ordonnance ne soit tres-bien fondée, venant d'vn si sage Legislateur. Entre plusieurs autres qui peuuent estre, i'en trouue trois. La premiere est prinse sur la rudesse de ce peuple, à laquelle Dieu ayant esgard luy commāda de compter les ans & les mois par la Lune façon plus à la main, & plus facile que celle qui compte par les douze signes celestes, cõ trouuez par les Chaldeens & autres peuples Gētils: car chascū voit la Lune nouuelle & tous ses quartiers, & les plus simples peuuent noter, qu'elle faict son tour entier dans vn mois, au lieu que personne ne cognoist les signes du Zodiaque, sinon les

La premiere cause.
La facilité.

Les douze signes du Zodiaque.

Astrologues. La seconde est plus importante touchée par S. Gregoire de Naziance: c'estoit pour tenir en arrest par ceste ceremonie, le Iuif, à ce qu'il ne se iettast à la superstition des Payés extrememét adonnez, en tout & par tout au culte de la Lune: car ils l'adoroient au ciel comme Royne, en la terre & aux enfers, comme deesse, soubs le nom de Lune, de Diane, de Proserpine: exemple qui pouuoit donner occasion à ce peuple amoureux de vanité, & de soy enclin à imiter les folies Payénes, de se laisser emporter au courāt d'vne idolatrie si celebre, s'il n'auoit quelque vray & legitime vsage de la Lune, pour estre retenu d'en abuser contre la loy de Dieu: parquoy il luy fut commandé de regler ses mois & ses ans, ses festes & ses ceremonies, selon le cours d'icelle Lune, adorant le vray Dieu sa loy, & se seruant sainctement de la creature à l'honneur du Createur: de mesme sagesse ordonna-il de faire l'Arche d'aliāce, afin qu'ils eussēt quelque chose visible, pour s'y attacher, & y honorer Dieu, sans courir aux idoles. La troisielme cause est mysterieuse: c'estoit pour donner vne secrette & mystique significa-

Seconde cause pour retenir les Iuifs au culte diuin.
S. Gre. Naz. or. 2. de pasch.
Les Payens fort superstitieux au culte de la Lune.

Le Sabath institué pour recognoistre le benefice de la creation, la Neomenie, pour celuy du gouuernemēt du monde

L'Arche. Exod. 25. Troisiesme cause pour signifier la Synagogue.

tion de la condition de la Synagogue, par les qualitez de la Lune fort significatiues d'icelle. La Lune est vn astre le plus bas de tous, terrestre & grossier, & neātmoins celeste; la loy Iudaïque aussi terrestre & charnelle, ses ceremonies, ses sacrifices, ses promesses, & le reste; & neantmoins donnée de Dieu, & celeste en ceste qualité. La Lune est vn astre froid & muable, la Synagogue vne loy de crainte, passion de froid, loy temporelle & de change, deuant finir en la loy de grace. La Lune par sa lumiere ne faict meurir aucun fruict: encor qu'elle donne par son influence accroissement aux plātes, arbres & animaux: la Synagogue ne donnoit aucune perfection par ses ceremonies. *La loy*, dict S. Paul, *n'ameine rien à perfection*. Et neantmoins soubs sa direction & lumiere, les enfans de Dieu reçoiuent de sa Majesté, grace & accroissement de vertu: non par la force des Sacrements Iudaïques, comme maintenāt par les Chrestiens, mais par la foy & obeissance qu'ils apportoiēt en la practique d'iceux Sacremēs. Pour ces raisons entr'autres, l'ā lunaire fut l'an & le tēps de la Synagogue. Des plus spirituels en tireront de meilleures

Radiis Lunæ nō maturescit botrus Prou.

Heb. 7. 19.

des thresors du liure de Dieu, dont la sagesse est infinie par tout. Les Chrestiens se reglent par l'an solaire, parce que les causes susdictes ne les touchent point ny leur Religion. Dechiffrons maintenant le sens du tableau, & voyons comment l'Agneau Paschal figuroit le Sacrement & sacrifice du corps du Sauueur.

L'Agneau Paschal figure du sacrifice de la croix, & de l'Eucharistie.

3

L'AGNEAV Paschal figuroit IESVS CHRIST vray agneau sãs tare, descẽdu du ciel pour estre occis, & par son sãg nous deliurer de la seruitude & mort des Egyptiẽs, àsçauoir de l'ignominie & peine eternelle. Or ceste ceremonie en certaines circõstances portoit le signe du sacrifice de la croix, & en d'autres de celuy de la Messe: c'est pourquoy l'escriture, cõme aussi les Peres anciens l'alleguent tãtost sur le propos de la mort du Sauuéur, tãtost sur le propos de l'Eucharistie. Elle marquoit la croix en l'occision reelle, en l'effusiõ

Figure de la croix & de l'Eucharistie

De la croix.

sanglante, en la rostisseure de l'Agneau, & semblables. S. Iean aussi rapporte au sacrifice de la croix, la defense de ne rompre point les os à l'Agneau, & la cite au faict des Iuifs, quand ils ne briserēt point les os au Sauueur crucifié. S. Iustin remarque de singulier, que l'Agneau estoit tellement ajancé quand on le rostissoit, qu'il faisoit la figure de la croix.

LE mesme Agneau en d'autres ceremonies, estoit vne des plus rares figures de l'Eucharistie, ce que le Sauueur declara en general, quand apres la manducation d'iceluy agneau, il institua incontinent le sacrifice de son corps : car il ne ioignit à autre intention ces deux ceremonies, sinon pour monstrer qu'il paracheuoit la verité presente au rapport de la figure passée, & que sur les tableaux d'vne tres-noble & tres-illustre antiquité, il faisoit la couche du sacrifice de la loy de grace. Ce que nous verrons par la recognoissance des lineamens de l'ombre Iudaïque, rapportez à la lumiere de nostre foy.

PREMIÉREMENT la loy commādoit d'immoler l'Agneau au vespre du quatorziesme iour de la premiere

Les os non rompus.
Ioan. 19. 36.
Exo. 12. 46.
S Iust. dialo. contra Trypho.
De l'Eucharistie.

L'Eucharistie instituee auec l'agneau
S. Cypr. ser. de coen. domini.
Rapports de l'agneau à l'Eucharistie.

Le vespre du quatorziesme de la Lune premiere.

Lune, c'est à dire du premier mois de l'an, comme il a esté dit, & de le manger apres, & ne pouuoit estre mangé sans estre preallablement immolé, comme note Sainct Gregoire de Nysse.

S. Grego. Nyss or. 1. de resur.

En second lieu, la mesme loy disoit, qu'il le falloit manger priuement chacun en sa famille. Ces circonstances, comme les autres que nous dirons tantost, ont esté infalliblemét accomplies en quelque sacrifice : car autrement IESVS-CHRIST n'auroit pas accomply la loy, de point en point selon qu'il promet, & auroit mis la figure sans en donner la verité. Or cet accomplisse- mét n'a point esté faict au sacrifice de la croix : car ce sacrifice n'est pas aduenu au quatorziesme, mais au quinziesme iour de la Lune, qui fut le Védredy suiuant, ny au vespre du iour, mais depuis le midy, quand le Sauueur monta en la croix, iusques à trois heures apres, quád il y mourut. Il n'y eut non plus, aucune refection mystique : car personne n'y mangea, & ce sacrifice fut faict non en priué en chasque famille, mais publiquement, & à la veuë du móde : ces ceremonies donc ne touchent point la croix, où au contraire elle conuien-

En chasque famille priuement.

Accomplissement de la loy de Moyse.

Le iour & l'heure.

La refection.

Le lieu.

nent tres-bié à l'Eucharistie : car le Sauueur s'immola soy mesme vray agneau, au Soleil couchant du Ieudy quatorziesme iour de la Lune, & se donna à manger incontinent apres, & ce en priué & seulement en la presence de sa famille, qui estoient ses douze Apostres representans alors sa chere espouse l'Eglise, à laquelle il falloit pour dernier à Dieu de ceste vie mortelle, le gage de son corps en signe de sõ amour infiny, & en memoire immortelle du biē qu'il luy auroit faict. Donc la figure ancienne de l'Agneau Paschal selon ces circonstances, a esté accomplie en l'Eucharistie & non ailleurs.

Matt 26.
Marc. 14.
Luc. 22.

Comment IESVS-CHRIST est immolé en l'Eucharistie.

4

MAIS si l'Agneau estoit immolé, & si l'immolation prinse en son pied, emporte occision, comment est ce que le Sauueur a accomply la verité de l'immolation en l'institution de l'Eucharistie, veu qu'il n'y fut point occis? Comment se peut il faire qu'il y soit immolé maintenant, veu qu'il est immortel? Les Docteurs Catholiques

L'AGNEAU PASCHAL. 145

Catholiques respondent à ceste question, que si on prend le mot d'immolation cruëment & en sa rigueur, signifiãt reelle occision, elle n'a esté propremẽt faicte qu'en la croix; & n'y en a point icy de telle nature, d'autant que le corps du Sauueur est infiniement esloigné des prinses de la mort, & de toute lesion, non seulement à l'Autel, mais partout où il est: IESVS-CHRIST, dit l'escriture, *estant resuscité, ne meurt plus; la mort n'a plus de puissance sur luy.* Les mesmes Docteurs neantmoins apres l'escriture, enseignent tous d'vn accord, qu'il est immolé en l'Eucharistie, combien qu'ils soient differents en l'explication de ceste immolation. Quelques vns ont dit qu'elle n'estoit autre chose que la seule representation de la mort du Sauueur, ce qui n'est pas assez, par ce que ce ne seroit qu'vne peinture d'immolatiõ, nõ vraye immolation, ny telle que la doctrine Catholique nous dit; parquoy l'exposition des autres est meilleure, & plus conuenable à l'escriture, & au tesmoignage de l'antiquité, qui tiennent que ceste immolation cõsiste en ce que le Sauueur se donna comme il se donne encor, en viande & breuuage soubs la

Immolation propre signifiãt occision.

Rom. 6.

Premiere opinion.

Corrigée.

En quoy cõsiste l'immolation de l'Eucharistie.

k

figures de choses mortes, qui sōt les accidens du pain & du vin; prenant en iceux vn estre mort; à sçauoir l'estre des choses qu'on māge, qui est vn estre qui n'a ne vie ne sentiment; de maniere que comme il se rendit mortel en prenant nostre nature mortelle, en laquelle il s'est immolé en soy-mesme en l'Autel de la croix, encor que sa diuinité tint tousiours bon en son immortalité; de-mesme prenant icy vn estre exterieur mortel, & s'y donnant soubs tel estre, il s'exhibe comme mort; & en ceste qualité, est veritablement immolé à raison des especes, encor qu'il demeure ferme sur la base de son impassibilité. Et comme nous disons que combien que la seule humanité du Fils de Dieu ait porté les efforts de la mort, neantmoins Dieu est vrayement mort, parce que l'humanité & la diuinité ne faisoient qu'vn, à sçauoir vne personne IESVS-CHRIST Dieu & homme; de mesme nous disons, que le corps du Sauueur est vrayement immolé, encor qu'il n'y ait que les especes qui portent cet estre de mort; par ce que les especes font, non vne personne, mais vn Sacrement auec le corps du Sauueur; & ce

Comment Dieu s'est faict mortel.

Comment Dieu est mort
1. Cor. 1. 8.

Vn Sacrement.

orps est veritablement immolé, & veritablement rompu; à raison des especes du pain, qui endurent ce brisement; & son sang vrayement espandu, non comme le sang qui est tiré des veines, mais à guise de vin; espandu à la façon que la substâce de vin pouuoit estre vn peu deuant espanduë en son espece, à laquelle substance a succedé la substance de ce sang. Immolé sans occision, comme l'explique le premier Concile de Nice, & espandu sans effusion sanglante, & vrayemét immolé selon l'ordre de Melchisedec soubs les especes mortes de pain & de vin, comme parle le Concile de Trente; immolé non en figure comme iadis aux sacrifices Hebrieux, où son corps n'estoit point present; & immolé non en soy, & en son propre corps, comme il fut en la croix; mais côme il est dict, soubs les especes du pain & du vin soubs lesquelles son corps est present. Et c'est en ce sens que la saincte escriture, & les Docteurs enseignent que le Sauueur est immolé en l'Eucharistie, comme il est euident par les tesmoignages suiuans.

Nicen. Can. 5.

Conc. Trident. sess. 12. c. 1.

L'immolation du corps du Sauueur au sacrifice de la Messe, confirmee par le tesmoignage de l'escriture & des saincts Peres.

5

1.Cor. 5.7.

SAINCT Paul dit, CHRIST nostre Pasque a esté immolé, parquoy banquetons auec des pains sans leuain, pains de sincerité. Il est certain que l'Apostre signifie l'immolation du Sauueur faicte en l'Eucharistie auec refection, & non celle de la croix, qui fut vne pasque accompagnee de tourmens, d'ignominies, de tristesse, & disette, & d'autres circonstances contraires à vne sacree refection. S. Ambroise. *Quand nous sacrifions, CHRIST est present, CHRIST est immolé; car CHRIST, nostre Pasque, a esté immolé.* S. Hierosme apres Origene donne la mesme expositiõ que S. Ambroise aux paroles de S. Paul; & le premier concille de Nice dit que le Sauueur est immolé, sans effusion sanglãte, comme tantost nous disions. S. Cyrille de Hierusalem parlant de l'Eucharistie. IESVS CHRIST y est immolé à Dieu le Pere pour les pechez. S. Gregoire de Nysse

S. Ambros. in 1.c. Luc.

Orig & S. Hieron. in 26. Matth. Conc 1. Nic. can. 5. θυόμενος ἀθύτως. S. Cyrill. Hierosol. Catec. Myst. 5.

e prouue par la figure de l'agneau Paſ- S. Grego.
chal, diſant. *Chacun ſçait que l'homme ne* Nyſſ or. 1.
ouuoit manger l'agneau qu'au preallable il ne de reſur.
ut immolé; parquoy IESVS-CHRIST *don-*
nant ſon corps à manger, il monſtra manifeſte-
ment qu'il y auoit vne vraye & entiere immo-
lation. S. Auguſtin. IESVS-CHRIST
ayant eſté vne fois immolé en ſoy-meſme, n'eſt S.Aug. ep.
il pas toutesfois immolé tous les iours pour les 23. ad Bonif.
peuples? De meſme langage parlent les
autres Docteurs de l'Egliſe de Dieu,
qu'il n'eſt beſoing de citer; il faut pluſtoſt admirer icy encor l'infinie puiſſance, ſageſſe & bonté de noſtre Redempteur, en ce qu'il ſ'eſt daigné donner en telle façon pour l'vtilité de ſes
membres; & de tant plus l'admirer que
le don ſurpaſſe non ſeulement nos merites, mais encor nos penſees: car qui
l'euſt iamais oſé eſperer? qui euſt iamais
penſé qu'il ſe fuſt voulu tant abaiſſer
apres ſa triomphante Aſcenſiō, que de
nous vouloir eſtre viande, auec vn appareil de mortalité pour nous rendre
immortels? de prendre vne robbe mortelle, pour nous dōner ſon immortalité; n'eſt-il pas vrayement tout-puiſſant
en ceſt effect, tout ſage en ceſte ordonnance, & tout bon en ceſte charité?

Les faicts de Dieu surpassans nostre entendemēt.

Et qui eust onques attēdu plusieurs autres choses que nous voyons estre aduenuës, si elles ne fussent aduenuës? qui eust pensé que ce mesme Fils de Dieu esgal en tout à son Pere, immortel, impassible, tres riche, Createur & nourris-

L'incarnation du Fils de Dieu.

sier de toute creature, eust eu la puissance & la volōté de se faire homme? homme mortel, indigent, petit enfant, liant la mamelle d'vne vierge pour se donner en la croix, demeurāt tousiours ce qu'il estoit? A qui pouuoit venir cela en l'esprit sans particuliere reuelation de son

L'Eucharistie aucunemēt semblable à l'incarnation.

sainct Esprit? Or nous sçauons qu'il le pouuoit faire, & qu'il l'a faict, & l'admirons en nostre attentif silence; admirōs donc le mesme Dieu, dequoy il donna & continuë de donner son corps glorieux caché soubs des petits elemens; impassible soubs des habits corruptibles; immortel sous vne robbe de mortalité, & grand Createur soubs le vestement d'vne petite creature, grand Dieu soubs la forme d'vn petit agnelet!

L'AGNEAU PASCHAL.

Comment l'agneau Paschal monstroit l'vsage & la fin de l'Eucharistie.

6.

IL y a encor vn noble crayō en l'agneau Paschal, qui monstre l'vsage & la fin pour laquelle le sacrifice du nostre, deuoit estre ordōné. Le sacrifice de l'agneau Paschal fut institué en signe de la deliurance prochaine des Iuifs, & en memoire d'icelle; car on l'immola sur le vespre au Soleil couchant, & le mangea-on vn peu apres sur la nuict; & en la minuict ensuiuāte fut la Pasque, ou la Phase, c'est à dire le passage du Seigneur lors qu'en passant par l'Egypte, il tua par la main de son Ange vengeur, tous les premiers-naiz, qui fut le grand coup donné de la deliurance qui deuoit s'en ensuiure le lendemain; & Moyse par l'ordōnāce de Dieu, aduertit les Iuifs, d'enseigner leur posterité, que ce sacrifice de l'agneau auoit esté commandé en memoire de ceste deliurance: par quoy c'estoit le signe du benefice à receuoir, & le memorial d'iceluy benefice, quand il seroit receu. Ce traict de la

L'agneau Paschal signe du Phase du Seigneur.
Exo. 12. 12.
Au Soleil couchant.
Deuter. 16.
Phase mot Hebrieu.
Pascha. Caldaic. le mesme.

L'agneau Paschal memorial de la deliurāce des Hebrieux.
Exo. 12. 14. 26.

figure, a esté parfaictement accomply en la verité; car le Sauueur a ordonné le Sacrement & sacrifice de son corps au vespre de la nuict qu'il fut prins, pour estre le lendemain crucifié, & passer de ce monde en l'autre, & estouffer par sa mort les vrays aisnez d'Egypte, à sçauoir les pechez du genre humain, & enseuelir apres, en son sang precieux côme dans les abysmes d'vne mer rouge de ses merites infinis, les puissâces d'enfer, pour la vraye deliurance de ses esleus.

L'Eucharistie signe de la mort du Sauueur, & memorial d'icelle.

CE sacrifice donc fut vn signe de la prochaine victoire à gaigner, & vn memorial d'icelle estant ja gaignee; ce que le Sauueur signifia, lors que l'instituant il predit sa mort à ses Apostres, & quãd il leur cômanda de faire en sa memoire, ce qu'il auoit faict : *Faictes cecy en ma memoire*, c'est à dire, celebrez ce sacrifice en souuenance de ce que i'auray faict pour vostre redemption. Or comme la nuict qui suiuit l'institution de l'agneau Paschal, fut la grande veille & la crise de la deliurance des Hebrieux; aussi la minuict du Sauueur fut le grand choc de nostre redemption.

Memorial de la passiõ. Luc 22. 19. 1. Cor. 11. 24.

La minuict en plein iour.

L'ARTICLE de ceste minuict, fut en

plein mi-iour, quand il monta en la croix pour attaquer l'ennemy, & terrasser nos pechez à bras estendus; c'estoit vne profonde minuict detenebres spirituelles, esquelles estoiët enseuelis ceux qui procuroiët sa mort;minuict aussi de tenebres materielles; car le Soleil & la Lune indignez du forfait commis en la personne de leur Createur, eclipserent aussi tost, & causerent les tenebres d'vne profonde, extraordinaire, & espouuentable nuict, au millieu du iour.

ITEM comme la ceremonie de l'agneau Paschal continua en memoire du bié receu en Egypte: tant que la Synagogue dura; de mesmes à esté institué le sacrifice de la Messe pour continuer en memoire de la victorieuse passion du Sauueur, tant que l'Eglise voyagera sur la terre; & c'est ce que dict sainct Paul escriuât aux Chrestiens de Corinthe. *Toutesfois & quätes que vous mangerez ce pain & boirez ce calice, vous annöcerez la mort du Sauueur iusques à ce qu'il vienne;* c'est à dire iusques au grand iour.

Le sacrifice de la Messe continuera iusques à la fin du möde.

1. Cor. 11 26.

Des ceremonies de la manducation de l'agneau Paschal.

7

IL y auoit vn autre grand nõbre de ceremonies mystiques en la mãducatiõ de l'agneau Paschal des Iuifs, qui en leur ombre nous figuroient la verité du nostre, & ensemble nous instruisoient comme il le faut mãger pour en tirer substance de vie. L'agneau des Iuifs, estoit immolé au vespre IESVS-CHRIST s'est donné en l'Eucharistie, & en la croix, sur le vespre du monde, & à la derniere heure du iour, comme parle l'Apostre S. Iean. Cet agneau deuoit estre rosty, cela mõstroit l'ardente charité du Sauueur, nous donnant en ce Sacremẽt son corps assaisõné & coulouré à la flamme de ceste siẽne charité; & par mesme moyen nous enseignoit qu'il le faut reciproquement receuoir & manger auec vn amour diuin; car c'est l'appareil & l'appetit auec lequel, les viandes spirituelles doiuent estre prinses, pour bien nourrir nos esprits. Ceux qui le mãgeoient, deuoiẽt estre Iuifs de sang, ou de religion; per-

Au vespre l'heure dernier. le tẽps de grace. 1.Ioã.2.18. L'agneau rosty.

L'amour diuin l'appetit de l'ame

Mangé par les Iuifs seulement. Exo. 12.

L'AGNEAV PASCHAL. 155
sonne ne peut manger nostre agneau, qui ne soit Chrestien, enfant des Chrestiens, ou faict Chrestié par le baptesme. On le mangeoit en la nuict, c'est pour monstrer que nostre Eucharistie, est vn mystere caché, & inuisible aux sens & iugement humain, & cogneu seulemét à la foy. Chasque pere de famille le mágeoit; chasque Pasteur en sa parroisse, comme en sa famille, & chasque Eglise comme famille soubs vn Pasteur mange l'agneau de Dieu : mais auec ceste difference, que les Iuifs mangeoient diuers agneaux en diuerses maisons & en diuers temps, estant leur agneau corruptible; les Chrestiens mangent tous vn mesme agneau en tout temps IESVS CHRIST agneau incorruptible & immortel, & vn seul suffisát pour to⁹ & tousiours. On ne luy brisoit point les os; ce la marquoit alors l'impassibilité de la diuinité de nostre agneau IESVSCHRIST cachee soubs l'humanité, comme les os sont cachez soubs la chair, & marque maintenát l'impassibilité de son corps, caché soubs les especes visibles du pain & du vin; & partát la figure s'accomplit parfaictement en nostre banquet : car nous mágeons nostre agneau, non seu-

Mangé en la nuict.

En chasque famille.

Les os entiers.

lemēt sans luy rompre les os, mais sans lesion quelconque de sa chair, tout entier, tout vny, tout immortel, sās iamais le consommer. La figure ne donnoit qu'vn petit traict par les os, la verité va plus auāt, & s'accōplit en tout le corps.

Mangé vi-stement. On le māgeoit vistement, c'estoit pour monstrer, qu'il faut deuorer ce mystere d'vne viue & beante foy, sans l'esplucher auec curiosité de la raison & du sens humain. De mesme signification

Bruler les reliefs. estoit la ceremonie, qui commandoit de bruler les reliefs, s'il y en auoit ; car cela vouloit dire que ce que nous ne pouuons comprendre, qu'il le faut bruler au feu de charité. Le pain sās leuain

Le pain sans leuain. signifioit la sincerité de conscience qu'on doit apporter en ceste table, comme l'interprete S. Paul; les laictuës

1. Cor. 5. 8. Laictuës agrestes ou endiues. ameres marquoient la penitence; c'est pourquoy les enfās de l'Eglise de Dieu deuant que se presenter à la cōmunion mettent en bon estat leur ame, pleurent leurs pechez, s'en confessent & en font penitēce. Les Iuifs estoiēt ceincts man-

Les reins ceincturez. geās leur agneau, en signe qu'il faut estre sur tout chaste en la māducatiō de ceste chair virginale de l'agneau sās tache, car les reins sont marque de luxure ; &

L'AGNEAV PASCHAL. 157

ceindre ses reins , c'est oster les premieres causes du peché de la chair & faire secher la paillardise en sa source; & partant S. Gregoire dit que *Nous mettons la ceinture aux reins, lors que nous reprimons la lasciueté de la chair par la bride de continence.* Le baston en la main , & les souliers de peau morte aux pieds, à guise de gens qui doiuent se mettre en chemin, enseignoient que nous viuõs de ceste chair immortelle, comme pelerins mortels de ce monde, ayans pour souuerain appuy de nostre pelerinage, le baston de la croix, & pour chaussure de nos pieds, la meditation de la mort ; & ce à chasque pas & moment de nostre vie; comme aussi à chasque pas nous approchons le tombeau. Y a-il en tous ces beaux lineamens & mysteres figurez & accomplis, assez dequoy recognoistre la verité & le Sacrement de nostre agneau Redempteur, & sa bonté & sagesse supreme, qui l'auoit figuré par son seruiteur Moyse, & qui l'a accomply de sa propre main?

S. Grego. hom. 13.

Le baston en la main.

Les souliers aux pieds.

Colloque à IESVS CHRIST.

Mais qui nous donnera les yeux pour bien penetrer ces œuures, la parole pour les hautement loüer, l'affection pour les sainctement aimer, sinon vous ô souuerain maistre, qui en estes l'ouurier? Qui nous fera toucher ses fruicts de vostre chair & de vostre sang, sinon vous qui les donnez en vsage? Qui nous deliurera de Pharaon & d'Egypte, sinõ vous, qui nous en auez voiremẽt deliurez: mais nous ingrats & mescognoissans, auons reprins de rechef la cadene de seruitude par nos pechez!

Priere à Iesvs Christ.

O doux agneau venu au monde, pour effacer les pechez du monde en la pourpre de ce noble sang, employé pour rougir les posteaux de la croix, & destourner de nous la violẽce de l'Ange exterminateur, defendez-nous contre nos ennemis en ce sãg; sauuez-nous de nos pechez en ce sang; abreuuez-nous de ce sang; & en ce sang espandu en nos poictrines, estouffez les aisnez de l'Egypte spirituelle en laquelle nous sõmes trop souuẽt, & que nous mesmes portons quãd & nous; l'amour du monde, les plaisirs charnels, les folies & les fumees du monde; estouffez les desirs hautains de nostre ame endurcie, qui cõme aisnez d'homme, nous poussent à la vanité des choses mõdaines, estouffez les cõcupiscences & feux de nostre chair, aisnez sans raison & engeance

Aisnez d'homme.

Aisnez de beste.

brutale, ne cherchans que le foin de la terre, & les amorces des sens; allumez en nos cœurs ce feu celeste, auec lequel vous vous estes assaisonné pour estre nostre agneau Paschal & le delicieux morceau de nostre festin, afin que nous le puissiõs receuoir auec le gain de l'incorruption, nous assaisonnãs nous mesmes par ceste reception en holocauste de soüefue odeur & de bon goust à vostre Majesté, rendez nous sages pour bien recognoistre vos dons, faictes nous bons pour en estre bien dignes, & fortifiez nous en la vertu qui fait perseuerer en la voye de vos sainctes loix, pour estre enfin receus és nopces où vous serez l'espoux, & l'agneau; le donneur & la viande de l'eternelle felicité.

LA MANNE.

171

LA MANNE.

OVS voyez icy le defert d'Arabie voifin d'Egypte, & Moyfe conduifant la multitude des Hebrieux en nombre de plus de fix cents mille, frefchement deliurez du feruage des Egyptiens & des mains de Pharaon, qui viét d'eftre englouty & toute fon armee dás les abifmes des ondes marines. Auffi toft que la farine & le pain, qu'ils auoient porté quant & eux d'Egypte, leur a failly, ils fe font mis à crier à la faim : car le ventre n'a ny patience ny oreille, mefme

Exod 16.
Ils eftoient six cents mil hommes de pied fans les femmes, les enfans & eftrangers.
Exo.12.37. 38.

l

en vn peuple rude & enclin à grõder cõme est cetuy cy. Dieu benin & liberal leur fit hier sur le tard

Les cailles. Exo. 15.

voller les cailles à grosses hardes sur le camp, dont ils furent repeus, & vous en voyez encor quelques vnes; & à ce matin premier iour de la sepmaine, il leur à faict plouuoir la Manne qui leur sert & seruira d'aliment iusques à ce qu'ils soyent arriuez en la terre promise. Ce sont ces grains rondelets & blancs de la grosseur & figure

La Manne figure de Coriandres. Exod. 16.

de Coriandres, qui tombans dru & menu du ciel, ont faict blanchir la lande parsemée: & ont cessé de tomber: parquoy tout le monde en ramasse à l'enuy & à bonne mesure: qui en porte la corbeille pleine sur son dos: qui le panier en la main: qui dedans sa besace: les peres de famille enuoyent leurs seruiteurs qui en font la prouision en

LA MANNE.

bonne diligence: mais sur tous il y a du plaisir à veoir ces petits enfans demy nuds, qui ayans gousté ces douceurs blanches y accourent, comme à vne grelle de pois sucrez: & s'entre-poussans les vns les autres, fõt qui en serrera plus dans ses pochettes, & en mangent auidement, ne se souuenans plus des cailles du soir passé. Les plus grãds contemplent ce menu pain, & l'admirent, & chascun dit en le regardant MAN-HV, c'est à dire, MAN-HV. QV'EST-CECY? & non sans raison: car c'est vne viande non veuë & pleine de merueille, & le Ciel n'en auoit onques donné de telle, mesmes en ce desert sterile de tout bon fruict: il l'ont veuë tomber du ciel bel & serain, sans en sçauoir aucune source ou cause naturelle: ils la voyent posée entre deux neiges ou rosées, comme entre deux linges blancs: car vn peu deuant qu'elle defcendit, vne petite rofée s'eftoit efpanduë fur la terre pour la receuoir, & eftant ja defcenduë, vne autre l'a couuerte: ces merueilles eftonnét les Hebrieux, & leur font dire MAN HV? mais ils feront encor plus eftonnez quand ils verront qu'elle ne tombéra point le iour du Sabat, comme chomant la fefte. Que celuy qui en cueillira tous les matins, plus que de la mefure d'vn gomor pour fa prouifió, n'en aura pas dauantage que l'autre qui en aura cueilly moins, & que ce gomor fera la refectió mefurée d'vn chacun grand ou petit mangeur. Qu'elle fondra & fe refoudra en eau aux rayons du Soleil, & s'endurcira prefentée au feu dans le four, pour eftre appreftée & cuitte en pain. Qu'elle fe conuertira en ce que

La Manne entre deux rofees.
Exo. 16. 14.
Rabb. Salomon. &
Lyra. ibid.

Ne tomboit point au Sabat.
Exo. 16. 26.

Egalement à tous.
Exo. 16. 18.

Fond au Soleil.
Exo. 16. 21.

chascun voudra : & qui voudra *On en faisoit*
auoir le goust de chair de poulet, *du pain.*
Exo. 16. 23.
de veau, de perdrix, ou d'autre *Auoit tout*
chose à manger, il l'aura selon son *goust.*
desir: qu'elle pourrira si on la gar- *Pourrissoit.*
de iusques au lendemain, si ce n'est
le iour du Sabat. Pour ces merueilles ils diront tousiours MAN-HV?
comme ne pouuans compren-
dre que c'est, & le nom demeurera tousiours à la chose en tesmoignage de l'admiration. Moyse *Moyse.*
contemple le Sacrement present
& iette les yeux de son esprit cler-
uoyant, à la grádeur du futur mystere : & hault-loüant les dons de
la diuine bonté, instruit ce peuple *Manne gar-*
grossier, comme il se doit copor- *dée au Ta-*
bernacle.
ter en la cueillette & vsufruict de *Exo. 16.*
ce pain. Il commande aussi à son *33. 4.*
En l'Arche.
frere Aaron, d'en retenir vn vase *Heb. 9. 4.*
pour mettre en reserue au Taber-
nacle quand il sera dressé, en me-

l iiij

moire eternelle des dons receus de la main diuine: chacun a ia ferré fa prouifion ; & la Manne tombée commence à fondre, furgiffant le Soleil affez haut deffus l'horizon, & s'approchant du Midy.

LA MANNE FIGVRE
DV SACREMENT
de l'Autel,

LE Sauueur disertement declare que la Manne estoit vne illustre figure du sacrement de son corps, lors qu'instruisant les Iuifs qui se vantoyent en leurs *ancestres* qu'ils disoient *auoir mangé la Manne au desert* comme il est escrit TV LEVR AS DONNE LE PAIN DV CIEL : Et prenant occasion de leur parler de la manducation de sa chair vraye Manne du Ciel, il leur respond. *En verité, en verité ie vous dis que ce n'est pas Moyse qui vous a donné le vray pain du Ciel : mais c'est mon Pere qui vous donne le vray pain du Ciel. Et* vn peu apres. *Vos peres ont mangé au desert la Manne & sont morts, qui mange ce pain viura eternellement.* Enseignant par ceste allusion & comparaison

Ioan 6.
Exo 16 14.
Num. 11. 7.
Psal. 77. 24.

Ioan 6. 31.
32. 44.

l iiij

que la Manne n'estoit que l'ombre & la marque de sa chair: & que Moyse n'auoit donné qu'vn pain figuratif du pain qu'il deuoit laisser à son Eglise, vray pain venu du Ciel, sçauoir est son corps precieux appresté soubs les especes de pain. S. Paul selon l'esprit de son maistre compare la Manne à l'Eucharistie, & la mer rouge au Baptesme, comme les ombres aux corps. Les saincts Peres de pareille foy & doctrine, preschent la Manne, comme vne belle peinture faicte en l'eschole de Moyse, & extollent le S. Sacremēt de l'Autel comme verité exhibé en la loy de grace. Or pour le mieux conceuoir, contemplons le rapport de l'vn à l'autre, de la Manne Iuifue & de la nostre Chrestienne.

La Manne preschee comme figure de l'Eucharistie par S. Chrys. S. Cyrill. Alex. Theoph. S. Aug. in 6. c. Ioan. S. Amb. l. de initiat. c. 8. & 9. & l. 5. de sac. c. 1.

Correspondance de la Manne au S. Sacrement de l'Autel.

2.

I.

Pain du ciel. Psal. 77. 24. Oyseaux du ciel. Matth. 13.

LA Manne fut nommée pain du Ciel parce qu'elle venoit de l'air appellé Ciel en la saincte Escriture surnommant les oyseaux du Ciel, c'est à dire de l'air qui est leur element: nostre Sacrement est vrayement pain du Ciel, car il contient celuy qui vraye-

LA MANNE.

ment est descendu non de l'air mais du Ciel. C'est ce que disoit le Sauueur aux Iuifs comme cy-dessus auons ouy ; *Ce n'est pas Moyse qui vous a donné le vray pain du Ciel: mais c'est mon Pere qui vous donne le vray pain du Ciel.* Secondement la Mãne estoit vne viande extraicte d'vne cause extraordinaire, & faite par le ministere des Anges, & non de la nature commune ; c'est pourquoy elle est appellee pain des Anges : car de dire que c'estoit parce qu'ils en mangeoiẽt, ce seroit vne exposition impertinẽte, veu que la viãde de tels esprits est spirituelle & proportionnée à leur nature selon que disoit Raphael à Tobie *Il sembloit voiremẽt que ie mãgeois & beuuois auec vous: mais i'vse d'vne viande & d'vn breuuage inuisible, & que personne ne peut voir.* Pour la mesme raison elle est appellee par S. Paul, viande spirituelle, non qu'elle ne fut visible & palpable : mais parce qu'elle estoit preparée d'vne main & façon diuine. Les Naturalistes ont bien recognu vn genre de Manne donnée à la naturelle, qui est vne certaine rosee de miel, que les laboureurs de Syrie ramassent des arbres au mont Liban, & dont les Apothicaires vsent : mais ceste-cy fut toute

Ioan 9.31. 32.

2.
La Manne faicte par les Anges.

Glosa in 16 Exod.

Tob.12.19.

1.Cor.10.
Manne commune.
Plin. 11. c. 14. & l. 12. 4.

La Manne commune cueillie au mont Liban.
Gal.l.5. de aliment.

autre en ces causes & effects comme il a esté dict, elle fut produitte par merueille de nouueau au desert, & tomboit tous les iours sauf le Samedy, en Hyuer & en tout temps : & par merueille cessoit au Samedy, & continua en ceste façon l'espace de quarante ans & non plus, & ce fut vn des dix miracles que ce peuple-là voyoit continuellement au desert. C'estoit donc vn alimēt celeste, sur naturel & diuin. Ceste qualité conuient fort bien à nostre Sacrement: car en premier lieu le corps du Sauueur n'est pas engendré par voye humaine : mais par la vertu du sainct Esprit & par vne vierge, qui sont deux causes extraordinaires.

En second lieu ce corps est faict present en l'autel, sous les especes de pain & de vin par le ministere des Prestres qui sõt les Anges de Dieu en l'Eglise. Ce sont eux qui cõme instrumens font ce corps au Sacrement, vsans de l'entremise de la toute-puissante parolle de IESVS-CHRIST, CECY EST MON CORPS, & pource, il est faict par les Anges, & c'est vn vray pain des Anges en ceste qualité. Troisiesmement la Manne fut donnée pour viatique au desert d'Arabie iusque à l'entrée de la terre de pro-

Tomboit en Hyuer & en tout temps.

1. *Production de nostre Manne.*

Luc. 1.

2. *Les Prestres Anges.*
Mal. 2. 7.

3. *Pour viatique.*

mission: le Sacremét nous est donné au desert de ce mode iusques à ce que l'Eglise voyagere, entrera victorieuse & triomphante en la terre des viuans, qui est la patrie celeste. Quatriesmement la Manne reuenoit autant ramassée en petite qu'en grande quantité: car personne n'en auoit en fin que la mesure d'vn gomor, soit qu'il en eust plus ou moins ramassé, & ceste mesure estoit égalemét suffisante à chascun, nourrissant sans disette l'homme faict, & ne surchargeant point l'estomac du ieune garçon: chose admirable à la verité, qu'en vne multitude de plus de six cents mille personnes, & en vne inegalité si grande de complexions & d'estomacs, la mesme quantité fut égale & proportionnée à la portée d'vn chascun. Cecy se voit admirablement en l'Eucharistie: car elle n'est non plus grande en vne petite Hostie, qu'en vne grande: en vne piece qu'en vn tout, & le corps du Sauueur est tout en toute l'Hostie, & tout en chasque partie d'icelle, & se donne également à tous, soubs inegales pièces: combien que pour le regard de l'effect, il proufite plus à ceux qui sont mieux preparez. Cinquiesmement la Manne

4
La quantité égale.

Egalité en quantité diverse.

En façon d'esprit.

5
La Manne donnoit à manger & boire.
Rabb. Salomon in Exod. 16.

donnoit à manger & à boire ensemble: car elle fournissoit le pain deuãt le feu, & ruisseloit les eaux deuant le Soleil: c'est pourquoy les Docteurs disent que les Iuifs demãdãs de l'eau, murmurerẽt malicieusement, & de gayeté de cœur: d'autant qu'ayans la Manne ils auoient dequoy manger & boire, ne plus ne moins que lõg tẽps apres eux, les cinq mil hommes qui mangerẽt au desert les pains & poissons multipliez, estoyent rassasiez & abbreuuez par la viande miraculeuse & figure de nostre eucharistie:

Les cinq pains.
Matt. 14.
Ioan. 2.

ceste mesme Eucharistie dõne le corps & le sang de Sauueur, vray pain & vray breuuage ensẽble, encor que ce ne soit qu'en vne espece. Sixiesmemẽt la Manne estoit couuerte & cachée entre deux rosées, le corps & sang du Sauueur sont couuerts & cachez à noz sens & iugement, soubs les accidents exterieurs du pain & du vin. N'y a-il pas assez là de traicts de semblance pour nous faire recognoistre le visage de nostre Sacrement? Et si Dieu a esté iadis admirable à figurer le patron de la verité, ne l'est-il pas encor plus à parfaire de poinct en poinct la verité selon le patron, & coucher d'vn si beau & si mesuré rapport

6
Deux couuertes de la Manne.
Glosa ex Rabb. Salomon in Exod. 16.

les viues couleurs d'vn mystere nouueau, sur les lineamens de l'ancienne figure? mais voyons-en encor quelques autres traicts.

Que signifioit la semblance de Coriandre en la Manne.

PHILONGRAD Docteur entre les Iuifs, escrit que les pieces de grain de coriādre brisé, iettées en terre germēt aussi bien que le grain entier, tout ainsi que les greffes d'vn arbre antez ou plantez, portēt vie: proprieté de ce grain certes admirable, & qui ne se treuue en aucune autre semēce que i'aye leu, non pas mesme au fromēt qui est vn des grains qui ont le germe plus vif. L'Escriture qui ne met pas vn iota au papier sans raison, cōpare la Manne au grain de Coriādre, c'est sans doute pour marquer vne merueille cachée aux ombres Iudaiques, que nous descouurōs en la lumiere de nostre foy, laquelle merueille cōsiste en ce qu'vne seule partie de nostre Sacrement a vie comme le tout, & que chasque piece d'vne Hostie rompuë contient autant

3 *Coriandre.*
Philo. l. 2.
alleg. post
med
Merueille du grain de Coriandre.

que l'Hostie toute entiere. Ceste merueille a esté esbauchée par vn autre trait qu'auons dit cy-dessus de la quantité de la Manne, qui estoit égale en la prouision, encor qu'elle fut cueillie en mesure inegale. Disant donc l'Escriture que la Manne, vieille figure, estoit semblable au grain de Coriandre, elle donnoit la peinture exterieure aux Iuifs, & nous signifie à nous, l'interieure vie de nostre Manne en toutes ses parties à la semblance du Coriandre, combien que ce soit d'vne façon infiniement plus parfaicte: car nulle des parties du Coriandre, n'est tout le grain du Coriandre: mais toutes les parties du Sacrement sont tout Sacrement, & toutes contiennent le corps du Sauueur, & toutes sont, le tout, encor que pour raison des especes, les parties de l'Hostie ne soyent pas toute l'Hostie, mais partie d'icelle.

plus grand au Sacremét.

Toutes les parties de nostre Sacrement sont vines.

LA MANNE.

Le S. Sacrement gardé au Tabernacle comme la Manne en l'Arche.

4

NOvs auons ouy que Moyse cōnāda à son frere Aarō, de metre de la Māne en reserue dedās le Tabernacle, pour estre memorial des biens receus de Dieu, ce qui fut executé aussi tost que l'Arche fut dressée, dans laquelle Aarō mist vne cruche d'or pleine d'icelle Manne, & l'Arche auec la cruche, fut colloquée au lieu tres sainct, comme Sainct Paul tesmoigne escriuāt aux Hebrieux, de maniere que la Manne non seulement seruoit de viande & de viatique, mais ēcor de memorial. La verité de ces traicts continuë de siecle en siecle en l'Eglise de Dieu, en laquelle le corps du Sauueur comme Manne celeste, est donné en viande & en viatique, & auec ce est laissé en reserue, pour memorial des biés receus de Dieu : car par tout où se trouue le Sacrement, par tout est le memorial de la bonté du Sauueur enuers nous. Il s'est aussi gardé & se gardera iusques à la fin du mōde aux Eglises, pour estre porté aux malades, &

La Manne gardee.
Exod 16. 33.
Heb. 9. 4.

Le corps du Sauueur porté aux absens.

autres qui en ont besoing, & qui ne peuuent aller au temple & assister en la Messe pour le reccuoir. Telle a esté la practique du temps des Apostres & de tous les siecles suiuans iusques auiourd'huy, comme il appert par les escrits de S. Iustin, S. Irenee & autres Docteurs de l'antiquité saincte.

S. Iust. ap.
2. & S Iren.
epist. ad. Victor. Pap.
quæ est.
apud Euseb.
l.5.hist.cap.
24.
Item aux malades.
Euseb.l.6.
c.36.

Le pain des Iuifs porte nom de merueille, en figure du merueilleux Sacrement de l'Autel.

5

COMME la Manne estoit merueilleuse en ses causes, en sa nature, & en ses effects ; aussi portoit-elle vn nom ne signifiant que merueille & admiration : car Manne vient du mot MAN-HV, qui est à dire, ainsi qu'auons cy-dessus ouy, QV'EST-CE CY; mot qui marque admiration & desir de sçauoir en celuy qui le profere: car parce qu'il ignore la nature de la chose, il l'admire & demande que c'est. Nostre Manne & nostre Sacrement est si admirable, qu'aucun nom ne le peut declarer, & apres qu'on l'a biē cōsideré, on trouue beaucoup plus facile de l'admirer

MAN-H'V.

L'ignorance de la cause engendre admiration.

nifer que de l'exprimer par vn nõ cor-　*Le Sacrement*
respondant à son excellence, au moyen　*de l'Autel ne*
dequoy de tous les noms qu'il porte, il　*peut estre ex-*
　　　　　　　　　　　　　　　　　　　　　primé par vn
n'en a aucun qui luy conuienne mieux　*nom.*
que *Manne*, nom d'admiration, que Dauid a donné par vne perifrase, appellant
l'Eucharistie *le memorial des merueilles de*　Memorial
Dieu, qui n'est pas tãt nom, que marque　des merueil-
de merueille, & à cecy semble le Sau-　les de Dieu.
　　　　　　　　　　　　　　　　　　　　　Psalm. 110.
ueur auoir visé lors qu'instituant le Sacrement de son corps, il dit à ses Apo-
stres, *Faistes cecy en ma memoire*, cõme s'il　Luc. 22. 19.
eust dist vsez de cecy, comme d'vn me-
morial de mes merueilles: or en ce mesme nom de MAN, nous remarquerons　MAN-HV
vne autre rencontre d'admiration de la　*Qu'est cecy?*
vieille Manne auec l'institution de la　Exod. 16.
nostre nouuelle: car cõme les Hebrieux
eurent pris la leur en la main, ils dirent
s'esmerueillans, MAN-HV, Qu'est cecy? à laquelle demãde Moyse ne respon-
dit rien sinon en general, *C'est le pain que*　Cecy est mon
le Seigneur vous a donné à manger. Mais le　corps.
Sauueur prenãt le pain & instituant son　Matt.
Sacrement, respond en special disant,　Marc.
　　　　　　　　　　　　　　　　　　　　　Luc.
CECY EST MON CORPS, & prenant la coupe, CECY EST MON SANG,
comme s'il eust dict, vos peres iadis ont
dict, qu'est-cecy, tenant en la main la viã-
m

de que ie leur faifois plouuoir, & vous encor prononçás le mot de Manne, demandez QV'EST CECY? Ie vous repons, & à vos peres, CECY EST MON CORPS, CECY EST MON SANG, voftre Manne & voftre merueille, c'eftoit mon corps en figure, & la Manne que ie fais & le memorial que i'inftitue, c'eft mon corps, non en figure, mais en verité: Voila donc la merueille de noftre Sacremét marquée au nom de l'ancien, & l'admirable raport de la nouuelle Manne, & merueille, en la loy de Moyfe, auec celle de la nouuelle, en la loy de grace, & puis que tout eft icy admirable, & que l'admiration eft vtile à nous, & honorable à Dieu en ce grád myftere, contemplonsy encor les fources d'admiration en fa toute-puiffance, fageffe & bonté, & voyons pourquoy les fainéts Peres l'ont fi tresfort admiré.

Les effects de Dieu de tant plus qu'ils font admirables, de tant plus font-ils honorables tefmoings de fa grandeur.

Merueille de la puissance de Dieu au S. Sacrement de l'Autel.

6
Dieu admirable, par sa puissance, sagesse & bonté.

DIEV se monstre admirable en trois façós, par sa puissance, par sa sagesse, & par sa bonté, c'est pourquoy il a graué les marques de ces trois vertus en chasque sienne œuure tant petite soit-elle. Les forces naturelles des pierres, & plantes, & les armes des animaux, marquent la puissance du Createur, l'ordre des parties de chasque creature, l'industrie des grandes, & petites bestes & l'addresse d'icelles, font veoir sa sagesse, l'essence & proprietez de toutes choses, tesmoignét sa bonté. Tout ce qu'il a faict iadis en la loy de nature, de Moyse, & de grace est marqué de ces trois crayós, & n'y a rien où il ne soit rendu admirable en trois façons, à ceux qui ont les yeux de l'esprit apprins à bien contempler la grandeur de ses œuures. Mais sur tout il s'est monstré merueilleux en ce diuin Sacrement comme dernier chef-d'œuure de ses doigts & admirable codicile de són nouueau Testament. Il a faict paroistre en

Sa puissance.

Sa sagesse.

Sa bonté.

m ij

icelui sa puissance en autant de manieres qu'il y a de rangs en toute la nature: nous l'expliquerons en begayant : car comment pouuons-nous faire autrement, parlans d'vn si haut effect, d'vne puissance infinie ? Nous trouuons en toute nature visible, la substance, la quantité, la qualité, le rapport, l'action, la passion, le lieu, le temps, l'assiette, l'auoir, & rien plus. L'homme par exemple a l'ame raisonnable, & le corps, qui sont sa substance, il a sa quantité, qui sont sa longueur, sa largeur, & son espesseur : il a ses qualitez, qui sont sa couleur, sa beauté, sa bonté & semblables atours. Il a son rapport, car estant comparé & rapporté à vn autre qui sera plus petit, moins bõ, ou aussi grãd que luy, il est surnommé plus grand, meilleur ou pareil. Il a aussi son action, car il parle, il escrit, ou faict autre chose. Il a sa passion, car il reçoit en son corps ou en son ame, quelque impressiõ de froid, de chaud, de ioye, de science, de tristesse & semblables. Il se trouue en quelque lieu, en la ville, aux champs: & en quelque temps, au matin, au soir, en Esté, en Hyuer. Il a son assiette & posture: car il est assis, ou debout. Il a fina-

Toutes choses se raportent à dix ordres où chefs de la nature.

La substance.
La quantité.
La qualité.
Le rapport.

L'action.
La passion.

Le lieu.

Le temps.

L'assiete.

lement sa vesture, son manteau, ses souliers, & tout ce qui se trouue en l'homme ou en autre creature corporelle, se rapporte à l'vn de ces chefs, qui font les dix ordres de la nature assignez par les Philosophes, comprenans toutes les pieces de chasque creature, selon tous lesquels le Sauueur s'est monstré tout-puissant. Voyons le premierement en la substance.

L'auoir.

Dix categories.
Arist. in Meta. & Logic.

De la toute-puissance de Dieu en la transsubstantiation.

7

POVR le regard de la substance qui est la base de tout & tient le premier rang en la liste des choses, le Sauueur monstre sa supreme puissance en son Sacremēt, en ce qu'il chāge par sa parole, la substance du pain en celle de son corps, & du vin en celle de son sang : genre de miracle voisin de la creatiō, & plus noble en ce mystere que la creation, & tout propre de soy pour faire recognoistre vn ouurier tout-puissāt : en la creation, *Dieu a dit, & a esté faict : il a comandé & a esté creé,* come Dauid chante, icy il dict, CECY

I
Catego.
SVBSTAN-
TIA.

Dixit & facta sunt.
Psal. 32. 9.

m iij

EST MON CORPS, & sõ corps s'y treuue, CECY EST MON SANG, & son sang y est present. Alors sa toute-puissante parole fit estre ce qui n'estoit point du tout, maintenant elle faict present son corps en vn endroict où il n'estoit pas vn peu deuant: là elle changea le rien en la creature, icy elle change vne creature en vne autre, & au Createur en certaine façon, Si biẽ que les Prestres agissans en la consecration par vertu de ceste toute-puissãte parole, ils sont en ceste qualité createurs de leur Createur. Car chãgeant le pain au corps du Sauueur, & rendans ce corps present, ils font aussi par suite necessaire, que son ame & sa diuinité, qui n'abandonnent iamais le corps, soiẽt presens, & par telle operation, ils produisent aucunemẽt la personne diuine & le Createur: ne plus ne moins que la vierge glorieuse à engendré IESVS-CHRIST Dieu & homme: & vrayemẽt est appellee creatrice & mere de son Createur, encor qu'elle n'ait engendré ny l'ame ny la diuinité d'iceluy, mais seulement le corps, qui a esté cõioinct à vne ame raisonnable, & hypostatiquement vny à la diuine personne, qui l'accompagnent

Les Prestres instrumẽs de creation.

La glorieuse Vierge mere de Dieu.

inseparablement. Et partant le mystere de l'incarnatiō, comme aussi de la transsubstantiatiō, est plus grand & plus noble, que celuy de la creation: car l'effect de la creation fut vne creature, sçauoir le monde: & l'effect de l'incarnation, comme aussi de la transsubstantiation, est le createur, à raison de ceste suite & concomitance: & quand bien on n'y considereroit que le corps du Sauueur, l'effect en est tousiours plus precieux, veu que le corps surpasse le prix de mille mondes. Dieu donc se monstre plus grand en ce changement, qu'il ne fit en la creation: & apres la creation, & deuant le mystere de la transsubstantiation, quand il a voulu donner preuue de sa vertu, ç'a esté premierement par la mutation d'vne creature en vne autre comme estant telle operation, vne propre marque pour tesmoigner le souuerain maistre de la nature, & pour faciliter la foy de la transsubstantiation qui se deuoit faire en la loy de grace, du pain & du vin au corps & sang de son fils. Ainsi pour premiere preuue de sa puissance, il changea deuant Moyse la verge en serpent, & deuant Pharaō & les Egyptiens, il conuertit les eaux

Dieu a monstré sa toutepuissance en changeant la creature en vne autre.

Le bois changé en serpent. EXO. 3. & 4.

m iiij

d'Egypte en sang, & le premier miracle par lequel IESVS-CHRIST faict homme, se monstra Dieu, ce fut en changeant l'eau en vin : & le dernier remarquable qu'il fit en sa vie mortelle, ce fut en changeant le pain en son corps, & le vin en son sang, qu'il continuë tous les iours & continuera en tesmoignage de sa puissance, tant que son Eglise marchera au desert de ce monde mortel, comme il continua la Manne figure & parangon de cestuy-cy au desert d'Arabie durant le pelerinage des Hebrieux: en laquelle aussi, ceste admirable mutation estoit figurée. Car cōme il est dict au liure de la Sapience, elle se conuertissoit en tout ce qu'on vouloit.

L'eau en vin
Ioan. 2.

Sap. 16. 21.

Ce changement est vn miracle pour les fideles.

8

CAR ce changemēt de substance en substance, ne paroist pas aux sens du corps mais aux yeux de la foy seulement, aussi est-il fait pour les fideles qui croyent sans voir, & non pour les infideles & gēs charnels, dont la regle est de n'entēdre rien sinō ce qu'ils tou-

L'infidele ne croit sinon ce qu'il voit.
S. Aug. ser. de tēp. 147.

chent, dit Sainct Augustin. Les mutations que faisoit Moyse pour combatre l'infidelité de Pharaon & des Egyptiés, & donner preuue manifeste de la puissance diuine frappoient les sens: comme aussi les miracles du Sauueur & ceux qui apres ont esté faicts par les Saincts, qui estoient pour planter la foy: le miracle qui se fait en ce changement comme aux accidens n'est pas pour planter la foy, mais pour l'exercer & l'accroistre, & celuy qui demāde de le voir auec le sens, il monstre qu'il n'a non plus de foy qu'vn infidele: & qu'il croit plus à son sens qu'à la parole de Dieu, qui luy annonce ce changement disant. CECY EST MON CORPS, CECY EST MON SANG: il monstre encor qu'il n'entend pas raison, car il y a plusieurs changemens naturels, qui se font en secret, sans que les sens s'en apperçoyuent quand ils se font, comme quand l'eau se chāge en suc de vin en la vigne, en suc de cerise en vne cerisier, quand le grain se transmuë en la substance d'vne poulle, & quand vn œuf se forme en poussin, demeurant la coquille entiere & sans mutation au dehors

Changemens naturels inuisibles.

Vn poussin dās la coque.

De la mesme puissance és accidens du pain & du vin.

9

COMME le Sauueur se monstre en ce Sacrement Seigneur & maistre de la nature chãgeant la substance, comme il a esté dict : ainsi fait-il paroistre qu'il est tout puissãt aux accidés & atours de la substance, distribuez aux neuf ordres qu'ãuõs assignez. En general parce qu'il leur dõne à tous vne façon d'estre sur naturelle qui est se tenir debout sans subiect, effect autant sur la puissance de la commune nature, comme il est à l'homme de se tenir en l'air sans appuy. En special il donne force à la quantité du pain, non seulement d'estre sans subiect, mais encor de faire l'office de la substance, & seruir de base à la qualité, à la saueur & aux autres accidens, & produire auec eux vne substance ; & comme en commandãt à la sterilité de Sara, d'Anne, & d'Elizabeth, & à la virginité de sa mere, d'engendrer il fit preuue de sa toute-puissance ; de mesme se monstre-il icy tout-puissant, quand il commande à des

Neuf genres d'accidens.

Accidens sans subiect.

La qualité ayant priuilege de substance.

Sara. Gen. 21.
Anne. 1. Reg.
Elizabeth. Luc. 1.
La Vierge. Luc. 1.

accidens steriles d'eux mesme, & sans *L'accidens est sterile.* germe de substance, produire, & produire vn effect au dessus de leur rang, à sçauoir vne substance, nature sans comparaison plus noble que l'accident, & de laquelle les accidens dependent du tout, comme simples officiers & vassaux, n'ayans rien qui ne releue de son domaine. Ce sont donc autant de marques d'vn Seigneur tout-puissant en ce mystere.

La mesme puissance verifiée aux accidens du corps du Sauueur.
En la quantité.

10

La puissāce diuine est encor plus euidente au maniement des accidens du corps du Sauueur: car il y tient sa quantité toute entiere auec ses dimensions, sans occuper lieu: toute en toute l'Hostie, & toute à chasque partie, tant petite soit-elle, qui est donner à son corps l'estre semblable à celuy de l'esprit, & se faire paroistre Dieu tout-puissāt. Ainsi Dieu est tout, partout, & tout en chasque partie du monde, & nostre ame par tout le corps,

3.
Categoria.
QVAN-
TITAS.
Sans occuper lieu.

L'estre du corps spirituel.

& toute en chafque partie: le corps du Saueur n'eſt pas par tout, eſtât cela vne prerogatiue reſeruée à la ſeule diuinité, mais il eſt en pluſieurs lieux en meſme temps & en toutes les parties de l'Hoſtie: c'eſt la façon d'eſtre naturelle aux eſprits & vn priuilege donné à ce corps vny à la diuinité, & puis que Dieu donne le pouuoir aux Anges qui ſõt eſprits de prendre vn eſtre corporel, ſe reueſtiſſãs d'vne figure humaine, ou autre forme viſible, & occupans place à la maniere des corps: il ne faut pas doubter que par contraire eſſay, il ne puiſſe dõner à vn corps, meſme au ſien deifié, la prerogatiue d'eſtre en ce Sacremẽt ſans occuper place en façon d'eſprit: & ne repugne non plus à la nature d'vn corps de n'occuper de place, qu'au feu de ne bruſler point parquoy comme le feu ne laiſſa pas d'eſtre feu dedãs la fournaiſe, encor qu'il ne bruſlaſt les enfans Hebrieux, auſſi le corps du Saueur ne laiſſe pas de demeurer touſiours corps en ce Sacremẽt, encor qu'il ſoit ſãs occuper place: & ſi Dieu a faict que la virginité demeuraſt entiere auec la generation & l'enfantement, effect du tout repugnãt à la virginité, pourquoy luy ſera

Les Anges prenans vn eſtre corporel.

Il eſt plus difficile que le feu n'echauffe, qu'au corps de n'occuper place.
Dan. 3.
La virginité & la generation tres-contraires aſſemblez en la Vierge.

il difficile de faire qu'vn corps demeure corps sans occuper lieu, veu que la virginité & la generation sont plus incōpatibles d'accord, qu'estre corps & n'occuper point lieu? L'Escriture nous facilite la foy de ce miracle, enseignant que le Sauueur sortit du sepulchre fermé, & qu'il entra en la chambre des Apostres les portes closes. Son corps donc n'occupa point de lieu alors, ou deux corps furent en vn mesme lieu auec penetration de dimensions, qui est vn effect aussi difficile, & ardu à la nature, & seulement dependant de la toute-puissance de Dieu.

Le sepulchre fermé.
Les huis clos.
Ioan.

Merueilles és qualitez du corps du Sauueur en ce Sacrement.

11.
3.

LA lueur, la couleur & sēblables qualitez du corps du Sauueur sont encor icy en prerogatiue de toute-puissance inuisibles à l'œil, & incogneuës à tous les autres sens. L'œil void bien la blancheur, la langue gouste la saueur, la main touche la quantité, mais ce sont les qualités du pain & du vin, & non du corps du Sauueur

Catego.
QVALITAS.
Les qualitez du corps du Sauueur inuisibles aux sens.

que nostre bouche prend sans aucun sentimét des propres qualitez d'iceluy: lors qu'il conuersoit auec les hommes la diuinité ne paroissoit sinon que par le corps de son humanité, icy le corps est caché ne paroissant que par les accidés du pain & du vin: il tient son corps inuisible sous ces accidens visibles, faisant de son corps cóme il vient. Ainsi se rendit-il inuisible par miracle deuant sa resurrectió, ainsi marcha-ils sans pesanteur sur les ondes : ainsi apres sa resurrectió cacha-il la spédeur de son corps, & disparut des yeux de ses disciples: ainsi monta-il au Ciel sans pesanteur de corps.

La diuinité cachée en l'humanité. Le corps caché aux accidens.

Le corps du Sauueur marchant sur l'eau.

Admirables rapports du corps du Sauueur au mesme Sacrement.

12

QVAND vn corps est en vn lieu naturellement, chasque membre a son rapport diuers à diuerses parties du lieu, la teste respond à vn, les pieds à l'autre, les mains à l'autre, & ainsi du reste: car il est estendu: icy les parties du corps du Sauueur ont leur rapport chascune à leurs accidens, & la teste n'est pas où sont les autres membres, & tout y est destinct & à part, &

4. Categor. RELATIO.

Les parties du corps du Sauueur sans confusion au Sacrement.

neátmoins c'eſt tout en vne petite Hoſtie, & quelques fois en vne ſi petite quátité du Sacremét, qu'il ſemble eſtre impoſſible, que tout n'y ſoit confuſément; auſſi eſt-il impoſſible à la nature de faire vn tel eſſay, ny meſme de le comprendre; moins encore de l'expliquer: c'eſt voſtre vertu, ô IESVS tout puiſſant & ſouuerain maiſtre de la nature, voſtre ſçauoir & voſtre parolle qui le peut.

Il y a encor vn autre diuin rapport de ce Sacremét, figuré en la Manne; car cóme la Máne cueillie en quantité inegale ſe trouuoit touſiours en egale meſure de meſme icy vne petite Hoſtie rapportée & comparée à vne grande, ſe trouue egale, parce qu'en toutes deux, eſt le corps du Sauueur, auſſi grand en l'vne qu'en l'autre, & qui plus eſt admirable, c'eſt le meſme corps : de maniere que l'egalité n'eſt pas ſeulement à raiſon de la prinſe égale: mais d'vne meſme choſe en nóbre, à ſçauoir du corps du Sauueur receu tout entier de chaſcun. Nous admirons auſſi cóme vn rapport merueilleux en vn autre genre, que la nuée, la colombe, les langues de feu repreſentans le Sainct Eſprit, faiſoient vne choſe: admirons que les eſpeces viſibles

Le corps du Sauueur egalement donné à tous.

La nuée.
Exod.13 21.

La colombe
Ioan 3. 22.
Les langues de feu.
Act. 2. 3.

rapportées au corps du Sauueur, font vn Sacrement! Admirons que selon diuers rapports, Eue estoit vn surgeon d'Adam, & presque comme fille estant extraicte de son corps, & neantmoins femme, pour autre regard, item que le Sauueur estoit Fils de la Vierge à raison de son humilité, & pere de la mesme Vierge rapportée à la diuinité: si nous admirons la comparaison de ces choses, certes entendans les rapports qui sont en ce Sacremét d'vn grand corps à vn si petit espace des membres entre-eux, & d'iceux aux accidens visibles, nous auons dequoy nous esmerueiller & en nostre merueille magnifier la puissance de nostre Dieu!

Eue fille & femme d'A-dam.

Iesvs-Christ Fils & pere de la Vierge.

Admirables actions du corps du Sauueur.

13

5. Categoria. Actio.

L'ACTION du corps du Sauueur est icy diuinement admirable: car il nourrit sans estre digeré, il nourrit, non comme les viandes corruptibles pour vn petit espace de temps, mais à iamais à l'immortalité, car il met au corps vn germe pour le ressusciter

Il nourrit à l'immortalité

usciter vn iour glorieux : & la presence
de ce corps donne encor vertu de nourrir aux accidés, ce qu'ils ne pourroyent
faire naturellement sans substance. Ce *Les accidēs nourrissent.*
corps deifié monte encor plus haut : car
il nourrit l'esprit, & agit en l'esprit, prerogatiue niée à tout autre corps : si bien *Nourrit l'esprit.*
que comme il est icy presēt à guise d'es-
prit, aussi agit-il en façon d'esprit, & penetre l'ame par son actiō, l'embellit, l'il-
lumine, la rend chaste, & luy graue les
autres ornemens spirituels. Si l'arbre de
vie refaisant le corps, & la Manne changeant le goust, estoyent admirables en
leur action : combien plus le corps du
Sauueur en la sienne en ce Sacrement?
car ceux-là n'agissoyent qu'aux corps,
& ce corps agit au corps & à l'ame,
pour l'immortalité & pour la felicité
ensemble, comme venons de dire.

Le corps du Sauueur impassible.

14.

6.
Categoria.
Passio.

LE corps du Sauueur en ce Sacremēt n'endure aucune lesiō,
biē qu'il puisse estre iniurié par
les ames lasches qui le prennent indignement, ou par la mescreance des infideles qui font iniure aux signes exte-

n

rieurs, desquels il est vestu, comme le Roy de sa robbe Royale. L'impassibilité de la Manne resistant au feu : & se conseruant le Samedy sans corruption, qui pourrissoit aux autres iours: l'impassibilité du buisson ne se consommant point, quoy qu'il fust enueloppé de la flamme : l'impassibilité des habits des Hebrieux qui durerent entiers l'espace de quarante ans au desert sans estre vsez ny accoustrez: toutes ces impassibilitez furent admirables, mais celle du corps du Sauueur passe la merueille de toutes: car en toutes ces choses, il y eut en fin de la corruption, icy il n'y en a aucune & n'y en peut auoir quelque chose qu'il aduienne au signe visible. L'Hostie sera diuisée en plusieurs parties, le corps n'é sera pas pour cela diuisé, mais demeurera entier en toutes, comme le visage se voit entier en toutes les pieces du miroir rompu. L'estomac digere les especes, & ne digere point le corps: les especes s'esuanouissent en vn lieu, le corps laisse d'y estre; mais il se trouue ailleurs où le Sacrement sera. Les especes peuuent estre bruslées du feu, rongées de la beste, foulées aux pieds ; mais le corps est tousiours impassible, hors de portée

Sap. 16. 17.

Le buisson.
Exod. 33.

Les habits.
Deut. 2. 95.

de lesion & de corruption, retenant
tousiours sa gloire & son immortalité.

*Il est en plusieurs lieux en mesme
temps.*

15

LE lieu Paradis terrestre estoit
tres beau, comme il a esté dict,
& comme il ne se peut dire, &
la demeure d'Adam en iceluy delicieu-
se, & l'vn l'autre plein de merueille,
mesme à raison de l'arbre de vie. Icy
le second Adam est en son Sacrement,
comme caché en l'ombrage de son Paradis, estant luy seul l'arbre de vie, & le
Paradis des ames dont il est l'espoux: &
tout est ici admirable. Le Sauueur y est,
& il est au Ciel ensemble. Il est au Ciel
en son regne tenant place comme les
autres corps ont la leur naturellement.
Il est icy d'vne façon surnaturelle logé
petitement à la mesure des especes desquelles il est affublé pour conformer sa
grandeur à nostre petitesse, & sa puissance à nostre infirmité, combien que
son corps ne soit en rien amoindry par
la petitesse du lieu, ains demeure aussi
grād qu'il estoit en la croix. Qui pour-

7.
categoria.
V B.1.

n ij

Comment le corps du Sauueur est en plusieurs lieux.

ra voir cecy sans les yeux de la foy? & qui pourra encor comprendre cõment en vn mesme instant, il se trouue en diuers Autels, en diuers païs, & en la terre & au Ciel? certes personne: mais celuy qui est fidele le croit, encor qu'il ne le compréne point, par ce que l'Escriture le luy enseigne: c'est elle qui dict que le Sauueur dõna son corps à ses Apostres, disant CECY EST MON CORPS, du-

Matt. 26 Marc. 14. Luc. 22.

quel antecedent s'ensuit qu'il estoit en diuers lieux en mesme instant: il estoit au sien naturel, naturellement, & sacramentellemẽt en autant d'autres, qu'il y auoit d'Apostres qui le prenoyent. Il le faut donc croire quoy que le iugement humain ne le puisse entendre. S. Paul asseure comme le sçachant qu'il a esté

S. Paul rauy. 2. Cor. 12. 2.

rauy au troisiesme Ciel: & toutefois il confesse ne pouuoir comprendre comment: à sçauoir si ce fut en corps & en ame, ou en ame seulement: & nous croyons ce qu'il dict, quoy qu'il nous semble difficile. Le Sauueur dict à plusieurs *prenez*, CECY EST MON CORPS, & par cõsequent, il dit, qu'il est en plusieurs lieux, le mescroions-nous donc parce que nostre capacité ne le peut comprendre? mesurons-nous les œuures de Dieu par la hauteur de nostre teste, rauissant le sceptre à sa toute-puissante main, pour mettre en credit l'infirmité de nostre iugement? S. Paul ne pouuoit entendre comment il auoit esté rauy? laissoit-il d'auoir esté rauy? & nous sçachans encor moins que luy comment il a esté rauy, laissôs-nous de le croire? & si nous sçauons qu'vne mesme voix en vn mesme moment donne toute entiere à dix mille oreilles, que nostre ame est toute entiere en diuers lieux du corps, qu'Abacuc s'est trouué en mesme heure en Babylone & en Iudec lieux distans de plus de cent lieuës, pourquoy ferons-nous des difficiles de croire icy l'assertiõ de la parole de Dieu? Nous voyons encor tous les iours que les estoilles qui sont au milieu du Ciel sõt en vingt-quatre heures en tous les endroicts du Ciel, qui est plus que si vn oyseau voltigeant au tour de la terre se trouuoit vingt & trente fois en vn demy quart d'heure au Leuãt & au Ponãt, & en tous les endroicts qui sont entre ces deux espaces: estimerons-nous que la puissance de Dieu soit courte pour faire que son corps soit en diuers endroicts? croyez-donc ames Chrestié-

La voix.

Abacuc.
Da.14.36.

Les estoilles.

nes à la parole de voſtre Dieu tout-puiſſant, & fideles admirez en ce faict ſon admirable puiſſance.

Le corps du Sauueur deſſus les loix du temps.

16

8.
Categoria.
QVANDO.

LE temps coule par ſucceſſion & regéte tout en ce bas monde: mais quand Dieu crea le monde, le temps commença ſans preſeance de temps, & ne ſucceda point au temps, ains il commença ſimplement alors: ce meſme Dieu a mis quand il luy a pleu la bride au temps, & l'a empeſché de conſommer les choſes ſubiectes à ſa dent. Les habits des Hebrieux furent conſeruez tous entiers, comme il a eſté dict, l'eſpace de quarante ans, & ſe mocquerent du domaine de ce ronge-tout; le petit couſin de farine & la fiole d'huyle de la veſue nourriſſiere d'Helie, dura pluſieurs mois, qui ne pouuoit ſuffire qu'vn iour: la Manne ſe corrompoit en vingt-quatre heures, & tenoit bon quarante huict heures, venant le Sabbat: voire encor dura pluſieurs ſiecles conſeruée dedans l'Arche en vne cruche d'or. Ces œuures eſtoyét

Les habits conſeruez.
Deut. 29.5.

L'huyle.
3.Reg. 17. 14.

La Manne dura pluſieurs ſiecles.
Heb. 9. 4.

admirables: mais le Sauueur se monstre en son Sacrement beaucoup plus admirable qu'en ces œuures-là: son corps se trouue present en l'Hostie aussi tost que les paroles de la consecration sont acheuées, & se trouue en vn moment sans attache d'aucun temps precedent, à la façon que le môde se trouua faict & le temps, sans qu'aucun temps eut preallablement precedé. La presence de ce corps dure en vertu de ceste parole, comme en vertu de la mesme, la production des creatures continuë & continuera iusques à la fin du temps, ne se monstre-il pas donc en cest endroict tout-puissant maistre de la nature, nostre Redempteur?

De l'assiete admirable du corps du Sauueur au Sacrement.

Nous auons cy-dessus touché l'admirable assiete du corps du Sauueur en ce Sacrement, & de tant plus que nous y pensons de tant plus auons nous dequoy admirer la diuine vertu, & côfesser nostre insuffisance en ce poinct côme aux autres. Tous les membres sont icy distincts l'vn de

17. *Categoria.*
9. SITVM ESSE
Distinction des membres du Sauueur en l'Eucharistie.

l'autre, ayans leur propre rapport entre eux, quoy qu'il en soit des accidens du pain & du vin : qui n'admirera la grandeur de Dieu faisant vne telle distinctió de membres, retenans leur quantité en vn si petit espace ? les referrans en vn petit poinct, & leur laissant le large de leur dimension & capacité ? & qui ne s'esmerueillera encores de voir qu'on tourne l'Hostie, qu'on la hausse, qu'on l'abaisse, & que ce corps diuin se tienne tousiours ferme en son entre-jent ? & que combien qu'au mouuement du Sacrement il change de place, qu'il ne cháge pourtant la situation de ses parts? Nous voyons quelque chose semblable au Ciel : car tout ainsi que le Soleil est tousiours sur la terre, encor qu'il nous semble gyrant sous la terre Antipode, estre sous nos pieds, de mesme par semblance, encor que les parties de la quantité de l'Hostie changent, neátmoins les parties du corps du Sauueur demeurent en leur arroy de Majesté. La raison humaine admire Dieu en l'assiete & mouuement naturel de ce grand corps celeste, icy la foy extolle la grandeur de Dieu en la posture admirable du corps deifié de son Fils.

Le Soleil.

Les habits du corps du Sauueur.

18

ADAM en son innocence estoit richement vestu, & toutes fois nud, & apres qu'il eut offensé, fut affublé d'vne pelisse morte & neantmoins rendu nud, tout cecy estoit admirable: car comment estoit-il habillé & nud, nud & empelissé ensemble? C'est qu'en ce premier estat, il auoit l'ame reuestuë de toute sorte de beaux habits, de iustice, de chasteté, de charité, de force, de temperance, & d'autres semblables accoustremens, & n'en auoit aucuns sur le corps, aussi n'en auoit-il pas besoin. quand l'ame fut despoüillee de ses habits, elle fut honteuse de sa nudité & de celle de son pauure corps, qu'il fallut couurir, pour couurir au moins vne partie de la honte de l'ame: donc Adam estoit vestu & nud, nud & vestu par diuerses considerations. L'antithese est icy plus diuine & plus merueilleuse sans comparaison: car le corps du Sauueur n'a aucuns habits, & neantmoings tousiours tres-richement vestu, mais c'est de ses diuins habits de gloire immortelle: il est luysant par sa lueur

10.
Categoria.
HABERE.

L'ame iuste richement vestue.

L'ame inique est nue.

Le corps du Sauueur.

en vne cruche d'or. Ces œuures estoyēt plus que le Soleil: plaisāt par sa beauté plus que tous les astres : admirable en cela, & admirable encor dequoy il couure ceste siēne robbe de gloire, & prend celle du pain & du vin, cachant la Majesté de sa presence soubs ces especes visibles pour se familiariser à nostre capacité : tout ainsi qu'il cachoit sa diuinité soubs le manteau de nostre nature humaine ne paroissant qu'homme, & neantmoins estant Dieu & homme ensemblement pour nous faire iouïr de sa douce conuersation : ainsi la Manne figure de ce mystere mesme en ce poinct estoit couuerte de deux rosées, dōt l'vne tomboit deuant la Manne, luy seruant de premiere couche, l'autre apres, cōme il a esté dict. Voyla cōment Dieu s'est monstré en ce Sacremēt Seigneur souuerain de la nature vniuerselle.

Comparaison de l'incarnation auec l'Eucharistie, familiere aux saincts Peres.

La Manne entre deux rosées, cy dessus au tableau.

Comment l'Eucharistie est vn recueil des merueilles de Dieu.

19

EST-CE pas donc vn abregé des merueilles de Dieu que ce diuin mystere? & Dieu ne s'est-il pas fait voir admirablemēt admirable

en cest abregé merueilleux si iamais en aucune autre sienne œuure? Il a faict paroistre sa grādeur en deux generales façons, l'vne en faisant des merueilles à part, l'autre, qui est la plus diuine, en les assemblant: comme vn Musicié qui nō seulement sçait de beaux airs tous seuls, mais aussi a l'art & la grace d'en mettre plusieurs ensemble, & seruir l'oreille d'vne riche & nombreuse harmonie cōposee de diuers accords appointez. Apres qu'il se fut monstré merueilleux en la production de mille creatures, il fit l'homme recueil de toutes: il a faict depuis le mōde creé, mille & mille œuures admirables sur le commun cours de la nature: tantost en la substance des choses, tātost aux accidens: il a changé, comme nous auons dict, le bois en serpent, changeant la substance & les accidēs, & par mesme sorte de merueille, les eaux en sang: il a aresté le cours du Soleil contre l'impetuosité de son extreme vitesse: il a faict descendre le feu du Ciel contre sa legereté: nager le fer sur l'eau, contre sa pesanteur, obscurcy le vague de l'air par tenebres extraordinaires, rendu gayable la mer dedans ses abysmes, ouuert le sein de la terre, con-

Vn Musicien.

L'homme petit monde.

Les bois changé.
Exod.3. & 4.9.
Iosu.10.12.
Le feu.
4. Reg.1. 10.
Le fer.
4.Reg.6.6.
Les tenebres.
Exo.10.21
La terre ouuerte.
Num.16.31 32.

tre sa solidité : faict en vne nuict germer, fleurir, & porter fruict à vn bois sec contre sa sterilité : faict parler les bestes contre leur capacité. En somme il a monstré qu'il estoit Seigneur de la nature, faisant des œuures surnaturelles sur toutes les pieces d'icelle : mais estât venu en propre personne en son monde, & voulant se partir du monde il a laissé vn miracle seul en grandeur au monde, & chef-d'œuure digne de sa main, & de sa memoire, contenāt seul le recueil de toutes les merueilles qu'il fit iamais, soit en creant le monde par sa toute-puissāte parole, soit en le gouuernant par sa diuine sagesse, soit en le conseruant par sa bonté infinie : recueil contenant son corps precieux, & surpassant le prix de mille mondes : recueil où il se faict admirer, comme souuerain maistre de toute creature, commandant à la substance des choses & à leurs accidens : commandant aux dix rangs Categoriques, aux dix Ordres, c'est à dire, à tous les Ordres de l'vniuers. Dauid considerant la diuersité & beauté des creatures s'escria disant, *ô Seigneur que ton nom est admirable par toute la terre* : mais considerant ce futur mystere, il chanta d'vn au-

Fleurs.
Num. 17. 8.
L'asnesse parle.
Num. 22. 30.

Psal. 8. 1.

tre ton disant, *Le Seigneur a faict vn me-*
morial de ses merueilles, & adiouste pour
declarer quel il est, *Il a donné à manger à* Psalm.110.
ceux qui le craignent. C'est son corps qu'il
donne à ses enfans: car les viandes du
monde commun, il les donne aux bestes, & aux hommes, bons & mauuais,
ce corps il l'a donné à sa chere mere Espouse, appresté en ce Sacrement auec
l'appareil de toutes ses merueilles, vraye
marque de sa grandeur, vraye Manne,
porte-nom de merueille, vray pain descendu du Ciel : vray don tiré des plus
grands thresors de sa toute-puissante
sagesse, & de sa toute-sage bonté.

Comme la foy prend force de ce
Sacrement.

20

LE premier pilotis & article de *Le premier*
nostre foy, c'est de croire en *article de*
Dieu tout-puissant: car par là *nostre creáce.*
commence nostre CREDO, & sur ceste
base s'appuye le fondement de tous les
autres poincts de nostre religion. Or la
foy de cest article est admirablement
exercée, aydée & augmentée en la practique de ce diuin mystere : car autant

defois que nous communiōs, que nous oyons la Meſſe, que nous participons ou encor meditons, ce ſacré banquet: autant de fois croyons-nous que Dieu eſt tout-puiſſant, ayant faict, & renouuellant tous les iours, par ſa toute-puiſſante parolle, la merueille de ſon precieux corps, auec l'eſtonnement des Anges & des hommes, & de l'vniuerſelle nature: autant de fois plions-nous à l'obeiſſance de la foy, l'humilité de nos ſens & iugement, qui ne voyent icy goutte: autant de fois acquerons-nous nouuelle force, & nouuelle grace, à croire la toute puiſſāce de noſtre Dieu. C'eſt pourquoy les ſaincts Peres, ſainct Iuſtin, ſainct Irenée, ſainct Chryſoſtome, ſainct Ambroiſe, ſainct Cyprien, ſainct Auguſtin & autres Docteurs, preſchent touſiours la toute puiſſance de Dieu ſur le propos de l'Euchariſtie, & l'appoſent aux heretiques comme marque certaine d'icelle puiſſance, & comme les Patriarches & Prophetes voulās mōſtrer que Dieu eſt tout puiſſant, l'appellēt Createur du Ciel & de la terre, de meſmes voulās les ſaincts Docteurs extoller la toute-puiſſance du Sauueur, mettent en auant ce ſien chef-

marginalia:
S. Iuſtin apol. 1
S. Irenee. l. 4. c. 34.
S. Chryſ. hom. 16 ad pop. Antio. & hom. 83. in Matth.
S Amb. l. de initiat. myſt c. 9.
S. Cyp. l. de cœn. dom.
s. Aug. in pſal. 33.

d'œuure. Et cōme le diable iadis perfuada & fit efcrire à quelques infenfez Philofophes, que le monde n'auoit pas efté creé, mais qu'il eftoit eternel & fans commencement, pour affoiblir d'autant la foy de la toute-puiffance du Createur: de mefmes a-il fufcité en nos fiecles des errans, qui nient la prefence du corps du Sauueur en ce Sacrement: afin d'effacer par leur herefie la plus noble marque de fa toute-puiffance, & réuerfer le plus fort pilotis de noftre foy, & le plus bel ornement de la Religion Chreftienne.

Malice du diable pour affoiblir la foy de la puiffance de Dieu.

De la bonté du Sauueur en ce Sacrement.

21

LA contemplation de la puiffance de Dieu nous faict admirer & aymer : nous auons donné quelques enfeignemens de fa puiffance en fon Sacrement, difons vn mot pour y marquer fa bonté. Vn propre argument d'amour eft de dōner de fes biens pour le profit de celuy qui les reçoit: ainfi Dieu a monftré à l'homme

Signe d'amour c'eſt donner.

de l'aimer, luy donnant l'eſtre, & le mõde creé. Vn argument de plus grand
amour, c'eſt de donner de ſa ſubſtance:
celuy qui donne de ſon ſang propre, ſe
monſtre plus amy que celuy qui faict
vn preſent de ſa bourſe. Dieu a donné

Amour de Dieu dõnãt ſon fils.
Sic Deus dilexit &c.
Ioan. 3. 16.

ſon Fils vnique, ſubſtance de ſa ſubſtance, & ce Fils s'eſt donné à nous, alliant
ſa diuinité auec la famille de noſtre pere
Adam, & ſe faiſãt noſtre frere pour noſtre ſalut, pouuoit-il plus eſtroictement
& plus amoureuſement ſe donner que
ſe donnant tout à nous & ſe faiſant vn
auec nous, pour nous deifier auec luy
& faire heritier de ſa gloire? Or comme en l'incarnation il a faict don de
toute ſa diuinité à l'homme, ainſi de
toute ſon humanité en ce Sacremẽt. Il
l'a donné à la mort vne fois en ſacrifice ſanglant pour noſtre redemption.
Il la donne icy tous les iours en ſacrifice non ſanglant, & en viande pour
nous appliquer le fruict de ceſte redemption. Il a marié ſa diuinité à noſtre
humanité, quand il s'eſt faict homme;

Nopces.
Matth. 22. 1 34.

il marie ſon humanité à la noſtre, quãd
il ſe donne icy. C'eſt pourquoy ce
Sacrement eſt appellé feſtin de nopces. Car la chair du Sauueur y eſt ſainctement

ɛtement vnie auec la nostre pour la rendre chaste & fertille ensemble à produire de belles actions; & la mesme chair est le plat du festin pour engresser nos ames des celestes vertus, & donner l'immortalité à nos corps. O doux IESVS quelle est vostre bonté! & quelles sont vos amours icy? de daigner vous ioindre par deux si estroicts nœuds, de mariage & de viande, auec si basses & si chetiues personnes que nous? le Seigneur auec le seruiteur, le Roy auec les vassaux, Dieu auec les creatures, Dieu auec les pauures pecheurs? Et quel est vostre amour en ce diuin mariage & en ceste nourriture? Quel Roy voulut onques espouser sa plus pauure vassale, & quel pere alimēter de son corps ses enfans? les meres nourrissent voirement leurs enfans de leur laict, qui est vn sang blanchy, mais quelle mere nourrit onques son enfant de sa propre chair? ô diuin mariage! ô diuin banquet! ô maling abuseur & immortel ennemy des hommes, qui as troublé ces nopces & ce banquet, supposant au lieu du vray Espoux & du vray Dauid, & au lieu de ceste chair deifiée, vne Idole de pain! mais c'est en l'Eglise que faussement tu-

Le laict sang blanchy.

L'idole de Dauid supposee par Michol. 1. Reg. 19. 13.

as faict appeller reformée, que tu as supposé ceste Idole, & non en l'Eglise de Dieu, Eglise de ceux qui ont mieux aymé prester l'oreille à la vanité de tes mêteries, que croire aux paroles de verité, non à ceste vraye colomne de verité, espouse qui ne peut errer assistée de l'Esprit veritable? qui cognoist trop bien son espoux, sa voix, son meintien, & son entrejent, & sçait le bon mets de sa table, & n'a garde de le quitter. Qui cognoist le Fils tout-puissant, faict pour nous EMANVEL, c'est à dire *Dieu auec nous*, lors qu'il s'est faict homme, vivant auec nous, parlant auec nous en propre personne, mais specialement se donnât à nous en ce nuptial banquet, c'est icy où il est plus que iamais EMANVEL: car en conuersant auec nous mortel & visible il ne le fut qu'vn peu de temps, auec moindre vnion, auec peu de gens & en la seule Iudee. Mais par ce Sacrement, il est tousiours tres-estroictement vny auec nous, comme espoux & comme viande auec tous ceux qui se veulét marier auec luy, & en prendre leur refection: & ce non en vn païs seulement, mais en autant de lieux que ceste Eglise Catholique & vniuerselle adore ce sien

La Cane des errans.

L'Eglise colomne de verité.
1.Tim.3.15.

EMANVEL.
Esa.7.14.
En son incarnation.

En sa conuersation.

En l'Eucharistie

espoux, depuis le Leuant iusques au Ponant, du Midy au Nort, & par toute la terre. Vn marié quand il se part d'auec la femme, vn pere d'auec ses enfans, vn amy d'auec ses amis signifie plus que iamais son amour faict vn festin, laisse vne bague pretieuse, & monstre qu'il se voudroit laisser soy-mesme present s'en allant, s'il pouuoit estre en plusieurs lieux à la fois. IESVS-CHRIST a accomply tout cecy d'vne façon diuine : car à la veille de sa passion & de son depart de ce monde, il monstra son ardent amour à ses enfans. *Ayant aymez les siens qui estoient au monde, il les ayma à la fin* : c'est à dire, leur monstra son amour plus que iamais. Le mesme Sauueur fit son banquet auec singuliere signification d'amour, disant : *I'ay grandement desiré de manger ceste Pasque auec vous*, non la Mosaïque, mais la verité de la Mosaïque, estāt luy-mesme l'Agneau. Finalement il a laissé pour bague & memorial son propre corps, & soy-mesme pour estre tousiours present auec ses amis en la maniere susdicte, & leur estre tousiours Emanuel.

Signes d'amour.
La viande.
Vn present.
La presence.

Ioan. 23. 1.

Le festin.

La bague.

La charité envers Dieu & envers le prochain, aydée par ce Sacrement.

22.

SI la liberalité attire les cœurs, si la table faict les amis: & si l'amour engendre l'amour, quelle personne se trouuera si agreste & si glacee qui ne soit allechée par ceste bonté infinie, gaignée par ce festin, saisie d'vne diuine flamme en la frequentatiō de ce Sacrement? & quelle ame ne deuiendra sainctement enflambée de l'amour de son Redempteur, se sentant si delicieusemēt festoyée, & si tendrement caressée de luy, & si estroictement vnie auec luy? qui aymera elle si elle n'aime ceste bonté? auec qui fera-elle amitié, si elle ne la faict auec vn si liberal espoux? Et de qui sera-elle amoureuse, si elle ne l'est d'vn si ardent amy?

L'amour du prochain. QVE si elle ayme fidelement ce sien espoux, & considere attentiuement la nature de ce mariage & festin, il ne se pourra faire qu'elle n'ayme quant & quant son prochain, & ses freres Chrestiens pour l'amour de son espoux, quād elle verra qu'ils sont aymez de luy; appellez en mesme festin, & faicts membres d'vn mesme corps: & que pour faire & signifier ceste mutuelle amitié, il s'est donné en viande & en breuuage soubs les symboles du pain & du vin, qui sont faicts de plusieurs grains & de plusieurs grappes : cōme ailleurs auons dict. Et certes l'Apostre pour exhorter les mariez à sainctement aymer leurs femmes, tire ses plus forts argumens de ce mystere : comme estant l'exemple d'vn mariage parfaict, & d'vn amour parfaict: mariage de IESVS-CHRIST auec son Eglise, à laquelle il s'est liberalement donné, auec laquelle il s'est vny de ces deux liens tres-estroicts d'espoux & de viande: pour laquelle raison aussi l'Eucharistie a tousiours esté le signe d'vnion, de paix, & de charité, & pour la mesme on donnoit anciennement le baiser en la Messe, dequoy nous auons la ceremonie de paix que l'on donne à baiser. Et voila cōment ceste souueraine sagesse nous attire par son Sacrement à son amour, & à celuy de nostre prochain.

Au Tableau de Melchisedec.
Ephes 5. 25.
L'Eucharistie symbole d'vnion & de paix.

o iij

De la sageſſe de Dieu en ce meſme myſtere.

23

OYONS quelques traicts de la diuine sageſſe, qui eſt le troiſieſme craion de ſa grandeur en ce ſien Sacrement. Car il eſt ſi bien dreſſé qu'il eſt aiſé à voir que c'eſt elle qui en eſt la maiſtreſſe ouuriere: comme auſſi l'Eſcriture le dit. *La ſapience a baſty ſa maiſon, & taillé ſept colomnes, elle a auſſi immolé ſes Hoſties, à meſlé ſon vin, & appreſté ſa table.* Ceſte maiſon c'eſt l'Egliſe, ces colomnes ſont les ſept Sacremés d'icelle: le vin meſlé, c'eſt ſon ſang pretieux: & le mets de ceſte ſienne table, c'eſt la Manne de ſa pretieuſe chair: ainſi l'ont expliqué les Peres anciens & nomméement S. Cyprien. Or comme la ſageſſe humaine ſe monſtre en bien ordonnant, en bien aſſemblant, & en bien enſeignant: car ce ſont les vrays effets d'vn ſage entendement: ainſi la Sapience diuine ſe faict paroiſtre en ce Sacrement par meſmes eſſais. Vn ſage Orateur ſe monſtre en la belle methode de ſes diſcours, vn ſage Capitaine à bien ranger

Prou.9.10.

S. Cyp. ep. 63. ad Cecilium de Sac. Calicis, & l.2. aduerſ. Iudæos. c.2.

Trois effets de la ſageſſe. Ordonner, Aſſembler. Enſeigner.

Ordonner. Vn ſage, Orateur.

vne armée, vn sage architecte á bien cimmetrier les membres d'vn edifice, & ainsi des autres sages ouuriers. Vn sage Musicien à bien assembler plusieurs parties de Musique &les lier entre-elles d'vn bel accord. Myrmecidés se fit admirer par son industrieuse sagesse, quád il fit ce Char tant renommé à quatre rouës, que l'aisle d'vne mouche couuroit : ce merueilleux Nauire equippé de mats, de voiles, & de cordages, d'ancres, de gouuernail, & de toutes ses pieces que l'aisle d'vne abeille couuroit aussi : mais sur tout la sagesse se monstre à bien & efficacemét enseigner la science & la vertu, & c'est son plus haut tiltre. En toute façon la diuine Sapience reluit en ce Sacrement; son ordonnance y est admirable : car quelle plus belle ordonnance peut-on desirer que d'auoir tiré tát de belles figures de téps en temps ; Que d'auoir donné la verité apres les figures, couché les traicts vifs sur les anciens lineaments ? Que de donner apres auoir promis : de donner en la loy la plus parfaicte, vn Sacrement de toute perfection : vn Sacrement de charité en la loy d'amour ? d'auoir dressé aux Nopces de l'humaine

Assembler.
Vn Musicien
Myrmecidés.
Char admirable.
Plin l.7. c. 2 | 39. c.5.
Nauire admirable.
idem.
Enseigner principal effect de la sagesse.

L'ordre gardé en ce Sacrement.

nature auec le fils de Dieu, vn festin nuptial de la chair de ce mesme Fils?

L'assemblage de la diuinité & humanité.

CESTE sagesse est encor icy plus admirable en assemblant: car l'assemblage surpasse tout merueille. Dieu & la nature y sont assemblez, s'y trouuant le corps du Fils de Dieu, en vertu de sa toute puissante parole, son ame par suite du corps auec sa diuinité, & par consequent le Pere & le S. Esprit, & l'entier & sacré senat de ceste diuine Triade, toutes les merueilles sur la nature y sont assemblees, côme nous auons dict: toutes les ames & les corps des fideles y sont assemblez en vn comme plusieurs grains en vn pain, & plusieurs raisins au vin, assemblez comme aigles diuines autour du corps de leur Roy, dict sainct Chrysostome. Mais quelle sapience d'auoir apresté ce diuin morceau si conformement à l'infirmité & capacité de nostre nature, soubs le goust & sentiment du pain & du vin, viande à nous tres-familiere?

Vbi fuerit corpus, illic congregabuntur aquilæ Matth. 24. 28.
s. Chrys. hom 4. in.1.cor.10.

*La sagesse diuine enseignant
en ce Mystere.*

24

LE dernier & plus naïf traict de sagesse, c'est efficacement enseigner. Quelle plus grande sapience, d'auoir icy donné le moyen d'apprendre, d'acroistre & fortifier la foy & la charité: fondement & couronne des vertus Chrestiennes, comme il a esté dict? d'y apprendre l'esperance & les autres vertus? Car mangeant ce morceau nous receurons vne arre de l'immortalité, & comme chante l'Eglise, *vn gage de la gloire future*. Et ne se peut faire que par la presence d'vn si braue chef que nous y croyons fermement, combien qu'il soit inuisible à nos yeux, le courage & le cœur ne nous croisse si nous sommes fideles soldats. Et comme les malins esprits si nous les croyons presens, nous espouuentent encor que nous ne les voyons pas des yeux corporels: par contraire effect & à meilleure raison, sommes-nous enhardis voire éleuez au ciel par la presence que nous tenons certaine, de nostre

Enseigner.

*La foy
l'esperance*

*Futuræ
gloriæ
pignus
datur.
La presence
du chef.
encourage.*

Sauueur: nous apprenons encor icy la religion, la plus noble perle de la iustice Chrestienne, par laquelle nous honorons Dieu, luy prestant l'hommage de souuerain culte deu à sa seule Majesté; ce qui se faict icy auec souuerain appareil: car en premier lieu il luy est offert sacrifice, qui est vn culte de supreme recognoissance, incommunicable à tout autre qu'à Dieu. Et sacrifice non des corps des bestes, comme en la vieille loy: mais du corps de Dieu; auquel il a esté souuerainement honoré, duquel il a esté appaisé, par lequel il a combatu les puissances de ses ennemis capitaux, & en qui il iugera les viuans & les morts. De maniere que le culte est souuerain, & l'offrande ne peut estre plus grande: & comme cet acte de religion est tres-honorable au Createur, aussi est-il tres-salutaire à sa creature, qui receuant ce bien, & ce corps de la liberalité de Dieu, le luy offre en holocauste, en action de grace, en remission des pechez & le remercie de ses dons, par ces propres dons, comme par figure en la loy de nature & de Moyse, les Saincts l'honoroient luy faisans offrande des biens qu'ils auoyent

La religion.

receus de luy. C'est la belle confession de ce grand & deuot Roy Dauid. *Toutes choses sont à toy, & nous t'auons donné ce que nous auons receu de ta main.* 2. paral.29. 14.

Les autres vertus enseignées.

Au mesme Sacrement nous auons la leçon d'humilité, voyás nostre Seigneur paroistre entre nous en habit pauure & familier, & en petit equipage, & moindre beaucoup que Dauid quand il vint au Prestre Achimelec; paroistre reuestu d'vn habit non sien, des especes du pain & du vin, cachant sa robbe de gloire, pour nous estre plus accostable: y auons vne leçon de patience, voyans nostre Redempteur endurer si constammét & si long temps, les iniures que souuét les meschâts luy font par leur mescreance, par leurs pechez, par leurs blasphemes, le foulans aux pieds, le jettans aux flammes, iniurians son nom, encor que ce soit sans lesion de son corps: y auons leçon d'obeyssance, en ce qu'il se trouue present sans faillir à la voix de son vicaire quel qu'il soit, proferant les paroles de sa toute puissance sur le pain & le vin. En somme nous y auons la leçon de toutes les plus hautes vertus, donnees par l'exemple de nostre Redempteur, façon d'enseigner claire & pregnante,

L'humilité.

Dauid. 1. Re. 2.

La patience.

L'obeissance.

L'exemple façon d'enseigner efficace.

de laquelle il vouloit que nous fissions estat, disant, *Ie vous ay donné exemple afin que vous faciez tout ainsi que vous m'auez veu faire.* Il nous auoit donné exemple de bien faire en viuant & en conuersant auec nous par quelque espace de temps: icy il nous donne à tous le patron & l'exemple de ses diuines vertus pour les imiter. Voila les merueilles de nostre Sacrement sans comparaison plus grandes que celles de la Manne, & plus dignes, pour lesquelles nous disons MAN-HV, *Qu'est cecy?* car ny les hommes ny les Anges ne les peuuent assez admirer.

<small>MAN-HV.</small>

Colloque de louange & d'action de graces à Dieu.

25

QVe reste-il donc, ô Seigneur trespuissant, tres-bon & tres-sçauant, sinon éleuer nos cœurs à la contéplatiõ de ce vostre diuin Sacremét, & y admirãt les merueilles de vostre grandeur, vous rédre graces immortelles de vos biensfaicts immortels? mais qui pourra digne mét cõtépler le prix & l'excellence de ce benefice, si vous ne dōnez yeux & lumiere pour le voir? & quelle lāgue sera suffisante pour vous en dire grand-mercy? Moyse considerant vos biens-faicts & entonnant vos loüanges, disoit, *Que la* *terre oye les paroles de ma bouche, Ma doctrine degouttera comme pluye, ma parolle distillera comme rosee: comme la pluye delièe sur l'herbe, & comme la forte pluye sur la verdure. Car i'inuoqueray le nom du Seigneur Dieu: donnez magnificence à nostre Dieu: les œuures de Dieu puissant sont parfaictes : car toutes ses voyes sont iugement.* C'est icy où il seroit besoin d'vn tel Orateur & d'vn tel langage: car c'est pour haut-loüer vn don qui surpasse tous ceux que les Hebrieux receurent iamais : & magnifier vne œuure qui porte toutes les marques de perfections diuinement grauees de la main ouuriere d'vn Dieu tout-puissant, tout bon, & tout sage: mais quād bien Moyse seroit present, & que son langage fust la mesme eloquence, si se trouueroit-il court, pour dignement parler icy de vostre Majesté, ô Seigneur. La langue des Anges begaye en ce mystere icy, & nous y demeurons muets à mesure que nous en voulons plus dire. Nostre plus forte loüange, c'est l'humble confession

Deut. 32.

de noftre infuffifance, & noftre plus grand effort eft d'y côtempler en filence voftre grande vertu, d'y admirer auec refpect, voftre admirable fageffe, d'y remercier auec amour, voftre infinie bonté! Ce que nous defirons faire ô doux IESVS, tout le temps de noftre mortelle vie, afin qu'ayans bien recogneu le benefice de cefte Manne & merueilleufe pafture de noftre pelerinage, nous puiffions iouïr de celle que vous tenez cachée pour la vie future & patrie celefte, és threfors de voftre felicité.

Manne cachée, la vie eternelle. Apoc. 2. 7.

LES PAINS DE PROPOSITION.

LES PAINS DE PROPOSITION.

Es douze Pains *Douze.*
mis sur table, six à
chasque bout, a-
pylez l'vn sur l'au-
tre, & vne fiole
d'or au dessus plei-
ne d'écens tres-pur, sont ceux que
l'Escriture appelle les Pains de Pro
positió ou Pains des faces, comme *Pains des*
qui diroit Pains exposez & mis en *faces.*
lieu public & sacré deuāt la face de
Dieu : il y a soubs ce nom vn double mystere caché que le pinceau
n'a sceu exprimer. Ils sót faicts par
les seuls Prestres, de tres-pure fari-

P

ne, pesans enuiró huict liures chascun, tous Pains de riue & bien apprestez, mais ny moufflez ny gueres gros eu esgard à leur poids, à

Saus leuain. cause qu'ils sont sãs leuain. On en offre toute la sepmaine, & les faut renouueller pour chasque Samedy & en soubstituer de tous chauds: ceux qu'ō enleue cedent à la nourriture des Prestres. Ils sont douze, parce que c'est l'offrāde de tous les enfans d'Israel departis en douze lignées, par laquelle ils font vne commune action de graces, reco-

La table de Setin. gnoissans leur vie & conseruation, venir de sa Majesté. La table ou ils sont posez, est faicte de Setin, bois precieux & incorruptible: elle est longue de deux coudeés, & large d'vne, toute dorée de fin or, & en-

Sa longueur & façon. richie d'vne corniche d'or aussi, qui regne tout à l'étour, orlée d'vne double couronne de quatre

DE PROPOSITION. 227
doigts de large, l'vne deſſus, l'autre
deſſoubs. Elle eſt poſée ſur deux
treteaux faicts de meſme bois, lógs
d'vne coudée & demie, quarrez & *Le lieu de la*
appoinctez ſur des pieds taillez à la *table des*
dorienne. Son lieu eſt au Septen- *Pains.*
trion du coſté droict du Sanctuaire, ayant à gauche vers le Midy, le
chandelier d'or à ſept lampes, &
entre-deux l'Autel des parfums.
Maisqui eſt ce braue Cheualier ac- Dauid
cópagné de certains argolets qui 1. Reg. 21.
parlemente auec Achimelec le
grád Preſtre, gardien de ces Pains,
& comme il ſemble tout eſtóné de
le voir? C'eſt ſans doubte le vaillát
Dauid, qui fuyát la fureur de Saül
eſt venu en la ville de Nobe à la
haſte & à la deſrobée, & demande
quelque choſe a manger, car il eſt
preſſé de la faim, Achimelec igno-
rant du cas & tout esbahy de voir
ſi à l'imporueu auec ſi petit train,

p ij

vn des plus grands Capitaines & Princes de la Cour du Roy, luy parle auec eſtonnement & luy declare qu'il n'a rien que des Pains de propoſition dediez au ſeul vſage des Preſtres, neantmoins qu'il en pourra manger en telle neceſſité auec ſes gens, moyennát qu'ils ne ſoyent immondes d'aucune ſaleté nommément de femmes. Dauid repart que s'il ne tient qu'à cela, ils n'ont aucun empeſchement pour n'auoir touché leurs femmes de pluſieurs iours. Au moyen dequoy il en va prendre ſa refection, & ſi emportera encor le coutelas de Goliat cy deuant par luy dedié & laiſſé en la maiſon de Dieu, où il pend enueloppé d'vn linge ſacré, C'eſt pour en vſer aux guerres de Dieu & en tailler, en pieces les ennemis de ſon nom.

Le coutelas de Goliat

LE CORPS DV SAV-
VEVR CONCEV DE LA
*Vierge par l'operation du S. Esprit,
signifié par les Pains de proposition
paistris de farine tres-pure sans leuain.*

I

Es Pains & ces offrandes figuroient iadis nostre Eucharistie que nous auons declaré estre le vray pain. Mais n'y auoit alors que les esprits releuez entre les Iuifs qui penetrassent le secret du mystere caché : maintenant il est aisé à tout Chrestien de le voir, estant l'escorce desployée & le rideau de la figure tiré. Il ne faut que ietter les yeux aux lineamens anciens pour recognoistre la verité presente.

Les Pains de proposition figure de l'Eucharistie.
S. Cyril. Hierosol. catech. myst. 4.
S. Hiero. in l.1 in c. 1. ep. ad Tit.

LA farine tres-fine & sans leuain dont ces Pains estoyent paistris, signifioit le corps de IESVS-CHRIST conceu

Sans leuain.

par l'œuure du sainct Esprit, de la trespure substance de la Vierge: sans leuain, c'est à dire sans peché originel ny corruption aucune: car le leuain en l'Escriture signifie quelques fois malice & infectió. Ainsi parle le Sauueur à ses Apostres disãt. *Gardez-vous du leuain des Pharisiés & du leuain d'Herodes qui est hypocrisie*: ce dit-il ailleurs. De mesme façon de parler S. Paul dict. *Mangeõs non en leuain vieil, ny en leuain de mauuaistié, & de malice, mais en pain sans leuain de pureté & de verité.* Le pied de la similitude est en ce que comme le leuain altere & enaigrit la paste: ainsi le peché change, enfle, & corrompt la beauté & repos de l'ame. Les Pains donc sans leuain sont marques du corps du Sauueur conceu sans alteration de malice. Ils estoyent appellez Pains des faces ou à deux faces, & marquoyent deux mysteres en ce nom, cõme prophetiquemẽt ont escript les anciens Hebrieux, nomméement le Rabbin Ionathas qui viuoit long temps deuant la venuë du Sauueur. Les mysteres sõt qu'au sacrifice futur du corps du Messias il y auroit changement d'vne substance en vne autre, comme d'vne face en vne autre. Ité, que deux na-

Leuain malice.

Des Pharisiens.
Matth. 16. 6.11.
Marc. 8. 15.
Luc. 12. 1.
D'Herodes.
Marc. 18. 5.
1. Cor. 5. 6
Effect du leuain.

Rabbi Ionathas in c. 25. Exod. Gal. l. o. c. 6.

tures & deux faces, la diuine & l'humaine, seroient assemblées en la personne d'iceluy Messias offert & sacrifié sous la figure, espece, & face du Pain, & en la substance de la chair: & partāt les Pains sacrez de la table du Sauueur sont veritablement Pains de deux faces & de deux natures, contenans lesdicts mysteres en verité, cōme ceux-là les contenoyent de nom & en figure. Ils estoyēt offerts tous les iours, pour les enfans d'Israël par les Sacrificateurs Iuifs, cōme le corps du Sauueur par les Prestres Chrestiens pour tous les Chrestiens en la Messe. Les seuls Prestres Iuifs les faisoyent, les seuls Prestres Chrestiens aussi font le Sacrement & sacrifice de ce corps : car à eux seuls est donné ceste puissance priuatiuement à tous autres seruiteurs de la maison de Dieu, soient-ils hommes ou Anges.

offerts par le Prestre.

Faicts, par les Prestres.

p iiij

*Comment le corps du Sauueur est of-
fert tous les iours, & renouuellé
toutes les sepmaines.*

E corps est offert tous les iours en la Messe, & reserué à l'instar des Pains de proposition pour les enfans de Dieu, en memoire de la mort du Sauueur, & action de graces des biens qu'il nous faict pour le soustien tát de l'ame que du corps. C'est nostre vray pain sepmanier & quotidien, dit S. Cyprien & les autres Docteurs de l'Eglise, que luy mesme nous a enseigné luy demander. Il est renouuellé vne fois la sepmaine : car encor qu'il soit offert tous les iours, c'est principalement au Dimanche, iour de repos des Chrestiens, substitué au Sabat des Iuifs, auquel on s'asséble en l'Eglise pour renouueller l'offráde d'iceluy corps, auec vne chaude & recente deuotion en l'assemblée de toutes les ames fideles. C'est tousiours vn mesme corps immortel & glorieux, mais il est renouuellé & multiplié, parce qu'il se trouue en plusieurs & nouuelles especes du pain & du vin.

Nostre pain quotidien.
Matt. 6. 9.
Luc. 11. 3.
L'Eucharistie.
S. Cyp. l. de or. domin.
S. Amb. l. 5. de sacra. cap. 4. & S. Aug l. 2. de ser. do. in monte. c. 12.

Le commencement & la fin de la communion est la charité, l'oraison & contemplation.

3

LEs Pains de proposition reposoyent sur la table dorée, & sur le dernier d'iceux, cóme sur le tout estoit posée vne fiole d'or pleine d'encens tres-pur: laquelle ceremonie nous enseigne que le corps de nostre seigneur veut reposer en vne ame reuestuë de charité qui est l'or du temple de Dieu: & que la fin & la cime de la cómunion de ce corps, doit estre l'oraison & contemplation interieure, signifiée aussi par la fiole d'or, & par l'encens posé sur les Pains. Car la fiole & l'encés, en la saincte Escriture, marquent la priere des Saincts: & l'or le plus precieux metal de tous, nous denote l'amour & charité celeste, la plus noble affection de l'ame, & de laquelle la celeste Hierusalem est enrichie, & d'icelle toutes les œuures Chrestiennes doyuét estre composées, ou pour le moins estoffées, nómeemét la communion de ce Sacrement, Sacrement d'affection & d'amour.

La fiole d'or sur les Pains L'ENCENS. L'oraison Psalm. 140. 2. Apoc. 5.8.

Sacrement d'amour.

Le corps du Sauueur signifié par la table des pains de proposition.

4

La table excellente en matiere & en façon.

LA table des pains faicte de bois de Setin, matiere incorruptible, dorée par tout de fin or, couronée d'vne double courône, & façonée d'vn merueilleux artifice iusque aux pieds des treteaux, signifie le mesme corps du Sauueur conceu, cōme venons de dire, de la substāce de la Vierge, nette de toute corruption, & doüée de toute sorte de perfections qui peuuent estre en vn corps humain : à la sēblāce de ceste table excellēte en matiere, & admirable en façon. IESVS-CHRIST donc celeste Pain repose en IESVS-CHRIST, comme le Pain de proposition reposoit sur ceste table : &

Iesus-Christ est l'Autel, l'offrande & le Sacrificateur ensemble.

est offert par luy-mesme, comme ces Pains anciens par le Prestre Achimelec : de maniere qu'il est ensemblement l'offrande offerte, la table portant l'offrande, & le prestre la distribuant, en ce sacrifice non sanglant : tout ainsi qu'il estoit au sacrifice sanglant de la croix, la victime, le Sacrificateur, & l'Autel : l'Agneau offert, le Prestre offrant, & la pierre portant l'holocauste bruslé au sacré feu de sa charité infinie.

Signification du Chandelier.

5

CESTE table est au Sanctuaire du costé du Nort, ayant le chãdelier d'or à sept lampes, du costé gauche vers le Midy, & l'Autel des parfums tout auprès tenant le milieu entre le chandelier & icelle table. Ces choses & leur posture portẽt mystere. Le chãdelier signifie la clarté & la cognoissance que l'on peut auoir de Dieu en ce monde, ou bien IESVS-CHRIST mesme illuminant son Eglise par les sept dons de son Sainct Esprit, comme par sept lampes & sept estoilles, & sur tout luy faisãt voir le mystere du Sacremẽt de son corps, l'excellence duquel ne peut estre bien entenduë sans grãde lumiere d'enhaut & sans grande foy & sagesse diuine. Ceste cognoissance de Dieu & ce mystere, à esté premieremẽt communiquée aux Iuifs, esclairez au Midy de la loy, & donné aux Chrestiens iadis idolatres signifiez par le Septentrion, ou le chef des rebelles

Le chandelier, la cognoissance de Dieu.
S. Thom. 1.
2 q. 102.
art 1.
Le chandelier.
IESVS-
CHRIST.
Clemens
Alex.
Stro l. 5.
S. Greg 5.
Ezechiel
hom. 6.
Hesych. 5.
Leuit. 24.
Ascendam.
Esa. 14. 14.

auoit faict l'assiette, & le throsne de son orgueil. Et partant la table des vrais Pains de propositiõ est au Septentrion au costé de l'Eglise composée des Payens en la loy de grace: car c'est elle en qui a esté dressée en effect la table du corps du Sauueur, vray Pain du ciel, & aux Iuifs seulement en figure.

Le cœur du iuste, l'Autel des parfums.

6

L'Autel des parfums, qui estoit entre le chandelier & la table des Pains, & sur lequel on brusloit à Dieu, soir & matin les tres-soüefues odeurs, signifioit, dict Philon Iuif, la memoire que l'on doit auoir des biens receus de la diuine bõté, & l'action de grace qu'on luy en doit faire. Cet Autel estoit dedans le Temple, ayant deuant soy l'Arche d'Alliance, cachée plus auant au SAINCT DES SAINCTS: & aupres soy il auoit l'Autel des holocaustes, où l'õ sacrifioit les bestes à la porte du Temple, de maniere que toutes ces choses faisoyent en leur posture, vne croix, ou vn hõme estẽdu

Soir & matin.
Exod. 30.
7. & 8.
Glosa ibid.
L'autel des parfums, memoire des biens receus de Dieu.
Philo Iudæus, Quis rerum diui. fit hæres. & l. 3. de vita Moysis.

DE PROPOSITION. 237

en croix. L'Arche estoit au lieu de la teste : vers l'Occident, l'Autel des holocaustes, des iambes & pieds vers l'O-
rient : le chandelier, du bras & costé
gauche tirant au Midy : la table aux
Pains de proposition, du bras & costé
droict, regardant le Nort : & l'Autel
des parfums, de la poictrine & du cœur
Cest Autel interieur est nostre cœur.
L'Autel de Dieu, dict Sainct Gregoire,
est le cœur du iuste, auquel le feu diuin doit
tousiours brusler, parce que d'iceluy, il faut sans
cesse attiser la flamme de charité enuers Dieu.
Et Sainct Augustin dict, qu'en chasque
vray Chrestien y doit auoir deux Autels, l'vn
en l'ame, respondant à l'Autel interieur du
Temple : l'autre au corps, respondant à l'Autel exterieur des holocaustes, c'est à dire que
quiconque veut porter dignement le
nom de Chrestien, il doit estre pur en
l'ame & chaste au corps. C'est donc en
cest Autel regardant l'Arche d'alliance
figure de IESVS-CHRIST, voisin de
la table des Pains proposez, que nous
deuons rendre graces à Dieu : mais dequoy & comment ?

L'arche, la teste.
L'autel de l'holocauste, les pieds.
Le chandelier & la table, les bras.
Le cœur du iuste, l'Autel de Dieu.
S. Greg.
l. 25. moral.
c. 7. & l. 3.
expos. in
1. Reg. c. 5.
S. Aug. ser.
de temp.
255.

Dequoy & comment nous deuons remercier Dieu.

Action de graces signifiée par l'Autel des parfums.

7

NOvs entendons dequoy & cõment il nous faut remercier Dieu, par la cõposition du parfum qu'õ brusloit dessus cest Autel materiel. Les ingrediens du parfum estoiẽt quatre, meslez à poids esgal à sçauoir la goute & parangon de MYRRHE, c'est à dire la plus precieuse liqueur degoutant de la Myrrhe: l'Onyche, genre de petite coquille: le Galban odoriferant, chasse serpens: & l'Encens masle & trespur. Ces quatre ingrediens faisoient les marques des quatre parties de ce mõde visible, ce dict le docte Philon. La MYRRHE, qui distille signifiant l'eau: L'ONYCHE, terrestre & seche, la terre: le GALBANON odoriferant, l'air: L'ENCENS transparent & montant, le FEV. Le parfum donc de ceste composition c'est vne leçõ, nous mettant deuant les yeux tout le mõde és hieroglyfes de ses parties, & nous enseignant vne generale recognoissance des biens que receuons de Dieu: premierement

La MYRRHE.
L'ONYCHE.
Le GALBAN.
L'ENCENS.

philo l. Quis hære-rer.rer.diui.

des corps & de la nourriture du monde creé: mais souuerainement du corps de son Fils, aliment infiniemét plus digne que mille mondes, corps donné vne fois en l'Autel de la croix par sacrifice sanglant, & en l'Autel de son Eglise, iusques à la fin du monde, par sacrifice nō sanglant, soubs les especes du pain.

Les vertus necessaires pour dignement remercier Dieu : & le iuste examen de nos exactions.

8

CE mesme parfum nous appréd auec quel appareil nous deuōs faire ceste action de graces: car ces quatre ingrediés aromatiques meslez ensemble pour faire de la poudre à parfum, nous enseignent qu'il faut recognoistre & remercier la diuine liberalité auec l'accord & misture des plus belles vertus, de foy, d'esperance, d'oraison, de chasteté, de charité & autres plus belles vertus Chrestiennes. *Nous faisons* dit S. Gregoire, *le parfum de la cōpositiō aromatique, lors qu'en l'Autel des œuures sainctes nous donnons bonne odeur de pureté, par la mixteure & mutiplicité de plusieurs*

Glos. or. in Exo. 30.

Meslange des drogues, accord des vertus. Parfum spirituel.

S. Greg.

vertus: car l'encens de bonne odeur, est donné plus sinceremët à mesure qu'vne vertu est ioincte auec l'autre. Or les ingrediens pour estre bien mixtionnez deuoyent estre pilez & reduits en poudre: laquelle pul- *Puluerifer* uerisation enseigne l'examen diligent *nos actions* qu'il nous faut faire de nos actions & comportemens, afin de ne nous tromper en gros en la mescognoissance de nous-mesmes. *Puluerifer les drogues aromatiques*, dict le mesme Docteur, *c'est* S. Grego. *cõsiderer & toucher par le menu nos vertus & œuures, & les reduire à la subtilité d'vn examë occulte & secret: car c'est ainsi qu'elles doiuent estre mises deuant le Tabernacle de Dieu pour luy estre de plaisante odeur.*

Souueraine recognoissance deuë à Dieu seul, donnée en l'Eucharistie.

9

IL estoit defendu d'employer ce parfum pour autre que pour Dieu. Cela signifioit que l'action de grace que nous deuons à Dieu, est supreme & incommunicable à la creature, & qu'autremët nous remercions Dieu & autrement

DE PROPOSITION. 241
nent les Sainɗs, & autres bien-fa-
ɗeurs. Dieu par adoration & latrie,
comme ſouuerain, les autres par vn culte moyen comme inſtrumens de ceſte
ſouueraine bõté. Or ceſte ſignification
d'action de grace ſupreme, eſt tres-con- *Supreme*
uenable à noſtre Sacrement & ſacrifi- *actiõ de gra-*
ce, ſignifié par les Pains de propoſition; *ce ſe fait en*
car en celuy eſt faicte ſouueraine me- *l'Euchari-*
moire du ſouuerain benefice de noſtre *ſtie.*
redemption, & graces renduës à Dieu
auec ſouueraine magnificence, à ſçauoir auec l'offrande du meſme corps
qui nous a racheptez : offrande infiniement agreable à la diuine Majeſté. C'eſt
pourquoy ceſte action eſt appellee
EVCHARISTIE, bonne grace, ou *Euchariſtie.*
action de grace, prenant ſon tiltre & ſon
nom plus commun & plus illuſtre, de
ſon plus digne & plus remarquable
effect.

Le corps du Sauueur viande
des ſanctifiez.

10

OR ces Pains n'eſtoient mangez
que par les Preſtres & Leuites,
gés ſanctifiez du ſeruice & train
du Sanctuaire; par laquelle ceremonie,

q

le sainct Esprit nous figuroit que les Chrestiens doiuent manger le Pain de la table Chrestienne auec singuliere pureté, s'ils le veulent manger vtilemét, & que chascun doit auoir en ceste action, l'ame ornee d'vne saincteté sacerdotale, parce qu'il fait en icelle en certaine façon l'office de Prestre ; car il offre le corps de IESVS-CHRIST, auec IESVS-CHRIST, & auec son Vicaire officiant, il mange le pain posé & offert sur la table sacree, & en ce tiltre S. Pierre appelle tous les Chrestiens Prestres & Rois ; *gent saincte & Royale sacrificature.* Car encore que les lais n'ayent point le charactere de Prestre parlant proprement, non plus que de Roy, ils sont neantmoins appellez en general Prestres & Rois à la susdite façon, & entant que tels ils sont sanctifiez ayans droict de manger le Pain sanctifié.

Les Chrestiens Prestres.
1. Pet. 2, 9.

Que signifioit la table des Pains de proposition & les chandeliers multipliez par Salomon.

11

OR il ne faut passer soubs silence que Salomon fit long temps apres dresser au Temple qu'il edifia, dix tables des Pains de proposition, & dix chandeliers d'or, decuplant le nombre; cinq tables & cinq chandeliers au costé gauche de l'Autel des parfums vers Midy, & cinq au costé droict vers le Septentrion, au lieu que Moyse n'auoit mis qu'vne table au Septentrion, & vn chandelier au Midy, estant l'Autel des parfums au milieu, ainsi qu'il a esté declaré. Ce surcroy & magnificence mysterieuse signifioit que la lumiere de la foy & la nourriture spirituelle des ames fideles, seroit sans comparaison en plus grande abondance, du téps du vray Salomon IESVS-CHRIST en l'Eglise bastie par luy, qu'elle n'auoit esté en la loy de Moyse; & c'estoit bien la raison aussi, puisque luy, le Soleil esclairant & le vray Pain celeste, estoit descendu en terre pour y faire l'Esté, &

Dix tables et dix chandeliers.
3. Reg. 7. 49
2. Paral. 4. 8

La lumiere & la viande de la foy.

apporter la clarté du Midy aux mysteres diuins, donnant la grande moisson par tout le monde & les Pains de proposition surgeonnás en abondance de l'vnique Pain de son corps, comme par le S. Hierosme. S. Iean en son Apocalypse declare par vne autre allegorie, la splendeur que Salomon auoit figuree par ces chandeliers, quand il dit qu'il *a veu vne femme affublee du Soleil.* sous ce nom de femme entendāt l'Eglise, & par le Soleil signifiant la grandeur de la lumiere spirituelle dont elle est assistee en la loy de grace. Malachie aussi auoit predict que par toute la terre on offriroit l'oblation monde, c'est à dire, que le corps du Fils de Dieu & le Pain celeste seroit offert & distribué en abondance en la maison de Dieu, qui est ce que Salomon auoit encor signifié dressant dix tables, nombre de generalité, & ce au temple de Dieu, figure de l'Eglise.

S. Hiero. in c. 40. Ezec.
Apoc 12.1.

Malac. 1.

La pureté du corps necessaire à la saincte communion.

12.

MAIS que signifioit cest aduer- *1. Reg. 21.* tissement d'Achimelec offrant à Dauid, & à ses gens, le sacré Pain, à la charge qu'ils n'eussent touché femmes? Il signifioit ce que nos saincts Docteurs enseignent, à sçauoir, que pour se presenter à la table de nostre Pain de proposition, il faut auoir non seulement l'ame pure de peché & ornee *L'ame & le* de vertus, comme il a esté dict, mais en- *corps chastes* cores le corps net de soüillure. *Achime- ment prendre* *lec*, dit S. Hierosme, *ne voulut point donner le corps du* *les Pains de proposition aux gens de Dauid, que Sauueur.* *premierement il n'eust ouy qu'ils n'auoient ap-* *proché leurs femes de trois iours*. Quelle dõc doit estre la chasteté des Chrestiés voulans vser de la table du Sauueur qui est son propre corps? corps vierge & conceu d'vne Vierge, source & thresor de toute pureté, & infiniment plus pre- *Difference* *des Pains de* cieux que les Pains de proposition? Il y *proposition* a, dit le mesme Docteur, *autãt de difference* *auec l'Eu-* *entre les Pains de proposition, & le corps de* *charistie.* *Christ, comme entre l'ombre & le corps, l'image* *S. Hiero in* *l. 1. in c. 1.* *ep. ad Tit.*

& la verité, les figures des choses à venir & les choses representees par les figures passees. C'est pourquoy les Apostres & leurs successeurs ont sainctement ordonné que les laiz qui veulent communier s'abstiennent de leurs femmes pour le moins trois iours deuant & autant apres la cōmuniō: & que les Prestres qui communient tous les iours & manient ceste chaste & diuine chair, viuent sans femme, & soient à guise d'Anges chastes toute leur vie.

Ordonnances des Apostres.
In concil. Eliber. apud Gratia. d. 2. omnis. de consecr. & Concil. Cabil, can. 46.

Ceux qui communient sainctement prennent forces & armes de la communion.

13

Evx donc qui mangent ce vray Pain de proposition au parangon de Dauid ayās l'ame nette & le corps, sont non seulement rendus plus forts pour faire teste aux tentations de Satan, & resister à la concupiscence; mais encor prennent le coutelas de Goliat, prennent mesmes sur leurs ennemis addresses & armes propres pour vaillamment assaillir & mener les mains és combats

Le coutelas de Goliat.

du Seigneur, & tailler en pieces les troupes de Satan, du monde & de la chair, & gaigner la victoire d'vn victorieux combat.

Bresue exhortation à la pureté pour se presenter au S. Sacrement.

14.

MAIS helas! combien est petit le nombre de tels combatans? Combien peu y a-il qui se presentent à ceste diuine table auec le respect & la netteté que le pontife Achimelec requeroit de Dauid, & de ses gens, pour ses Pains de proposition ombres & figures du nostre? Combien peu qui imitent la saincteté de Dauid & de ses soldats en ce celeste banquet? Combien peu qui imitent celle de nos peres anciens & de nostre mere l'Eglise naissante? Que sommes-nous deuenus? Que faisons nous? A quoy pensons-nous? Où auons nous laissé eschapper ceste antique ardeur à nous communier; & ceste antique saincteté des premiers Chrestiens pour nous bien communier? Qu'est deuenuë la chasteté de ceste Chrestienté premiere? Où voit-on

q iiij

comme iadis la presse des belles ames, sainctement amoureuses de cet espoux, & sobrement gourmandes de ce sien festin ? S'il y en a encor, comme il ne faut pas douter qu'il n'y en ait plusieurs milliers cachez dedans l'oratoire du Sanctuaire de la maison de Dieu, le nombre pourtant en est tousiours petit au prix de celuy qui a esté & qui deuroit & pourroit estre, si nous auions le courage & le goust de nos deuanciers. Venez y donc & preparez vous y, ô ames fideles prenez vos habits nuptiaux pour vous presenter à l'Espoux souueraine sagesse ; aguisez l'appetit de vos cœurs ;

Prouerb. 9. approchez vous de la table qu'il vous a preparee ; mangez le Pain vif qu'il vous a assaisonné, le vin celeste qu'il vous a meslé ; Pain qui donne la vie eternelle, vin qui vous abbreue de la felicité ; remplissez le festin ; il y a encor des places vuides, & accroissez vostre gloire faisans croistre le nombre des inuitez.

L'OBLATION DES PREMICES.

L'OBLATION DES
PREMICES DE LA
Pentecoste.

OVR bien entendre comment ceste assemblee celebre le sacrifice des Premices, il vous faut conceuoir la forme du Temple, où elle le fait. Le Temple des Iuifs vulgairemét, c'est ce grand enclos de murailles ayant cinq cens coudees en quarré dans œuure; mais parlant propremét c'est la maison bastie dans iceluy clos vers le bout de l'Occident, magnifiquement couuerte, large & haute de vingt coudees,

Le Temple Ezech. 40. & 41.

& longue de soixante ; diuisee en deux membres ; le premier desquels est de vingt coudees de longueur, le plus sacré ; car c'est le SAINCT DES SAINCTS, lieu de l'Arche d'alliance, où personne n'entre que le souuerain Pontife vne fois l'an. Le second a de longueur les quarante coudees restantes, & en iceluy est posé l'Autel des parfums vis à vis de la porte du premier Sanctuaire, ayant de chasque costé cinq chandeliers d'or, & cinq tables aux Pains de proposition, comme ailleurs auôs dit. A cest Autel chasque Prince des Prestres offroit encens à Dieu à tour d'office, soir & matin, à la façon que fit Zacharie pere de sainct Iean. Le reste du clos, est sans toict, diuisé en deux grandes cours ou paruis, estant chascun lõg & large de cent coudees, borné du costé

marginalia:
LE SAINCT DES SAINCTS.
LE SAINT.
L'Autel des parfums.
Au tableau des Pains de proposition.
Zachar. Luc 1.
Les paruis.

DES PREMICES. 253
du Midy & du Septentrion de certaines maisős, appellees Gazophylaces, comme qui diroit Thesaureries. Ce sont habitations des Prestres & Leuites, & lieux à garder les thresors sacrez, ayans apres des allees & petites murailles employees au reste de l'espace. Le premier paruis separé par vne petite muraille du second, ayant vn portail au milieu, c'est le lieu où les Prestres font les sacrifices sur ce grand Autel, qui est vis à vis du Temple, où vous voyez cinq cuuiers à dextre, & cinq à senestre, pleins d'eau à lauer les entrailles & pieds des victimes. Et du costé gauche ioignāt la muraille de separation prés le portail vne cuue de fonte appellee mer, à cause de sō enorme capacité: car elle a dix coudees de diametre & cinq de profōdeur. Et c'est la fontaine où les Sacrificateurs lauēt

Gazophylaces, i. Thesaureries.

Le premier paruis.

Cuuiers.

Mer.

L'OBLATION

pieds & mains, voulás faire leur sacrifice. Le second paruis est le lieu des laiz, & ce petit siege éleué au milieu d'iceluy en forme d'eschafaut, c'est vn haudet d'airain, quarré de cinq coudees, & haut de trois, où Salomon & les Roys des Iuifs apres luy se tiennent durant le seruice.

OR ceste grande multitude d'hommes, qui sont au premier paruis, ce sont les Prestres & Leuites. Et cette autre qui est au secōd, c'est le peuple, illec tous asséblez pour la solemnité de la nouuelle oblation des Premices de la moisson & feste de la Pétecoste : en laquelle oblation apres plusieurs sacrifices sanglans, à sçauoir de sept agneaux, de deux moutons, d'vn boūueau, offerts en holocauste; & d'vn bouc offert pour le peché, on offre à Dieu deux Pains de fromét

Le second paruis.

Le haudet ou eschafaut du Roy.
2. Par 6.13.

Sacrifices preallables des Premices.

DES PREMICES.

auec deux agneaux en hosties pacifiques, c'est à dire d'actió de graces, ayant chascun contribué l'offrande de ses Premices aux Prestres selon la loy. Au premier paruis il n'y a que les Prestres: au second les femmes sont separees des hommes en vn oratoire à part. Et tous tant hommes que femmes voyét ou tout ou en partie le sacrifice, qui se fait au paruis des Prestres; parce que l'Autel est éleué à dix coudees de hauteur, & les murailles de separation des paruis, à trois seulement. Ils oyent encor plus aisement la voix des Prestres, des instrumens de Musique, & des trompettes, qui iouënt pendāt que le sacrifice brule. Les sept agneaux, le veau gras, les deux moutons sont ja consommez par le feu sans aucune reserue, sauf leurs peaux; car c'est vn holocau-

L'autel des holocaustes haut de dix coudees, 2.Paral. 4.1. & de quinze du temps du Sauueur. Ioseph.l.5. de bello Iud. c. 14.

ste, c'est à dire sacrifice tout brulé, genre de sacrifice, qui se fait tout à Dieu sans en reseruer rien ny aux Prestres ny aux laics. Le bouc est aussi tout reduit en cendres, parce qu'il est faict en commun pour le peché du peuple : car s'il estoit pour vn particulier, vne partie de la victime seroit gardee aux Prestres par la loy du sacrifice propitiatoire, qui leur donne ce droict.

Les Prestres mangent les pechez. Ose. 3. 8.

C'est pourquoy l'escriture dit, qu'ils mangent les pechez du peuple, c'est à dire les sacrifices offerts pour le peché du peuple.

L'oblation des Pains.

LES deux pains qui font le corps & le cœur de ce sacrifice, sont paistris de fine fleur de froment, comme les Pains de proposition, mais de paste leuee, au lieu que ceux-là estoient sans leuain, qui est vn ombrage mysterieux. Ils sont formez en gasteaux ronds, le Pontife les offre

Leuez.

Ronds & plats.

offre maintenant à Dieu, les esleuát au Ciel par remarquable ceremonie auec les agneaux posez dessoubs, & les tournant du Midy au Septentrion, & du Leuant au Ponant, & prie Dieu auec ces paroles. *Regarde ton Sanctuaire Seigneur,* Parolles du Sacrificateur. *& de ta saincte habitation du Ciel,* Deut.25.15. *& beny ton peuple Israël, & la terre que tu luy as dönée, ainsi que tu l'as iuré à nos Peres, terre ayant affluence de laict & de miel.* Apres ceste éleuation, il retiendra les pains & les agneaux pour son droict. Tout le monde est en prieres & deuotion, adorant la Majesté diuine, implorant sa misericorde, & rédant graces à sa bonté, non sans mōstrer les élancemés interieurs de l'ame par les mouuemés exterieurs & gestes du corps. Celuy là leue les yeux au Ciel, cestui-cy frappe sa poictrine, l'autre ioinct les mains, plu-

r

sieurs inclinent la teste & flechisset le genoüil: les vns ont les yeux fichez à l'Autel, fumant encor du sacrifice des victimes bruslées: les autres aux gestes du Prestre esleuāt si ceremonieusement les pains posez dessus les agneaux: quelques vns sont attentifs aux pains & agneaux mesmes : mais on ne peut pas bien voir la contenance du visage ny les mouuemés des mains & des yeux, d'autant que tout le monde regarde à l'Autel, & presque tous sont peincts à dos & peu à pourfil, & moins encor à front. Mais par ce peu qu'on en voit, on coniecture bien que les plus spirituels iettent leur pésée au mystere caché soubs l'escorce de la ceremonie. Car ils sont aprins que leur loy est vne lōgue tissure de plusieurs peinctures enseignāt la verité de ce qui se fera du téps du Messie. Au moyen de-

La loy des Iufsfigure.
1. Cor. 10.

quoy ils ne regardent pas tát l'appareil des sacrifices des bestes & des pains nouueaux, que ce qui est signifié par iceux. Et ne faut pas douter que Dieu ne face voir à plusieurs, la future lumiere de la loy de grace. Certes à cõtempler le visage de ce Prestre vieillard peinct à frõt, au costé droict de l'Autel, leuát les yeux au Ciel & ioignát les mains, tout rauy & tout extasié, on collige qu'il a eu quelque secrette reuelatiõ du grãd biẽ que Dieu promet aux siecles à venir, par la feste de ce sacrifice des pains nouueaux, & qu'il en glorifie en son ame la diuine Maiesté, desireux si tel eut esté le bon plaisir de Dieu, d'estre viuát sur la terre parmy ses enfás, en icelle saison: & ensemble qu'il dict en sõ cœur tout cecy. O Dieu d'Israël ,, que vous estes grand, magnifique, ,, & admirable és œuures de vos ,,

r ii

» mains! grand à faire des choses
» grandes, magnifique à obliger les
» hommes par les grands biens, &
» admirable à choisir les temps &
» saisons à bien faire: vous auez à la
» seule iussion de vostre viue parole,
» creé de rien le Ciel & la terre, &
» tout ce qui est entre-deux, pour
» en faire present à l'homme vostre
» creature, & ne cessez de l'obliger à
» tous momens, de nouueaux bien-
» faicts: vous auez en particulier as-
» sisté de mille benedictions ce vo-
» stre peuple Hebrieu, luy rompant
» de main forte les cadenes d'vn cru-
» el seruage, le retirant d'Egypte, &
» de la tyrannie de Pharaon : luy
» donnant l'appennage d'vn pays
» de laict & de miel, vrayes delices
» de la terre, & le faisant depositai-
» re de vos sainctes loix & secrets:
» ce sont à la verité de grands effects
» de vostre bonté: mais ie voy qu'el-
»

DES PREMICES. 261 "
le se va estendre sans mesure plus "
que iamais aux siecles & peuples "
futurs, non seulemét de la Palesti- "
ne, mais de tout l'vniuers, lors que "
le Redempteur Messias, que vous "
auez promis, que nous attendons, "
& que ces sacrifices nous figurent "
& predisent d'vn langage secret, "
sera venu se sacrifiant soy-mesme "
en offrande de pain nouueau, & "
viande d'immortalité! ô temps "
heureux qui verras naistre ce Sei- "
gneur! ô peuple heureux, qui se- "
ras son peuple, conduit par ses "
loix & viuant de sa table! ô que ne "
suis-ie enfant de ce siecle-là, & "
membre de ce peuple! Sa peintu- "
re nous donne coniecture qu'il "
parle ainsi. r iij "

TROIS FESTES
DES PREMICES
Iudaïques.

Leuit 23.

LEs Iuifs receurent commandement au defert d'offrir à Dieu les Premices des nouueaux fruicts de la terre de promiffion, lors qu'ils en feroient paifibles poffeffeurs, en trois festes de l'an. La premiere estoit le lendemain de Pafques, en laquelle ils dónoyent vne gerbe des premiers efpics, fur le commencement des moiffons, lefquelles en la Iudée fe faifoyent cómunémét en Mars, ou en l'entree d'Auril, parce que le païs y eft fort chaud. La feconde fe celebroit au cinquátiefme iour apres, qui pour ce eftoit appellée la Pentecofte, en laquelle on offroit non du grain cóme en la premiere fefte; mais deux pains de bled nouueau, auec plufieurs facrifices fanglás preallables. La troifiefme eftoit apres le quinziefme

La fefte des efpics.
Leuit 23.
Iofeph l. 3
c. 10. antiq.

La Pentecofte, i cinquátiefme iour.

de Septembre, en laquelle on donnoit les Premices des fruicts recueillis ; qui estoyent, froment, orge, raisins, oliues, grenades, figues & dattes. La plus celebre des trois estoit la Pentecoste, & partant la loy l'appelle simplement & sans queuë la feste des Premices, & son iour tres-solennel, & tres-sainct ; & accompagne l'oblation d'icelle, & de toutes les especes de sacrifices Iuifs, qui sont trois, L'HOLOCAVSTE, le PROPITIATOIRE, & le PACIFIQVE: & les faict de la plus noble espece d'Hosties permises, à sçauoir, de sept agneaux, d'vn veau gras, de deux moutons en holocauste à l'honneur de Dieu, d'vn bouc en sacrifice propitiatoire; pour auoir remission du peché, & deux agneaux auec les pains en sacrifice pacifique pour action de graces. C'est la feste & l'oblation des Premices, qui faict le subiect du present tableau.

Les Premices ne s'offroient sinon de sept sortes de fruicts, de fromët, d'orge, de vigne, d'oliuier, grenadier, figuier & Palme.

Rabbi Salomõ apud Lyra in c. 23. Leuit.

Trois sortes de sacrifice. HOLOCAVSTE, PROPITIATOIRE, PACIFIQVE.

Matiere des sacrifices.

r iiij

La Messe oblation nouuelle en la Pentecoste des Chrestiens.

2

CESTE oblation & ces Premices de pain nouueau en la Pentecoste sont vne des plus illustres figures du Sacrement & sacrifice de la Messe vrayemét nouuelle oblation, & vrayes Premices du fromét de la nouuelle loy. Ainsi l'ont remarqué les anciens Peres, & entre tous S. Irenée fort disertement.

S. Iren. l. 4. c. 32.

Le Sauueur, dict-il, *enseignant ses disciples d'offrir les Premices de ses creatures à Dieu, nõ comme luy estant necessiteux, mais à fin qu'eux ne fussent inutiles & mescognoissãs, il print le pain qui est la creature, & rendant graces dit,* CECY EST MON CORPS. *Semblablement il confesse que le Calice, qui vient de la creature, estoit son sang, enseignãt la nouuelle oblation du nouueau Testament que l'Eglise tient de la main des Apostres, & l'offre par l'vniuers à Dieu nostre nourrissier en Premices des dons, qu'il nous a faict en la loy de grace selon que Malachias l'auoit predict.* MA VOLONTE, N'EST POINT EN VOVS DIT LE SEIGNEVR TOVT-PVISSANT: IE NE PRENDRAY POINT

La messe celebrée par les Apostres Malach. 1.

DES PREMICES.

LE SACRIFICE DE VOS MAINS, PAR CE QVE DV LEVANT AV PONANT MON NOM EST GRAND ENTRE LES GENTILS, DIT LE SEIGNEVR TOVT-PVISSANT. Par lesquelles paroles, adiouste ce Docteur, le Prophete signifie manifestement ce qui est aduenu, car ce premier peuple a cessé d'offrir à Dieu, & à Dieu est offert sacrifice monde par tout l'vniuers, & le nom de Dieu glorifié entre les Gentils. Faisant dõc allusion à la vieille figure, il dict, que le Sauueur disant, CECY EST MON CORPS, &, CECY EST MON SANG, & transsubstantiant le pain en son corps, & le vin en son sang, enseigna ses Apostres & disciples de donner à Dieu les Premices de ses creatures, & luy offrir vne nouuelle oblation du nouueau Testament, qui est la verité du Sacrement & sacrifice de la Messe, figurée par l'oblation des Premices, que venons d'expliquer, & la Prophetie du Prophete Malachias, que S. Irenée cite pour la mesme verité, & auec luy S. Iustin, S. Chrysost. S. Hierosme, S. Augustin, Tertulien, & autres grands Docteurs de l'Eglise. Mais voyons les traicts de la vieille oblation respõdãs vis à vis au corps de la nouuelle

Le sacrifice Chrestien a succedé aux sacrifices Iuifs qui ont cessé.

Malachie prophetisant de la Messe.
S. Iustin. in Tryhpo.
S. Chrys. in Psal 95.
Tertul. l. 3. cont. Marc. cap 22.
S Aug. lib. 18. de ciuit. c. 35.
S. Hiero. in c. 1. Mal & alij.

De plusieurs traicts de l'ancienne oblation respondans à la verité du Sacrement & sacrifice de la Messe.

3

La matiere & la forme de l'Hostie.

LEs Pains des Premices estoyét faicts de fleur de farine de froment & ronds en façon de gasteau, c'est la matiere & la forme de nos Hosties. Le Prestre les éleuoit deuant le peuple en figure de croix; le Prestre éleue l'Hostie consacrée pour la faire adorer & en faict plusieurs signes de croix.

Le nom. MINHA, Malach. 1.

Le sacrifice des pains estoit MIN-HA, c'est à dire non sanglant: la Messe est vn sacrifice de mesme genre, sans effusion de sang, & vrayemét l'oblation MIN-HA predicte par Malachias. La figure estoit appellée par la loy, sacrifice nouueau:

Sacrifice nouueau. Missa. Deut. 16.

que Moyse nomme encor en langage Hebraïque & Syriaque, MISSA, c'est à dire oblation riche & suffisáte, mot qui ne se trouue en toute la Bible, sinó pour signifier ceste oblatió nouuelle, comme enseignét les Docteurs Hebrieux. Tout cecy conuient aussi naifuement à la Messe: car pour le regard du premier nom, il luy conuient de tout poinct, veu qu'elle est singulierement vn sacrifice nouueau en toutes ses parties : en son offrande, en son Prestre, & en sa façon. *La Messe sacrifice nouueau. L'offrande.*

L'offrande est du tout nouuelle: c'est vn fruict nouueau produict d'vne terre nouuelle: le corps du Sauueur engendré de la Vierge : vn pain nouueau, vn pain vif, immortel & glorieux : le Prestre nouueau aussi, le Fils de Dieu, l'Oinct de Dieu, Roy des hommes & des Anges, & n'y en eut iamais vn semblable, ny sera cy apres. La façon toute nouuelle : car l'offrande & le Prestre est la mesme chose, & l'vn & l'autre sont cachez soubs les especes du pain & du vin, tout en l'vne & tout en l'autre especes, & tout en chascune partie d'icelles, en sa propre quantité, en son immortalité & en sa gloire, quoy que nos sens & iugemens n'y voyent que les signes exterieurs, façon de Sacrement & de sacrifice du tout nouuelle & incogneuë à la loy de nature & de Moyse. *Le Prestre. La façon.*

Du nom de Messe.

4.

Missa.
Missa apud
S. Clem. ep.
3. Abdias.
l. 7. S. Eua-
rist l. 3. c. 27.
S. Alex.
epist 1.
Telesph.
epist. 1.
S. Amb. l. 5.
epist. 33.
S. Aug. ser.
91. de temp.
& 251.
S. Leon.
ep 81. & 88.
Concil.
Rom. de
consecr. d.
1. nullius.
Concil. 2.
Carth. can.
3.
Concil.
Agath. c. 47
de côf. d. 1.
Missas.

VANT est du mot de MISSA, Messe, nom propre de la vieille oblation, il est demeuré tout entier, à la nostre, & luy est si bien affecté & approprié, qu'il ne signifie plus, ny nomme autre chose que le sacrifice de la loy de grace : cóme iadis il ne nómoit que celuy de Moyse. Si bien que plusieurs grands Docteurs ne doubtent point, que ce ne soit vn mot Hebrieu, & le mesme qui nomma l'ancienne oblation des Premices, & vn des premiers que les Apostres donnerent au sacrifice de l'Eucharistie. Ce qui est rendu vray semblable, parce que plusieurs anciens Peres Grecs & Latins en ont vsé : cóme sont S. Clement successeur de sainct Pierre, Abdias qui a escrit la vie des Apostres ou en Grec ou en Hebrieu. Item. S. Euaristie Pape seant l'an 106. Telesphore seant l'an 127. S. Ambroise. S. Augustin, S. Leon, item le premier Concile Romain, le second de Cartage, le Cócile d'Agde, & plusieurs autres anciens autheurs des quatre premiers siecles, & tous l'ont vsurpé comme vn nom vsité entre les Chrestiens, qui est vn argument qu'il estoit laissé par tradition des Apostres, encor que l'Eglise vsast en ces commécemés de plusieurs autres principalemét en la Grece. Quelques Docteurs l'ont estimé Latin à cause de la semblance des syllabes & du son: mais l'argument ne cōclud pas qu'il soit plustost Latin que Hebrieu, veu qu'il a les syllabes & le son pareil en l'vne & en l'autre langue, & si le Latin le veut prédre pour soy par ce tiltre, l'Hebrieu aura le mesme droict: & par mesme tiltre chacun tirera à sa langue mille mots estrangers à la moindre semblance, & se mettra en dāger d'estre surprins en crime d'iniuste vsurpateur ou mauuais interprete, comme il est aduenu à Optatus au mot CEPHAS, qu'il a pensé estre Grec à raison de la semblance des syllabes du mot CEPHALE, teste: par mesme mesconte les Latins dirōt aussi que les mots Hebrieux ALMA, MASSA, CERA, & semblables sont seulement Latins, parce qu'ils en ont le sō: & chaque lāgue dira que le mot SAC est seulement de son creu, parce qu'il se trouue en toutes de mesme son signification,

Κεφαλὴ.

ALMA, MASSA, CERA. Sac en toutes langues de mesme son & signification.

Il est dōc pour le moins auſſi vray-ſemblable, que le mot MISSA eſt Hebrieu, que Latin. Que ſi quelqu'vn veut tenir fermement qu'il eſt venu du Latin pluſtoſt que de l'Hebrieu, ie m'y accorderay plus volōtiers, pour vn ſeul regard, qui eſt que ceſte rencontre caſuelle du Latin auec l'Hebrieu, eſt plus merueilleuſe que l'Etymologie prinſe à deſſein de l'Hebrieu: car il ne peut eſtre aduenu ſans prouidence diuine, qu'vn mot Latin ſe ſoit ſi heureuſement fondu & allié à l'Hebrieu, qu'il ſemble du tout Hebrieu: & vn mot Hebrieu ſoit ſi aduenant au Latin, qu'il ſemble du tout Latin, & qu'ils ayēt eſté employez pour faire ſemblable office en diuerſes langues & loix : l'vn pour nommer en Hebrieu en la loy de Moyſe, la figure du ſacrifice du corps du Sauueur : l'autre pour nōmer en Latin, la verité du meſme ſacrifice en la loy du Sauueur : & que le plus excellent ſacrifice de tous ait eſté baptiſé d'vn ſemblable nom en ſyllabes & en ſignification par les deux plus nobles langues du monde: en figure par l'Hebraïque, & en verité par la Latine. La vieille figure dōc rapportoit noſtre ſacrifice en ſa matiere, en ſa for-

Rencontre merueilleuſe.

me, en sa ceremonie, & naïfuement en son nom.

La transsubstantiation qui se faict en ce Sacrement figurée par le leuain.

5

IL y a encor plusieurs traits mysterieux en la figure ancienne, qui nous font cognoistre la verité de nostre Eucharistie: mais trois principalement: l'vn est du leuain, l'autre du temps, & le troisiesme des sacrifices preallables à l'oblation. Il a esté dict que ces pains estoyent faicts de paste leuée, lesquels estoyent éleuez en oblation par le Pontife auec les agneaux. Lors dict l'Escriture, *le Sacrificateur esleuera les agneaux auec les pains des Premices en les tournant deuant le Seigneur.* De maniere que les Pains estoyent mis sur les agneaux, & tous ensemble esleuez. C'est vn diuin coup de pinceau tiré de la main de Dieu en la planche de la figure, nous enseignant non seulement la presence du corps de son Fils vray Agneau sans tache, au sacrifice de la Messe: mais encor la façon en laquelle il y est faict present, qui est par transsubsta-

Les agneaux esleuez. Leuit. 23. 20.

tiation, c'est à dire par le changement de la substance du Pain en la substance du corps du Sauueur, caché soubs les especes d'iceluy pain. Le leuain cy-dessus nous a esté marque du mal, & il est icy du bien par contraire qualité, comme souuent en l'Escriture vne mesme chose a diuers & contraires vsages, à raison des contraires rapports. Ainsi le Lyon entant que c'est vn animal Royal & fort, il marque Dieu: entant qu'il est cruel & felon, il marque le Diable. Parquoy le mesme Sauueur exprime le vice par le leuain en vn endroict, & en l'autre il compare son Eglise à la paste leuée. Le leuain donc nous figuroit aux Pains des Premices la trãssubstantiation, comme ja souuent il a esté dict, & faudra encor le dire. Voicy la peinture. Le leuain change la paste naturellement, l'eschauffe, l'enfle, & luy donne ame & vie en certaine façon, & autant qu'elle en est capable. La parole de Dieu leuain surnaturel, change aussi le pain: & parce qu'elle est plus puissãte que la nature, elle passe plus outre aussi: car elle change non les qualitez, comme le leuain naturel en la paste, mais la substance

Le leuain cy-dessus au tableau des Pains de proposition.

Dieu lyon.
Gen. 49. 9.
Apoc. 5. 5.
L'ennemy lyon.
1. Pet. 5. 8.

Leuain pour le mal.
Matt. 16. 6.

Pour le bien.
Luc. 13. 21.
Peinture de la transsubstantiation.
La parole de Dieu.
Leuain.

substance: elle laisse les qualités visibles, & change le dedans: elle anime veritablement ce pain, & en faict vn pain vif, changeant la substance d'iceluy en la substance de la chair de l'Agneau de Dieu, IESVS-CHRIST, signifié par les deux agneaux offerts auec les pains en ce sacrifice. Les pains & les agneaux esleuez par le Pontife, estoyent choses diuerses & faisoient vne seule oblation: icy où la verité est vniquemét accomplie, diuers élemens font aussi vne mesme oblation: car l'Agneau est soubs les especes du pain & du vin, & quand ces élemens sont multipliez & offerts en diuers endroicts, c'est tousiours vn mesme Agneau, & vn mesme sacrifice. Au moyen dequoy, ce traict couché en la vieille figure, disoit que le sacrifice figuré par le pain des premices, seroit vn sacrifice vnique de chair, soubs les especes du pain & du vin, auquel traict le Sauueur donna ses viues couleurs instituant le Sacrement de son corps soubs ces élemens. Or la dualité des pains & des agneaux employez en vn sacrifice, n'estoit pas oysiue ny sans mystere: car elle signifioit deux natures en vn IESVS-CHRIST, la diuine, & l'humaine: deux

Les pains & les agneaux.

Pourquoy deux agneaux.

Deux natures.

ſ

choses en vn Sacrement: la terrestre, qui sont les accidens visibles, & la celeste, qui est le corps du Fils de Dieu & sa grace: finalement signifioit deux peuples, les Gentils & Iuifs, vnis en vn chef, reduicts en vn, & faicts vn pain en ce Sacrement & sacrifice. Et ainsi ceste diuine Sagesse non seulement nous enseignoit par ce lineament figuratif, la presence de sa chair en l'Eucharistie: mais encor la qualité de sa personne, & la maniere auec laquelle elle nous faict sa chair, & nous vnit à sa chair. Voyons ce que l'Escriture en a dict auec les anciés Docteurs Hebrieux & Chrestiens enrichissans la figure par les brodures de leurs doctes expositions.

Deux parties.

Deux peuples.

Le Sacrement & sacrifice du corps du Sauueur soubs les especes du pain predict en l'Escriture, & enseigné par les Docteurs Hebrieux.

6

DAVID auoit predict nostre Sacremēt & sacrifice par ces pains éleuez. *Il sera*, dit-il, *fermeté en terre au plus haut des montagnes: & son fruict sera éleué au dessus du Liban:* ou selon la fra-

Psalm. 71. 17

se Hebraïque, *Il y aura vne parcelle du froment en terre au sommet des motagnes, & so fruict sera éleué par dessus le Liban.* Ces paroles ne peuuent signifier autre fromét ny autre chose, plus naïfuemét que nos Hosties consacrées contenans le corps du Sauueur, vray fromét en terre, vray pain & solide fermeté de nos ames & corps: fruict vrayement eleué, non seulement sur la cime du Libã, mais encor sur les hauteurs & puissances celestes. Parquoy les doctes Hebrieux ont dict conformément à ce sens, que Dauid châtoit icy vne sorte de petits gasteaux ou galettes delicieuses, qui seroyent offertes en sacrifice du temps du Messie. *Nos maistres*, dit Rabbi Salomon, *de bone memoire, ont entendu par ce mot, vn genre de gasteaux, qui se feront du teps du Messie, duquel aussi tout le Pseaume est escrit.* Et tous leurs commentaires Hebrieux extollét iusques au ciel la manducation & mystere de ce pain & ces gasteaux, qu'ils disent encore deuoir estre de la grandeur de la paume de la main. Et Rabbi Barachias expliquãt ces mots de l'Ecclesiaste: QV'EST-CE QVI A ESTE? C'EST CE QVI SERA APRES, adiouste, que tout ainsi que leur premier Redempteur à

Rabbi Salomon. in Psal. 72. 16. vel Psal. 71. 16.

Rabbi Barachias explicans illud 1. Eccles. Quid est quod fuit; id quod erit. Eccles. 9.

s ij

La Manne.

sçavoir Moyse leur avoit donné vn pain de merveilles, qui fut la Manne: ainsi le second Redempteur (le Messias) leur en donnoit vn plus merveilleux, qui seroyent ces gasteaux. Et à cecy le mesme Redempteur fait allusion disant, Ce n'est pas Moyse qui vous a donné le pain du ciel: c'est mon Pere qui vous donne le pain du ciel, entendant son corps, ainsi qu'il a esté declaré au tableau de la Manne. Et les Rabbins parafrasent en mesme sens les paroles du Pseaume cy-dessus alleguées: Il y aura, dict vn d'entr'eux, vne parcelle de pain en terre au sommet des montaignes. C'est à dire, dit-il, Il y aura vn sacrifice de pain au chef des montagnes de l'Eglise, ou au chef des Prestres qui seront en l'Eglise. Car les montagnes de l'Eglise sont les Prelats & Prestres d'icelle, s'ils portent leur nom dignement: d'autant qu'ils sont esleuez sur le vulgaire, comme montagnes spirituelles sur la terre, par saincteté de mœurs, & préeminéce de doctrine. Ceste figure donc s'accomplit literalemét tous les iours en l'Eglise, quand les Prestres disans la Messe éleuent la saincte Hostie sur leur teste, & quand les fideles Chrestiens mangent ces diuins & delicieux gasteaux en la table mystique de nostre Sauueur. Les

Ioan. 6.

Rabb. Ionathas in suo Targum. Gal. l. 10. c. 4. in Psal. 71. 17.

Montagnes de l'Eglise, les pasteurs & gens parfaicts.

anciens Iuifs ne pouuoyent pas escrire plus clairement de la figure de nostre verité parmy les ombres de leur loy: & celuy qui ne voit ceste verité esclatante au sacrifice de la loy de grace, il est aueugle en plein iour & pire que Iuif.

Tesmoignages des Hebrieux sur la transsubstantiation & maniere en laquelle le corps du Sauueur est present en l'Eucharistie.

7.

LA façõ en laquelle le corps du Sauueur est réellement presẽt en l'Eucharistie, a esté non moins disertemẽt couché és escrits des Hebrieux, que l'assertion de sa realité. Ceste façõ cõprend deux poincts, l'vn regarde le commencemẽt de ceste presence, & enseigne comment le corps du Sauueur est rendu present au Sacrement de l'Autel, le second regarde l'estat d'icelle presence, & declare cõment il y demeure present. De tous les deux nous auons parlé au tableau de la Manne, discourãs en iceux de la toute-puissance du Sauueur, icy nous en parlerõs

ſ iiij

auec le tesmoignage des Docteurs Hebrieux & Chrestiens, pour declarer en la maniere d'icelle presence, la solidité de la foy Catholique sur la transsubstátiation. Sur le premier poinct la foy & doctrine Catholique tient que le corps du Sauueur se trouue present au Sacrement par transsubstátiation, c'est à dire, non par descente du ciel en terre, ny par nouuelle production, mais par changement de la substáce du pain en la substáce du corps du Sauueur, né de la Vierge. La mesme foy & doctrine dict, qu'il y demeure d'vne presence diuine, spirituelle & supernaturelle, auec sa quantité sans occuper lieu, auec sa Majesté sans se monstrer, item qu'il y est immortel & glorieux, mais inuisible aux sens & incomprehensible à la raison & iugement humain, comme il a esté dict ailleurs. Et c'est en somme ce qu'en escriuent les Docteurs tant Hebrieux, que Chrestiens. Les Hebrieux comme cy deuant nous disions, au tableau des Pains de proposition, enseignent que ces Pains estoyent appellez Pains des faces: parce qu'ils figuroyét vn sacrifice auquel il y auroit du pain au commencement, & de la chair à la fin: car la sub-

Comment le corps du Sauueur est faict present en l'Eucharistie.
Conc. Trident. ses. 13. c. 4. can.

Au tableau de la Manne.

Pains des faces au tableau des Pains proposez.

DES PREMICES. 279

stance du pain y seroit chãgée en la substance du corps du Messie, demeurans entiers les accidens exterieurs : & seroit vn sacrifice à deux faces, vne exterieure des pains, que les sens verroient, & vne interieure, de la substãce de la chair, que la seule foy apperceuroit. C'est pourquoy aussi le mot Hebrieu, LEHEN, mis en ce lieu, a double significatiõ : car tãtost il signifie pain, tantost chair : si bien que où nostre version dit : *Il luy offre les Pains de propositiõ*, on tourne aussi, *Il offre la chair de tõ Dieu*. Et S. Paul lõg temps apres vsãt de mesme façõ de dire, ce qu'il appelle Pain, il le nomme aussi, le Corps du Sauueur. Les mesmes Hebrieux expliquans les paroles d'Osée. ILS SERONT CONVERTIS EN SON OMBRE, ET VIVRONT DE FROMENT. *Nos maistres*, disent-ils, *escriuẽt sur ces mots, qu'en la venue du Redempteur il y aura transmutation de nature en froment*. Et le Rabin. Moyse sur les paroles du Pseaume, QVI DONNE DV PAIN A TOVTE CHAIR. Car, dit-il, *le pain qu'il donnera c'est sa chair, & cecy sera vne grande merueille*.

Lehen pain & chair
Rab. Kimhi. l. Seraffim.
Gal. 10. c. 7.
1. Cor. 11. 27.

Ose. 14. 8
Rab. Mose. Hadarsan in Psal. 136.
Gal. l. 10. c. 6.
Rabb. Iudas in Exod. c. 25.
Gal. l. 10. cap. 6.

L'OBLATION donc est pain au commencement, mais apres les paroles de

ſ iiij

la consecration, elle est chair, se tournāt la substance du Pain à la substance du corps du Sauueur, par la vertu de sa toute-puissante parole, laquelle ayant peu faire tout le monde de rien, peut transmuer vne substance en vne autre. Ce changement s'appelle transsubstantiation en l'Eglise Catholique, mis en vsage depuis cinq cens ans pour fermer la bouche à l'heretique, qui deslors s'est esleué contre la verité de la foy; estant au reste la chose aussi anciēne que l'Eucharistie. Car au mesme instant que le Sacrement fut institué par le Sauueur, la transsubstantiation y fut en vsage, quoy que le nom ne deust naistre que long temps apres. Quant est de la maniere selon laquelle le corps du Messie demeureroit au Sacrement apres y auoir esté rendu present par la transsubstātiation, les mesmes Hebrieux ont dit qu'il y deuoit estre inuisible & impalpable, & en plusieurs places ensemblemēt, ce qu'ils croyent aussi du corps du Prophete Helie se trouuāt en plusieurs lieux en mesme tēps sans estre veu ny touché. Ainsi le tesmoignent les Rabbins és mesmes endroicts de leurs expositions.

Marginalia: Transmutatio naturæ. Sinnui. Teba. Rab-Kimhi. Gal. l.10. c 4.

Comment le Sauueur demeure en l'Euchariſtie. voy Galati. l.10.c.4.& 6.

DES PREMICES. 181
Tesmoignages des Docteurs Chrestiens de la transsubstantiation & maniere du corps du Sauueur en l'Eucharistie.

8

LEs Chrestiens ont esté d'autāt plus fermes & clairs en la foy & doctrine de la transsubstantiation & maniere de la presence du corps du Sauueur en son Sacrement, qu'ils ont eu de meilleurs maistres que les anciens Hebrieux. Leurs maistres ont esté le mesme Sauueur, Soleil de verité & illuminateur des secrets celestes, & ses Apostres remplis de la nouuelle lumiere du S. Esprit: au lieu que les Hebrieux n'auoyent que Moyse & les Prophetes, qui n'enseignoient que par ombres & enigmes. Voicy ce qu'ils ont dit de cet admirable changement, que nous appellons transsubstātiation, & de la maniere que le corps du Sauueur demeure au Sacrement.

Le maistre des Docteurs Chrestiens.

S. Iustin. *Nous sommes apprins que la viāde (le pain & le vin) dont nostre chair & sang par le chāgemēt d'icelle sont nourris, estāt consacrée par la priere & parole de Dieu, est la chair & le sang de* IESVS-CHRIST *incar-*

S. Iustin. 2. Apol. 2.

né, c'est à dire la substance du pain & du vin est changée en la substāce du corps & sang du Sauueur.

S. Iren. l. 4. c. 32.
SAINCT Irenée disputant contre les heretiques qui nioyent que IESVS-CHRIST fust tout-puissant, *Comment dit-il, croiront-ils que le pain consacré soit le corps de* IESVS-CHRIST? c'est à dire, s'ils ne croyēt qu'il est tout-puissant, ils ne pourront pas croire qu'en l'Eucharistie, le pain soit chāgé en son corps, par sa parole, ne pouuant estre fait vn si haut changemēt, par autre parole que de celuy qui peut faire tout en parlant, comme il a faict le monde en disant.

S. Cyrill. Hieroso. Catech. mystag. 4.
SAINCT Cyrille de Hierusalem. Il *tourna iadis en la ville de Cana l'eau en vin; lequel a quelque semblance auec le sang, l'estimerons-nous donc moins digne d'estre creu, disant qu'il a changé le vin en son sang?*

S. Chryso. hom. 6. ad pop. Antio.
S. Chrysostome. *Par ce que le verbe dict*, CECY EST MON CORPS, *obeyssons & croyons le regardans des yeux de la foy:* comme s'il disoit, ces paroles, CECY EST MON CORPS, sont paroles du tout-puissant & font ce qu'elles signifient, il

Idem hom. 83. in Matt.
faut donc obeir & croire ce qu'elles disent. Le mesme Docteur sur le mesme subiect de la transsubstātiation. *Les cho-*

ses que nous vous proposons ne sont pas œuures
d'humaine vertu, c'est Dieu qui les sanctifie &
les chãge, nous n'en sommes que les instrumens.

S. Gregoire de Nysse. *Nous croyons que
le pain deuëment sanctifié par la parole du
Verbe de Dieu, est changé au corps du Verbe de
Dieu.* Item. *Le pain de l'Autel au commencement est commun, mais apres estre sacrifié en
la Messe il est appellé le corps de* CHRIST,
& l'est veritablement.

S. Gregoire de Nysse in ora. mag. catech. c. 37
Item de S. Baptis.

S. Iean Damascene. *Le pain & le vin
meslé est supernaturellemẽt changé au corps de
CHRIST par l'inuocatiõ & venuë du S. Esprit.
Et ce ne sont pas deux, mais vne mesme chose.*

S. Iean Damasc. l. 5. de fide. c. 14.

Theophylacte. *Ce pain est trans formé en
la chair du Seigneur par la benedictiõ mystique
des paroles secrettes, & par la venuë du S. Esprit.* Voyla quelques Peres Grecs, les
Latins de mesme esprit & pareil style.

Theophyl. in 6. Ioan.

Tertullien. *Le Sauueur print le pain & en
fit son corps disant,* CECY EST MON
CORPS.

Tertul l. 4. cont. Marc. 40.

S. Cyprien. *Ce pain que nostre Seigneur
presentoit à ses Disciples fut faict chair par la
toute-puissance du Verbe, se changeant non en
apparẽce mais en substance.* Il veut dire que
les especes exterieures des elemens, la
quantité, la couleur, & saueur, demeurent en pied, mais que la substance inte-

S. Cyp. de cœna dom.

rieuse se change à la substance du corps & sang du Sauueur.

S. Amb. l. 4. de Sacr. c. 4. S. Ambroise. *Ce pain deuant les paroles des Sacremens est pain: mais apres la consecratiõ le pain est faict chair.* Et ayant mõstré que ceste consecratiõ & changement se fait par la parole de Dieu, il ferme sa cõclusion disant, *Si la parole de* CHRIST *a esté si puissante que de donner estre à ce qui n'estoit point, cõbiẽ plus est-il croyable qu'elle peut faire que les choses qui estoient cy-deuant, soyent changées en vne autre? Mais escoute Dauid disant,* IL A PARLÉ ET LES CHOSES ONT ESTÉ FAICTES. IL A COMMANDÉ ET ELLES ONT ESTÉ CREÉES. *Ie te responds donc que deuant la consecration le pain n'estoit point le corps de* CHRIST, *mais apres icelle, c'est le corps de* CHRIST. *C'est luy qui l'a dict & a esté fait, il a commandé & il a esté creé.*

S. Aug. ser. 29. de verbis dom. S. Augustin presque en mesmes termes. *Ie vous ay dict que deuant les paroles de* CHRIST, *le pain est appellé pain, mais apres qu'elles sont pronõcées, il n'est plus appellé pain, mais le corps de* CHRIST.

S Remig. in c. 10. ep. 2. Cor, S. Remy Euesque de Reims. *La chair que le Verbe de Dieu le Pere a prinse au ventre virginal & vnie en sa personne, & le pain qui est consacré sur l'Autel, c'est vn corps de*

IESVS-CHRIST, car tout ainsi que celle chair est le corps de CHRIST, de mesme ce pain se change au corps du CHRIST, & ne sont pas deux mais vn corps. Il veut dire que la transsubstantiation ne produit pas vn nouueau corps de IESVS-CHRIST, mais qu'elle faict que le mesme corps qu'il print au ventre de la Vierge, se trouue en ce Sacrement apres la consecration, n'y restant d'iceux elemens que les accidens.

PASCHASIVS. *Encor que la figure du pain & du vin se trouue en ce Sacrement : il faut neantmoins croire, qu'apres la consecration il n'y a autre chose, que la chair & sang de* CHRIST.

DE tous ces tesmoignages nous colligeons l'explication de deux poincts, qui concernoient la façon en laquelle le corps du Sauueur est au Sacremét de l'Autel. Car premierement nous entédons, que le corps du Sauueur est faict present au Sacrement par transsubstantiatiō, c'est à dire par chágemét de substance, cedant la substance du pain à la substance de son corps, qui succede en vertu de sa toute-puissante parole ; & parce que l'ame & la diuinité ne laissent iamais ce corps, tout IESVS-CHRIST

Paschasius Corbeiésis l. de corp. & sang. dom. c. I.

Comment le corps du Sauueur est faict present au Sacremét

est au Sacrement, son corps en vertu de sa parole; son ame & sa diuinité par suite necessaire. Secondement nous apprenons que tât que leurs especes sont en leur entier, le mesme corps demeure soubs icelles auec sa quantité, sa beauté, son immortalité & sa gloire, mais supernaturellement & d'vne maniere spirituelle & diuine, sans estre apperceu sinon des yeux de la foy, ainsi que l'auons cy-dessus declaré & non declaré, estant la chose ineffable. Au moyé dequoy les Peres aduertissent souuent de ne consulter point icy les loix de la nature, ny le rapport des sens & iugement humain, mais de croire simplement à la parole de celuy, qui peut tout & ne peut mentir.

Comment il y demeure.

Pourquoy le Sauueur a voulu que son corps fust caché & non visible en ce Sacrement.

IL sera bon de noter maintenant pourquoy le Sauueur a donné son corps voilé des especes du pain & du vin, & non descouuert & visible : car cela nous enseignera qu'il a esté bon & sage, non seulement en nous faisant vn don inestimable : mais encores en la maniere de le donner. Les raisons principales notées par les saincts Peres sont celles-cy. La premiere est prinse de la nature du Sacrement : car puis que tout Sacrement est vn signe visible d'vne chose inuisible, il falloit qu'il donnast son corps en ce Sacrement voilé soubs quelques signes visibles, comme sont les accidens, la couleur, la blancheur, & la saueur, & semblables choses qui peuuent frapper les sens, & donner aduis à l'ame de quelque chose secrette. Que s'il l'eust donné ouuertemét ce n'eust point esté mysterieux Sacrement, mais vn simple don de son corps. La seconde raison consiste selon S. Ambroise, & S. Augustiu, auec S. Cyrille, en ce que ceste façon est tres-conuenable pour secourir nostre infirmité, à la naturelle, & auec facilité. Car nous prenós ce diuin morceau soubs l'appareil & temperature de choses communes, & familieres à nostre goust, à sçauoir soubs les accidés du pain & du vin : au lieu qu'estant mangé auec le sentiment de ses qualitez naturelles, c'eust esté vne prinse du tout insupportable

Premiere raison prinse de la nature du Sacremēt.

Seconde raison pour se conformer à nostre infirmité.
S. Cyrill. ep. ad Colosyrium.
S. Amb. l. 4. de Sacr. c. 6. l. 6. c. 1.
S. Aug. apud Gratia. de consf. d. 2. vtrum.
voyez.
S. Iean. Damas. l. 4. c. 14. de fid. & S/Tho p. 3. q. 7. a. 5. c.

en deux façons: car premierement il ne se pouuoit faire que les sens ne conceussent naturellement horreur d'aualer la chair humaine en sa propre figure, mesme estant creuë. Secondement ils n'eussent oncques esté bastás à supporter l'esclat d'vn corps si lumineux, ny la presence d'vne si glorieuse Majesté, si en icelle il se fust monstré. Sainct Paul fut rendu aueugle pour auoir veu ce corps en sa splendeur: & s'il failloit que Moyse parlant aux Hebrieux voilast sa face rayonnāte, qu'ils ne pouuoyent regarder autrement: combien plus a esté cōuenable que IESVS-CHRIST voilast son corps, sans comparaison plus resplendissant que la face de Moyse, pour s'approcher de nous & estre mangé de nous?

S. Paul aueuglé de la presence du Sauueur.
Moyse Exo. 34. 33.
2. Cor 3. 13.

POVR troisiesme raison, ceste inuisibilité nous donne vn singulier moyen d'exercer nostre foy, & meriter la felicité en croyant & ne voyant point, selon la maxime du Sauueur, qui appelle bien-heureux ceux qui croyent sans voir, c'est à dire qui adioustent foy à la parole de Dieu, quoy que le sens & la raison humaine ne penetre la chose creuë: voire encor la trouue repugnāte

Troisiesme raison pour l'exercice de la foy.

Biē heureux ceux qui croyent sans voir.
Ioā 20. 29.

à ses

à ſes Loix, cóme il aduient icy, où nous croyons eſtre le corps du Sauueur, encor que les ſens ne s'apperçoyuent que des accidens exterieurs du pain & du vin, ſoubs leſquels il eſt preſent, & que le iugement humain ne puiſſe comprédre la poſſibilité de ceſte preſence. Que ſi le corps du Sauueur par ceſte conuerſion eſtoit rendu viſible & les accidens changez, comme il fuſt faict au miracle des Nopces de Cana, auquel l'eau auec ſes qualitez fut changée en la ſubſtance & qualitez du vin, il n'y auroit aucune foy à le croire : n'eſtant cela vn obiect de la Foy, ny ſecret caché, ains vn effect euident, non ſeulement à la raiſon, mais encores aux ſens. Il n'y auroit non plus de merite; *Car en ce que le ſens ou la raiſon peut tirer preuue, la Foy n'a aucun loyer*, dict vn de nos Docteurs. Au miracle de Cana & en autres ſemblables il n'y auoit aucun beſoing de foy : mais de bon ſens pour en faire l'eſſay, comme fit alors le maiſtre du banquet, qui teſmoigna que le vin eſtoit tres-bon n'en ayant eu que le ſentiment : car il n'en pouuoit auoir la foy, ne ſçachant alors rien de ce qu'auoit faict le Sauueur ; encor qu'il n'en viſt l'effect : & ce que les Apoſtres creu-

Ioan. 2.

L'obiect de la foy c'eſt vne choſe qu'on ne voit point.
Hebr. 11.

S. Greg. hom. 26.

Ioan. 2.

t

La foy des Apoſtres au miracle de l'eau tournée en vin.

rent en cela, ne fut pas la conuerſion de l'eau en vin (veu qu'ils le virent de leurs propres yeux & la viſion n'eſt pas foy) mais la diuinité du Fils de Dieu ſecrette ouuriere de telle œuure patéte & le merite de leur foy ne fut pas auſſi de voir la cóuerſion de l'eau en vin, mais de croire & penetrer des yeux de la foy, ceſte diuinité de IESVS-CHRIST laquelle ils ne voyoient pas des yeux corporels. La

La quatrieſ-me raiſõ pour oſter l'occaſiõ de calomnier. les Chreſtiẽs appellez Anthropofages par les Payẽs. Tertul. in Apol. c. 7. Minutius Felix in Octauio Euſeb. l. 5. hiſt. c. 1. Orig. cont. Celſ. l. 6. Athenag. orat. pro Chriſtian.

quatrieſme raiſon pourquoy Dieu nous dóne ſon corps caché ſoubs des ſignes, c'eſt afin de deſrober le myſtere de ce diuin mets, de la veuë & prinſe des infideles, & leur oſter l'occaſion de calomnier les Chreſtiens : car s'ils les appelloyent Anthropofages, & mangeurs de chairs humaines, cõme teſmoigne Tertulien, Minutius, Euſebe, & autres anciens Peres pour auoir ouy dire qu'ils prenoyent le corps de IESVS-CHRIST en vn certain banquet, où toutesfois l'on ne voyoit que du pain & du vin : qu'euſſent-ils dit, & de quels crimes les euſſent-ils chargez, s'ils euſſent entendu ou veu qu'ils mangeoyent ce corps en ſa figure naturelle?

Cinquieſme raiſon pour ſe garantir des iniures.

FINALEMENT par ceſte façon le Sauueur a garanty la Majeſté de ſon corps de plusieurs inconueniens, des bestes, & des hommes, ausquels il eut esté exposé en danger d'estre souuent iniurié en sa propre figure: au lieu que le cachant il ne peut receuoir affrôt ny lesion qu'en vne robbe non sienne, c'est à dire aux especes du pain & du vin, encor que les criminels ne laissent de porter la condemnation de leur crime, faisans iniure à son Sacrement.

Comme la vieille oblation des Premices commença en la Pentecoste, ainsi la nostre nouuelle.

10

LEs deux derniers traicts figurás la Messe, consiste partie en la circonstáce du temps auquel la vieille oblation fust instituée & mise en practique: partie aux sacrifices qu'il failloit offrir preallablement. Ces deux lineamens ont esté diuinement accomplis. Le temps de ce sacrifice fut le cinquantiesme iour, nombre qui porte marque de remission des pechez, & deliberté & franchise: en signe dequoy de cinquante en cinquante ans chacun rentroit en la possession des biens qu'il

Cinquante, c'est vn nombre de remission.
Leuit 25.
10.11.
Num. 4.

t ij

auroit auparauant alienez, sans aucun remboursemét de deniers: au mesme an la terre n'estoit point labourée ny semée: & les Leuites estoient affrachis du seruice du Temple estans paruenus au cinquátiesme an de leur aage. Tout ainsi donc que l'ancienne offrande fut ordonnée au desert, & practiquée seulemét en la terre de promission au temps prefix de la Pétecoste, à sçauoir la moissõ recueillie cinquante iours apres Pasques, nombre de remission: de mesme le sacrifice de l'Eucharistie fut institué par le Sauueur estant encore voyageur au desert de ce monde: & mis en practique par les Apostres apres la descente du Sainct Esprit, iour de Pentecoste, iour de cinquante iours de pardon & de remission, mettant en possession du Royaume promis, les enfans de Dieu qui l'auoyent perdu: iour de generale moisson recueillie de toute sorte de biens. Et comme les sacrifices sanglans de trois sortes, holocaustes, propitiatoires, & pacifiques, precedoient la vieille oblation des Premices: de mesme le sacrifice sanglant de la croix figuré par ceux-la, preceda la practique de nostre nouuelle oblation. En ce temps donc & à poinct

Pentecoste.

iguré, les Apostres commencerent à celebrer la Messe : & offrir à Dieu les Premices de l'admirable & immortel froment du corps du Fils de Dieu : ietté en la croix, pour mourir : ayant germé au Sepulchre pour reuiure, & estant monté á la dextre de son Pere, & recueilly aux greniers celestes pour y regner à iamais. Les oblations des Premices, qui iusques alors auoient esté faictes en figure, en la loy de nature ou de Moyse, n'estoient qu'orge & moisson, commencée : ceste-cy sur sur la grande moisson, les solemnelles Premices: & la grande oblation de froment celeste, & pain vif, & la vraye Pétecoste, & le vray Iubilé du S. Esprit operateur de ce Sacrement, & Sacrifice, duquel parlant le Sauueur auoit dict. *Les paroles que ie vous dis ce sont esprit & vie:* Comme disant, les propos que ie tiens de la manducation de ma chair, ce ne sont pas propos qu'il faille entendre charnellement, comme font les Capharnaïtes, qui songent vne chair morte, & depecée en morceaux: mais spirituellemēt d'vne chair viue, que mon esprit fera preséte, pour estre donnée d'vne façon spirituelle, sans mort & sans aucune lesion, tout ainsi qu'il fit la

La Messe commence à estre celebrée apres la Pentecoste.

Ioan. 6.

Cecy est plus amplement exposé au tableau du Sauueur preschant.

t iij

conception de ce mesme corps, par œuure spirituelle au ventre de la Vierge sans cohabitation charnelle, & sans lesion de la virginité.

La Messe commencée d'estre celebrée par les Apostres en la Pentecoste.

CE fut donc en la Pentecoste, que les Apostres, nouueaux Sacrificateurs, donnerent commencement à la practique du nouueau sacrifice offrans l'oblation suffisante, & celebrans la Messe & l'Hostie pacifique du Pain du Ciel & de l'agneau immortel en la nouuelle loy. Sainct Iaques fut le premier en Ierusalem, comme toute l'antiquité tesmoigne, & les autres Apostres apres, tant en Ierusalem qu'ailleurs. Alors vrayement ceste diuine & premiere troupe, Premices de la loy de grace, commença à manger les gasteaux delicieux promis à la venuë du Messias, & à communier non d'an en an, de mois en mois, de Dimanche en Dimanche, mais tous les iours: car la viande estoit inusitée, & sauoureuse à mer-

S. Iaques fut des premiers qui celebra la Messe

11

ueille, & les ames en perpetuel appetit. *Ils estoient perseuerans, dit l'escriture, en la doctrine des Apostres: en la communion de la fraction du pain & és oraisõs. Ils y alloiēt tous les iours.* C'estoit apres que le S. Esprit fut descendu: car auparauant il est dict seulement, *qu'ils perseueroient en l'oraison:* ils perseucroyent donc tous les iours apres la descente du S. Esprit grand ou-urier de ce mystere : Esprit qui auoit porté le feu celeste aux estomacs, la poincte à la langue, & les amours és cœurs des humains, & espáché les eaux mondes, predictes par le Prophete, figu-rées par les anciens cuuiers du temple de Salomon, fonteine de Dauid, eaux de graces, des Sacremens, du Baptesme, de Penitence, & autres: toutes propres à nettoyer les entrailles & pieds des Ho-sties offertes, & des hommes offrãs, c'est à dire à mondifier les cœurs, les actions intentions & affections de ceux qui of-friroient le Fils de Dieu, leurs bonnes œuures, & eux-mesmes comme holo-caustes mis sur l'Autel de sa Majesté. O si Moyse se fust trouué en ceste Pente-coste & en ceste nouuelle oblation & Sacrement de verité, qui en auoit iadis tracé la peinture, de quelle reuerence

Act. 5.

Effundam aquā mun-dam.
Ezech. 36. 25.
Les cuuiers
Fontaine de Dauid
Ioel 3. 18.
Zach. 13. 1.

t iiij

l'eust-il adoré! Et si Dauid eust peu auoir quelque place en la table de ce pain pacifique, & de ce vin immortel, comme il auoit és sacrifices anciens, de quel appetit eust il gourmandé ceste celeste chair, & de quel souhait eust-il dit de ce diuin breuuage, *Ie prendray la coupe de salut, & inuoqueray le nom du Seigneur*! Si Salomon apres auoir paracheué son magnifique Temple, eust eu ce corps pour l'offrir à Dieu à la maniere de Melchisedec, sans effusion de sang & sans mort, combiē eust-il estimé plus riche & plus honorable l'appareil de la dedicace de ce seul sacrifice, que des milliers de bœufs, moutons, & taureaux, qu'il fit bruler sur l'Autel! ô ames Chrestiennes, ames esleuees & contemplatiues, recognoissez les dons de vostre Seigneur, celebrez souuent ceste Pentecoste: offrez ceste oblation: prenez les Premices de ce froment deifié, & offrez luy les vostres, afin qu'vn iour vous ayez place en la table de felicité, où ce mesme Seigneur sera la viande & le Roy du banquet.

Psal. 115.

LE PAIN D'ELIE.

L. Gaultier fecit.

LE PAIN D'ELIE.

'AVEZ-vous pas compassion du bō Elie qui dort à l'ōbre de ce geneure, plus semblable à vn mort qu'à vn homme dormant? voyez vous son visage blesme & desfaict, & baigné de sueur froide? sa teste negligément panchée vers la terre sur le costé, ses yeux entr'ouuerts, ses bras iettez çà & lá, nul signe de respiratiō en la bouche, & toute la posture du corps estendu, cōme s'il venoit de rendre l'esprit; Certes vn peu deuant outré de frayeur & accablé de lassitude, demādoit à Dieu

Elie dormant
5. Reg. 19. 5.

que ce fut son bon plaisir de l'oster de ce móde, afin d'estre deliuré vne fois pour tousiours, des angoisses qu'il sentoit en son ame, en la persecution de ceste cruelle tygresse Iesabel, qui auoit iuré par ses dieux qu'elle le feroit mourir dedans vingt-quatre heures : & s'est endormy à l'ardeur de sa priere, soubs cest arbrisseau, qui n'est guiere propre, ny pour faire ombre ny pour aider au repos : car il est nain, & ses fueilles ce sont autant d'espines qui ne parent point le Soleil, & piquent la chair, & la terre en est parsemee tout autour : qui faict coniecturer que le sainct homme sans eslite & sans chois, s'est ietté au premier lieu où il s'est trouué hors d'aleine, & où la foiblesse de son corps l'a planté : mais Dieu qui a tousiours les yeux ouuerts aux peines & à la sauue-

Nain & petit

garde de ses seruiteurs, luy a en- 3. Reg. 15. s.
uoyé pour consolation & secours, 6.
ce diuin iouuenceau, qui est prés
de luy auec vn Pain cuit soubs la
cendre & vn pot d'eau. C'est vn
Ange reuestu de figure humaine: *L'Ange.*
car ainsi se monstrent communé-
ment ces esprits aux hommes. Le *Son visage.*
Peintre luy a faict le visage lumineux en forme d'esclair, representant par cet esclat sa nature spirituelle & subtile, sa perruque vo-
lante en arriere, est de couleur d'or:
il luy a mis aussi des aisles au dos se- *Ses aisles.*
lon que l'escriture mesmes le de-
peinct, pour signifier la vitesse de
leur mouuement. Vous les voyez
estenduës en l'air inegalement, l'v-
ne monstrant le dedans & l'autre
le dehors, merueilleusement belles
& artistement tirees. Les guidons
d'icelles & les deux grosses pen-

nes premieres sont de couleur de verd luysant, comme celuy d'vn Paon, les autres de mesme rang, sont entremeslees de iaune, orangé, rouge & bleu à guise d'arc en ciel : les cerceaux & petites plumes qui reuetissent les tuyaux de celles-cy, & les autres qui suiuent en diuers ordres, sont riopiolees à proportion des premieres : le duuet qui couure le dos de l'aisle est cóme vne entassure de menuës & petites escailles de diuerses couleurs mises sur du cotton. Sa robbe c'est vne estolle de fin lin brodee d'vn ouurage subtil tout au tour.

Sa robbe.

La refectió qu'il porte pour ce bó Prophete, ne semble pas grande de prime-face, ne consistant qu'en Pain & en eau : qui sont les deux plus communes & vulgaires pieces du viure de l'homme: mais l'ex-

Quelle sa refection.

perience monſtrera bien que c'eſt vne viande & breuuage diuin : car Elie en ſera ſubſtanté & fortifié cheminant l'eſpace de quarante iours & quarante nuicts, iuſques à ce qu'il ſera paruenu à la merueilleuſe montagne, où Dieu donna iadis les tables de ſes loix. Cependant que ie parle, le bon vieillard dort touſiours, & ne penſe ny à boire ny à manger, ny au chemin qui luy reſte à faire pour ſe detraper du danger : parquoy l'Ange le pouſſe pour la ſeconde fois, & l'eſueille l'aduertiſſant de prendre quelque nourriture, & marcher. S'il vous plaiſt attendre qu'il ſoit debout, vous le verrez ceint de ſa grande ceinture de cuir ſur vne ſoutane cendrée, longue iuſques à my-jambe, couuert d'vn petit manteau volant : & qui ne faudra

1. Reg. 19. 7

d'obeïr auſſi-toſt aux paroles de l'Ange, & s'eſloigner tant qu'il pourra de la fureur & prinſes de la Royne. Le voila debout qui tire ja païs à grand erre pour gaigner la montagne d'Oreb.

LE PAIN D'ELIE FI-GVRE DV SACREMENT de l'Autel.

LE Pain d'Elie fut pour certain, vne figure de noſtre Sacrement & de pluſieurs myſteres cachez en iceluy.

Nous auons dit ailleurs qu'en l'Eſcriture tāt du vieil que du nouueau Teſtament, le pain ſignifie generalement le corps du Sauueur; entant qu'il eſt donné en viande pour le ſouſtien des ames & l'immortalité des corps, ainſi Ieremie parlant du corps du Sauueur dit en la perſonne des Iuifs arreſtans en leur conſeil de le crucifier, *Mettons le bois en ſon Pain*, c'eſt à dire, donnons les tourmens de la croix à ſon corps, cōme les anciens Peres l'ont expliqué. Et le Fils de Dieu meſmes dict de ſoy. *Ie ſuis le Pain du Ciel.* En ce general

Le corps du Sauueur appellé Pain.
Iere. 11.
Tertull. l. 4. cont. Marc.
IESVS-CHRIST Pain.

tiltre donc le Pain d'Elie figuroit ce corps, & ceste viande; mais beaucoup plus singulierement en ce qu'il estoit merueilleux en toutes ses causes, effects, & circonstances, qui sont autant de traicts tirez sur la vieille figure en representation naïfue de la verité qui deuoit suiure apres. Premierement donc ce Pain fut enuoyé de Dieu par le seruice de l'Ange, ce traict est accomply en nostre Sacrement: car il nous est donné de Dieu specialemēt par le ministere du Prestre, qui est appellé Ange de Dieu en l'escriture, par ce qu'à la façō des Anges il enseigne les autres, dict S. Denys Areopagite: car comme les Anges superieurs illuminēt les inferieurs par leur science, ainsi les Prestres communiquēt leur doctrine aux membres inferieurs de l'Eglise de Dieu. Ange aussi selon Saint Hierosme, par ce qu'il est mediateur entre Dieu & les hommes, & annonce au peuple la diuine volonté: finalement Ange de Dieu, dict S. Chrysostome, parce qu'il ne parle pas de soy-mesme, mais enuoyé de Dieu. C'est dōc cest Ange qui consacre nostre Pain par la parole de Dieu, qui le faict chair par la vertu d'iceluy, qui le distribue par la

La cause efficiente, Dieu & son Ange.
Le Prestre Ange de Dieu.
Malach. 1.
2.7.
S. Dioni. l. cœl-hiera. c. 12.

S. Hiero. ibid.

S. Chryso. hom 2. in 2. Tim. 1.

Pain de froment.

cõmission. Secondemẽt ce Pain d'Elie
fut vn Pain de froment, car si c'eust esté
d'autre matiere, l'Escriture l'eust speci- *Rond en ga-*
fié: & fut vn pain façonné en gasteau *steau.*
selon la forme des pains cuits aux cendres; ce traict est encore accomply en
nostre Sacrement: car ceste matiere &
ceste figure, c'est celle de nos Hosties
qui sont le froment, le Sacrement, & les *Les hosties de*
gasteaux admirables du messie, desquels *froment &*
cy-deuant a esté parlé: que veut signi- *rondes.*
fier l'Escriture, disant que ce pain estoit
cuit soubs les cendres?

Que signifie l'Escriture par la cuisson du Pain d'Elie soubs les cendres.

ENCOR que nous ne sçachions
comment ce Pain fut cuit soubs
les cendres par l'Ange, nous
croyons neantmoins qu'il fut assaisonné de ceste façon; car l'Escriture le
dict: & parce qu'elle ne dit rien sans
cause, il ne faut pas doubter que soubs
le creux de ces cédres, elle n'ait couuert
quelques mysteres propres de nostre
Sacremẽt. Ces mysteres sõt trois entre *La memoire*
plusieurs autres, que les plus spirituels *de la charité*
pourront voir. L'vn est la memoire de la *du Sauueur*

u ij

charité du Sauueur. Les cendres font les reliefs du feu & de la chaleur passée: ce Pain donc cuit soubs la cédre chaude meslée auec des charbons vifs, nous figuroit nostre Sacrement vray memo-

Luc.22.19. rial institué par IESVS-CHRIST, & commãdé d'estre celebré en sa memoire, & en recordatiõ de son amour & de sa mort: &partant c'est le vray Pain cuit soubs la cendre, c'est à dire, appresté auec les marques & charbõs ardens de sa charité, & de ce qu'il a enduré pour nous. Le second mystere enseigné en

L'humilité du Fils de Dieu. ceste cuisson, c'est la grãde humilité du Fils de Dieu en ce Sacrement: la cendre c'est vne chose menuë & de vil prix, & partant hieroglife d'abaissemẽt & d'humiliation; comme nous enseigne la ceremonie naturelle de toutes les nations qui en õt vsé en ceste significatiõ. Ainsi

Genes. 18. Abraham par humilité s'appelle poudre & cendre, & s'abaisse au nom de ceste chose. Ainsi les Hebrieux de Bethulie

Iudit.7.4. suppliãs la diuine Majesté de les secourir, iettoyét de la cendre sur leurs testes par humilité. Ainsi le Roy de Niniue Payen s'humilia se leuant de son Thro-

Ioan.3.6. ne, & seant sur la cendre. Le Pain donc cuit soubs la cédre c'est IESVS-CHRIST:

vray pain du ciel humilié. Or s'est il humilié non seulement en se faisant homme, & mariant sa Majesté auec l'infirmité de nostre nature, pour y endurer les tourmens & opprobres de la Croix: mais encore se donnant en viande à sa creature soubs la figure & l'habit d'vn element fresle & commun, du pain & du vin: se donnant à manier cóme vne chose morte & insensible: se donnant à mãger & aualer à des pauures pecheurs: tous ces degrez d'humilité nous sont representez és cendres, & practiquez en ce Sacrement. A bonne raison donc il fut figuré par vne marque de grande humilité, à sçauoir par la cendre, en laquelle le Pain d'Elie cuit.

En son incarnation, en sa passion, & en son Sacremẽt

Le troisiesme mystere ce sont les mysteres de ce Sacremẽt cachez soubs les especes du Pain & du vin, comme soubs des cendres, mysteres de l'amour & grandeur de Dieu & des effects admirables de ceste viande, que les ames deuotes sentent plus facilement, que la plume ne peut dire. Et comme la grande Majesté du Sauueur marchant visible en terre estoit muffée soubs le manteau de nostre humanité, effectuant sa toute puissance, sagesse & bonté, en

Mysteres de l'Eucharistie cachez, signifiez par la cendre.

u iij

l'œuure de noſtre Redemptiō ſoubs la foibleſſe, folie, & ignominie de la croix: de meſme couure-il en ce Sacremēt la gloire de ſon corps ſoubs le voile de ces ſymboles, & cendres d'infirmité, & faict ioüer inuiſiblement de la main ſa ſupreme vertu, pour le ſouſtien & ſalut de nos ames & corps.

Que nous ſignifie le ſommeil d'Elie ſoubs l'ombre du Geneure.

Elie dormant le Sauueur, mort en la Croix.

C E S T E diuine main nous a peint par d'autres traicts & couleurs non moins admirables, les trois myſteres ſuſdicts & pluſieurs autres encor en vn autre coing de ce tableau. C'eſt en Elie dormāt à l'ombre du Geneure: car nous y voyons le Sauueur ſommeillant en la Croix: la memoire de ſa paſſion, & les plus grandes marques de ſon amour, & humilité, & les plus hauts ſecrets du Sacrement de ſō precieux corps. Le geneure communémēt c'eſt vn petit arbriſſeau, naiſſant en lieux ſablonneux & ſteriles, ſans beauté exterieure: n'ayant pour fleurs & pour feuilles que des pointes piquā-

Le geneure.
Plin. l. 6. c. 24. & 25.

tes. Elie dort las & recreu à l'ombre de
cet arbrisseau. N'est-ce pas la naifue representation du Sauueur, angoissé de
tourmens, couronné d'espines, dormāt
en la croix? arbre d'humilité, ombra- *La croix*
geant sa grandeur: supplice des malfai- *arbre d'hu-*
cteurs, couurant son innocence: arbre *milité.*
d'espine, de peine, de pauureté? Ne
sont-ce pas les marques de la teneur de
la vie penible de nostre bon Roy, & de
son sommeil douloureux; Les mesmes
circonstances nous marquent encores
les qualitez de nostre Sacrement memorial de sa vie & mort: car estāt iceluy
consideré exterieuremēt, il ne monstre
rien qui ne soit petit, difficile, sās fruict,
sans fleurs & sans beauté pour les sens,
& tout espineux pour le iugement humain reuesche à croire les choses qu'il y
trouue repugnantes à sa suffisance, &
s'en pique & s'en offense, comme iadis
les Capharnaïtes & les autres enfans de *Ioan. 9.*
tenebres qui sont venus apres. D'autre *Le geneure*
costé le mesme arbre est tousiours verd, *tousiours*
verdoyant.
& ses espines sont ses feuilles, & beauté:
son bois bruslé chasse les serpens, & ses
charbons portent vn feu si ardent & vi- *chasse les*
uace, qu'ils durent vn an entier soubs la *serpens.*
Plin. l. 24.
cendre: pour laquelle raison Dauid les *c. 8.*

u iiij

appelle *charbons de desolation*, par ce qu'ils bruslent viuement & consomment efficacement. Ces qualitez nous font vne secrette peinture de l'interieure vertu & beauté de la croix du Sauueur, & de son Sacrement: car tout ce qui y paroist repugnãt à la sensualité, c'est verdure & beauté à l'ame fidele: c'est preuue de la puissance & amour de IESVS-CHRIST enuers nous: le bois de ceste croix & de ce Sacrement, c'est à dire, ce qui paroist plus dur en l'vn & en l'autre, estãt bruslé en la meditation du feu diuin: dont Dauid disoit, *Le feu bruslera en ma meditation*: estant attisé de ceste meditation, il chasse loing les serpens, c'est à dire les mauuaises pensees que le vieil serpent faict glisser en nostre ame pour nous piquer & faire mourir: cela mesmes engendre en nous des charbons de charité qui estans couuerts soubs la cendre d'humilité, ne meurent iamais. Voyla le geneure dechifré. Mais soubs l'ombre de ce geneure Elie dort: c'est l'ame Chrestienne qui prend son repos en la meditation du Sacrement de l'Autel, qui est l'ombre, c'est à dire memorial de la mort du Sauueur, comme il a esté dict: car comme l'ombre represente le

carbones desolatorij Psal 119. 4.

Le bois de la croix.

Psal 38. 3.

Dormir sous l'ombre du geneure.

corps ainsi le Sacrement represente la passion : & comme le corps est present auec l'ombre, ainsi le corps du Sauueur au sainct Sacrement.

Le chemin d'Elie depuis l'ombre du geneure iusques à la montagne d'Oreb, & de l'eau à luy donnee auec le Pain.

4.

SOVBS ceste ombre il nous faut veritablemēt reposer en la lassitude de nos persecutiōs, cōme Elie y dormoit en figure, fuyāt la rage de Iesabel: car il n'y a aucun plus souple & solide repos, parmy les trauerses de ceste vie penible, que la meditation de la mort du Sauueur ioincte auec la perception de son corps : ce que Dauid par esprit Prophetique auoit iadis enseigné disāt à Dieu en la personne de tout Chrestiē affligé : *Tu as appresté deuant moy vne table contre ceux qui me troublent* : & partant l'Ange representāt la figure, resueille Elie, & l'exhorte à manger du Pain figurant ceste table : ce qu'il execute, & en est si bien refaict qu'il en prend force &

Solide repos

Psal. 22. 5.

courage pour marcher quarante iours & quarante nuicts, iusques à la montagne de Dieu, se detrappât de la persecution de la Royne: qui sont encores deux mysteres tracez en la figure pour nostre verité: car cest espace de iours signifie la duree de nostre pelerinage mortel, diuisé en quatre aages cóme en quatre dizaines: en l'enfance, en l'adolescence, en la ieunesse, & en la vieillesse: & miparty de iours & de nuicts, de biens & de maux, de consolations & persecutions. Ce chemin continuel d'Elie iusques en Oreb: c'est le progrez qu'il nous conuient faire à monter par saincts desirs & souspirs, & par bonnes œuures iusques au sommet de la perfection Chrestienne, selon la mesure de la grace de Dieu communiquee à chascun: & de ce sommet se guinder d'vn vol victorieux de la mort, & du monde, à la haute montagne de Dieu, nostre felicité. Or en ce pelerinage nostre vray Pain & soustien, c'est le corps du Sauueur donné par son Ange, à sçauoir par son Prestre, comme il a esté dit.

Quarante iours.

Signification du pot d'eau.

5

MAIS que signifie le pot d'eau donné auec ce Pain? c'est la grace diuine donnee auec le Sacremét: ainsi est-elle figuree par le Createur qui la dóne & la promet, en telle figure, disãt par son Prophete Ezechiel. *I'espandray sur vous vne eau pure*, à sçauoir ceste grace, & le Sauueur crioit au Temple. *Si quelqu'vn a soif qu'il vienne à moy & boiue*, parlant de la mesme grace: c'est ceste eau qui nous est donnee pour rafreschir nostre lassitude: qui nous donne force, & nous faict monter aisément à la montagne de Dieu, pour nous mettre en possession du Ciel. Qui eust pensé de prime-face qu'à l'ombre de ceste figure fussent ces beaux mysteres cachez? Et combié en y a-il encor que l'ame contemplatiue y remarquera? mais n'en y a-il pas assez icy pour admirer ceste infinie sagesse en la peinture de ses secrets? ceste souueraine puissance en la grandeur de ses œuures? ceste supreme bonté en la largesse de ses biens? Certes ce fut vn clair tesmoignage de sa tres-sage pre-

Ezech. 36. 25.
Iaon. 7. 37.

Preuoyance de Dieu.

uoyance de tirer si long temps deuant les traicts du Sacrement de son corps: une aussi belle marque de sa vertu, d'auoir donné à Elie vn Pain de telle force qu'il peut entretenir la vie, & fournir la vigueur de quarante iours entiers à vn corps debile, trauaillé & trauaillant: vn signe euident de sa grande misericorde: d'espouser si paternellement le soing d'vne sienne creature mortelle, & luy enuoyer vn esprit immortel: & vn de ses enfans d'honneur pour luy seruir en sa necessité, de pannetier & d'eschanson: mais qu'est-ce au prix de ce qu'il a faict laissant les armes & le gage de son Sacrement à son Eglise militante? donnāt son humanité & diuinité? se donnāt tout & d'vne manière si diuine & si conuenable à nostre infirmité? Ce qu'il fit alors pour Elie, n'est-ce pas vne peinture, vne presentation & vne ombre parangonnee à la viue image, à la verité & au corps? Qui pourra donc, ô Seigneur, dire, ou encores comprédre les traicts de vostre sagesse en ce Pain? de vostre grādeur en ce mystere? de vostre misericorde en ce festin? Et que peut autre chose icy la mortelle foiblesse, sinon begayer en parlant, & admirer

Vertu.

Misericorde.

en silence la hauteur de vos conseils & la douceur de vos graces, & vous en remercier du profond de son cœur en l'humble confession de son incapacité.

LE SACRIFICE
PROPITIATOIRE.

L. Gaultier fecit.

LE SACRIFICE
Propitiatoire.

Sacrifice Propitiatoire.
Leuit 4. & 6. & 7.

LE Prestre Iuif vient d'offrir le sacrifice annuel de Propitiation, afin d'appaiser Dieu & obtenir de luy, pardon & grace pour soy & pour le peuple, des pechez cōmis, On a porté le sang de la victime sur l'Autel des parfums assis deuant la porte du Sanctuaire appellé SAINCT DES SAINCTS, où est l'Arche de Dieu, & la chair d'icelle victime a esté consommee au feu auec la teste & la peau, hors de Hierusalem, sans que personne en ait mangé: ceux qui l'ont faict brusler se lauent hors les portes de la ville, d'autant que selon la loy ils

La chair bruslée toute.

Les officians immondes. font reputez immódes par ce seruice, & ne peuuent r'entrer ny se trouuer en la compagnie de leurs freres, qu'ils ne soient purifiez par l'eau d'expiation.

Sacrifices auec refection. ON celebre maintenant vn autre sacrifice pour le peché aussi, mais cótraire en ceremonies à celuy qui vient d'estre faict. Car il se reitere tous les iours, & le sang de la victime n'être point au Sáctuaire, mais est offert sur l'Autel de l'holocauste dans vn bassin d'or, comme vous voyez. Les hómes de la lignee Sacerdotale mangent en ce paruis sacré la chair de l'Hostie & en sont sanctifiez, au lieu qu'en ce premier sacrifice, elle estoit toute consommee par le feu, & rédoit immódes ceux qui la faisoiét brusler cóme il a esté dit. Il n'y a aucune femme au banquet, ny aucun hóme immonde: car la loy n'y reçoit que les masles, & iceux sanctifiez. TROIS

TROIS ESPECES DE
SACRIFICE.

8

Ovs auons dict ailleurs *Aux ta-*
qu'il y auoit trois genres *bleaux d'A-*
bel, & de l'o-
de sacrifices obscurément *blation des*
practiquez en la Loy de *premices.*
nature, & expressement
ordonnez en celle de Moyse: le premier estoit de l'holocauste, tout adressé à la loüange de Dieu: le second Pacifique, ordōné pour action de graces: le troisiesme Propitiatoire, pour appaiser Dieu. En ce troisiesme gēre de sacrifice *Des bestes à*
on offroit vne des six especes de bestes *quatre pieds.*
licites, à sçauoir, ou de bouine, ou de *Des oyseaux.*
moutonnaille, ou de capraille, ou si c'estoiēt oyseaux, on prenoit ou pigeōs, ou moyneaux, ou tourterelles. Tous figuroient ou le sacrifice de la Croix, ou celuy de la Messe, ou tous les deux ensemble. Le premier dont est faict mention au present tableau signifioit apertement le sacrifice de la croix, & le second,

x

celuy de l'Eucharistie, voyons-en les marques.

Le sacrifice Propitiatoire qui proprement signifioit celuy de la Croix.

SI nous considerons attentiuemét le rapport de la figure, nous y recognoiſtrós auſſi toſt laverité, Ce premier ſacrifice Propitiatoire ſe faiſoit vne fois l'an & non pluſieurs. C'eſt la marque de l'vnique ſacrifice de la Croix, qui n'a eſté faict qu'vne fois en l'an du Saueur, c'eſt à dire durãt ſa vie, an & temps du vray Iubilé du Seigneur: & faict ſans pouuoir eſtre reïteré. C'eſt ce que deduit Sainct Paul eſcriuant aux Hebrieux *En ceſte volonté nous auons eſté iuſtifiez par l'oblation vne fois faicte du corps de* IESVS-CHRIST. Et apres ayant dict que les Preſtres Iuifs ne pouuoient effacer le peché auec leurs ſacrifices ſãglãs, il adiouſte, mais IESVS-CHRIST *ayant offert vn ſeul ſacrifice pour les pechez, eſt aſsis eternellement à la dextre de* Dieu. Ce ſacrifice donc ne peut eſtre reïteré eſtant le Saueur triomphateur de la mort & ne

Marginalia:
I
Vne fois l'an
L'année acceptable &
Iubilé
Leuit. 25. 10. 11.
Luc. 4. 19.

Hebr. 10. 12.

pouuant plus mourir, & n'estant cela necessaire. La seconde circonstance estoit qu'en vn sacrifice annuel, le sang de la victime de Propitiation estoit porté sur l'Autel des parfums assis deuant le Sanctuaire figure du Ciel, comme Sainct Paul l'allegorise.

<small>2. Le sang porté à l'Autel des parfums.</small>

LE sang du Sauueur aussi: c'est à dire le prix de son sang a esté porté iusques au Ciel, & mis deuant les yeux de Dieu, qui en consideration d'iceluy sang espanduà son honneur pour les hommes leur faict pardon de leurs pechez s'il ne tient à eux. Troisiesmement la chair de la victime estoit toute consommée au feu auec la teste & la peau hors du camp, quãd on estoit au desert, ou hors Hierusalem, depuis qu'elle fût choisie pour estre le lieu à sacrifier. Le Sauueur a esté crucifié au mont Caluere hors de Hierusalem, son corps bruslé par trois feux & consommé iusques à la mort par le feu de son amour infiny, qui le faisoit volontaire victime à son Pere pour nos pechez: car par le feu de nos pechez mesmes, qui luy causoyent la mort, par le feu des opprobres, blasphemes & tourmens qu'il endura en sa Passion, en laquelle remarquablement sa peau fen-

<small>3. Toute la chair bruslee.</small>

<small>L'holocauste de la croix bruslé par trois feux.</small>

x ij

tit ce feu, quand elle fut cruellement deschirée de coups de verges, comme aussi la teste couronnée d'espines, & le sacré visage souillé de crachats. Finalement personne des sacrifians ne mangeoit en ce sacrifice Propitiatoire: personne ne mangera en cestuy-cy: & ceux qui faisoient brusler la chair de celle victime ancienne estoient immondes & se deuoient purifier de l'eau expiatoire pour r'entrer en la cité: ceux qui firent mourir le Sauueur ont esté rendus abominables deuant Dieu, & s'ils ont voulu r'entrer en la cité de sa Hierusalem, qui est son Eglise, il a fallu qu'ils se soyent purifiez par l'eau du Baptesme. Voila de poinct en poinct, & crayon par crayon, la figure accomplie du sacrifice de la croix, qui a veritablement effacé nos pechez & donné abondante grace de paix & de propitiation, mais qu'on l'applique par les moyens ordonnez de Dieu, qui sont les Sacremens, mais singulierement le sacrifice & sacrement de l'Eucharistie.

Les deux dernieres circonstances.

Le second genre de sacrifice Propitiatoire figure de l'Eucharistie.

3

IL ne faut pas douter que comme ce premier genre de sacrifice Propitiatoire fut accomply en l'oblation de la croix, le second ne l'ait esté en vne autre: car si rien n'a passé en figure en la vieille loy, tant fut il petit, que le Sauueur ne deust parfaire en la loy de grace, & si luy-mesme a souuët protesté qu'il accompliroit toute la loy iusques à vn petit iotta, & que plustost le Ciel & la terre faudront, qu'vn seul poinct fust laissé arriere sans estre parfaict, qui osera penser qu'vn sacrifice si remarquable que cestuy-cy, n'ait esté paracheué selon toutes ses circonstances? Or l'accomplissement est tres-clair en l'Eucharistie: Elle se reïtere tous les iours comme l'anciéne figure: car tous les iours on dict la Messe, le sang est mis sur l'Autel, & offert à Dieu en icelle Messe, la chair du corps du Sauueur y est mangée tât par les Prestres, que par les lais, qui en qualité de Chrestiens & vrays fideles sont censez aucunement

Matth 5. 18.
Luc. 16. 17.

1.Pet 2.9.
Sacerdoce
Royale.

Prestres & Roys, comme les appelle sainct Pierre : & entant qu'ils se preparent deüement à la communiõ par penitence & autres œuures de pieté, ils sont enfans masles de la lignée Sacerdotale, ayans l'ame forte & non effeminée, encor que ce soyét femmes & ieunes pucelles. Ceste chair est mangée en vn lieu sainct, c'est à dire en la maison de Dieu qui est l'Eglise Catholique, & en son Temple ordinairement, & si c'est en vne maison priuée où les malades la mangent, c'est tousiours en l'enceinte de la maison de Dieu; & ceste chair sanctifie ceux qui la mangent purement, & sans souïllure d'aucun peché mortel.

Auec quelle difference les sacrifices & Sacremens Iudaiques & les Chrestiens sont Propitiatoires.

Heb.10.4.

4
LEs Sacrifices Iuifs faicts pour le peché estoyent Propitiatoires, & impetroyent pardon, nõ de leur vertu, car comme dit Sainct Paul, *Il est impossible que les pechez soiẽt effacez par le sang des taureaux & de boucs* ; mais à rai-

on de la religion & pieté de ceux qui es faisoient, protestans par iceux la foy & l'esperance qu'ils auoient au futur Messie, IESVS-CHRIST: en ceste façõ Dieu leur promettoit grace, disant de l'homme deuot. *Il offrira sacrifice, & le Prestre priera pour luy, & le peché luy sera pardonné.* Ils estoyent donc impetratifs de pardon par la foy & vertu des offrans, laquelle Dieu acceptoit: mais non pas operatifs de pardon, sinon en figure; le sacrifice de l'Eucharistie qui est la verité de tous, porte grace quant & soy & par soy, comme tous les Sacremens de la loy de grace, car ayãs esté instituez par l'auteur de grace IESVS-CHRIST, & par le Maistre en personne, & non par l'entremise de Moyse seruiteur, & estant payée la finance de nostre redemption en son sãg precieux: c'estoit bien la raison qu'ils eussent en eux la vertu que ceux la figuroient: & puisque le thresor estoit compté, qu'ils donnassent argét comptant la remission des pechez. Parquoy les Sacremens Chrestiens portent grace d'eux-mesmes, & ce par leur actiõ en vertu de la prerogatiue à eux dõnée par le Sauueur: & celuy qui les reçoit en bonne disposition, il proufite par

Leuit. 4.

Ex opere operantis.

Pourquoy les Sacremens de la loy de grace sont operatifs de soy.

Ex opere operato

x iiij

le serpent d'airain.
Num. 21.

deux voyes, à sçauoir par le Sacrement qu'il reçoit, & par la propre deuotion qu'il y apporte: au lieu que les Hebrieux ne l'auoiét qu'en la secõde façon. Leurs Sacremens estoiét salutaires comme le Serpēt d'airain au desert: car ce n'estoit pas de sa propre vertu qu'il guarissoit la morsure des serpens, ains de la foy de ceux qui le regardoyent selon le commandement de Dieu: luy n'estant que la butte des yeux & l'obiect de ceste foy: mais les nostres sont salutaires en façon d'vne precieuse Teriaque, qui porte quát & soy l'efficace de souueraine medecine, & si elle entre dans vn estomach preparé, elle faict vn souuerain effect pour le salut du corps: ainsi les Sacremens de la loy de IESVS-CHRIST, ont en soy la vertu de salut. Ainsi le Baptesme, la Penitence, & autres Sacremens de remission, effacent le peché en l'ame, & tous portent grace par leur action, mais principalement l'Eucharistie, contenant icelle le Createur de grace IESVS-CHRIST: les autres ayans le fruict seulement, elle l'arbre & les pommes ensemble: les autres donnans les ruisseaux, elle donnant la fontaine encor. La mesme eucharistie aussi,

entant que sacrifice, donne grace & re- *Entant que*
mission des pechez, impetrant de la di- *sacrifice.*
uine bonté pardon à celuy pour qui elle
est offerte: car ce corps est si precieux de
uant Dieu, & Dieu en a tant esté glorifié, qu'il ne luy peut estre presenté sur
l'Autel qu'auec gain de sa bonne grace:
mesmes qu'il est presenté en chef par sõ
propre Fils, qu'il ne peut n'auoir pour
tres-agreable, & à qui il ne peut rien refuser: (les Prestres ne sont que les vicaires visibles & mediateurs de l'action:) le
don & le donneur, l'offrande & l'offrãt,
est le mesme, & l'vn & l'autre infiniemẽt
agreable aux yeux de la diuine Majesté.
L'Eucharistie donc est vn sacrifice propitiatoire figuré par celuy des Iuifs en la
maniere que venons de dire.

Tesmoignages des anciens Peres Latins & Grecs, monstrans que le sacrifice de la Messe est Propitiatoire.

SAINT Augustin. *Par plusieurs* S. August.
anciens sacrifices que l'on offroit pour ep. 57.
les pechez estoit signifié cestuy sacrifi-
ce, auquel est faicte la vraye remissiõ des pechez

le sang duquel non seulement n'est pas prohibé (comme en ceux-là) mais offert à tout le monde, & tous sont inuitez a le boire. Et en la cité de Dieu il escrit qu'en l'Eglise on offre & offrira le sacrifice pour le peché iusques au iour du iugement: mais non au delà, parce qu'alors il n'y aura plus personne à qui les pechez puissent estre remis.

Chacun est inuité à boire le sang du Sauueur.
S. Aug l. 20. de ciuit. c. 25.

Et en vn sermon qu'il a faict des Innocens parlant de l'Autel où l'on dict la Messe, *Là*, dit-il *se respãd le sang de* Christ *pour les pecheurs*. S. Ambroise parlant de l'Eucharistie, Iesvs-Christ *s'offre soy-mesme comme Prestre pour nous remettre noz pechez*. Et en l'exhortatiõ aux vierges, il appelle ce qui est offert à l'Autel vne Hostie salvtaire, par laquelle le peché du monde est effacé.

L'Autel du sang du Sauueur.
Idem serm. de Innoc.
S. Ambr. l. 1. offic. 48.

S. Cyprien en vn sermon dict que l'Eucharistie est vn holocauste pour purger les iniquitez.

Hostie salutaire.
Idem in exhort. ad virg.
S. Cyp. ser. de cœna domini.

S. Hierosme. *Si on commande aux gens lais de s'abstenir de la compagnie de leurs femmes pour mieux prier: que doit-on penser de l'Euesque qui offre tous les iours à Dieu les Victimes sans tache pour ses pechez, & ceux-là du peuple?*

S. Hiero. in c. 1. ep. ad Tit.
S. Chrys. l. 9. de sacer.

S. Chrysostome. *Le Prestre comme ambas-*

PROPITIATOIRE. 231

sadeur & orateur intercede enuers Dieu pour tout l'vniuers, afin de le rēdre propice, non seulement aux pechez des viuans; mais encor des trepassez. Et en sa liturgie ou formulaire de sa Messe, il prie Dieu ainsi. *Faictes nous idoines à vous presenter des dons & sacrifices pour nos pechez, & pour les ignorāces du peuple* ; & souuent appelle l'Eucharistie HOSTIE SALVTAIRE.

Idem in liturgia Hostia salutaris. hom. 3. in ep. ad Eph.

ET S. Basile en sa Messe aussi. *Faictes nous dignes*, dit-il, priant Dieu, *de vous presenter deuant vous auec vn cœur net, & de vous seruir & offrir ce venerable sacrifice pour effacer nos pechez & la malice du peuple.*

S. Basil. in liturg. initio.

S. Iaques en la sienne. *Nous vous offrons ce sacrifice non sanglant pour noz pechez & les ignorances du peuple.*

S. Iacob. in liturg.

S. Iustin Martyr escrit que le sacrifice de la vache que l'ō offroit pour les meseaux en la loy de Moyse, estoit la figure de l'Eucharistie offerte pour l'expiation des pechez.

S. Iust. dialog. contra Trypho.

S. Cyrille de Hierusalem. *Nous offrons IESVS-CHRIST occis pour nos pechez, afin de nous rendre, & autres propice celuy qui est tres-benin.*

S. Cyrill. Hieroso. Catech. mystag. 5.

En somme tous les Docteurs Catholiques Latins & Grecs de mesme foy & langage que ceux-cy, ont enseigné que le sacrifice de la Messe est le vray & vnique sacrifice des Chrestiens, institué par IESVS-CHRIST, pour impetrer de Dieu remission des pechez. Le sacrifice de sa Croix n'est pas le sacrifice des Chrestiens, encor qu'il soit le fondement de la religiõ Chrestienne. Car les Chrestiens ne peuuent ny le faire estant le Sauueur immortel, ny le desirer, d'autant qu'ils seroyét semblables aux Iuifs qui le crucifierent. C'est l'Eucharistie qui est le seul & propre sacrifice des Chrestiens, ordonné pour rametenoir celuy de la Croix: pour en appliquer le merite, & comme le Baptesme, la confirmation, & les autres Sacremens, entant que Sacremens, remettent les pechez en vertu du sacrifice de la Croix, ainsi l'Eucharistie en tiltre de sacrifice applique la remission des pechez gaignée en la Croix, & en ceste façon est sacrifice Propitiatoire. Ceste doctrine est selon Dieu & selon raison: car puisque IESVS-CHRIST est Prestre eternellement selon l'ordre de Melchisedec, il faut que le sacrifice institué par luy selon cet ordre, qui est celuy de la Messe, & non autre, soit Propitiatoire, pource que c'est l'office essétiel du Pre-

Le sacrifice de la Croix n'est pas le sacrifice Chrestien.

l'Eucharistie est le sacrifice Chrestien.

Iesus-Christ Prestre eternellement. Psal 109.

tre d'offrir pour le peché, côme sainct Paul escrit. *Tout Pontife choisi des hommes est ordonné pour les hommes és choses qui sont de Dieu, pour offrir des dons & sacrifices pour le peché.* IESVS-CHRIST, donc côme Prestre s'offre soy-mesme en ce sacrifice pour nos pechez, & ce par le ministere des prestres ses vicaires, tout ainsi que par eux il enseigne, baptise, confirme, & exerce les autres offices & Sacremens de Docteur & de Redempteur.

<small>Hebr. 5.</small>

LA raison veut aussi que puisque l'oraison, l'aumosne, le ieusne, la penitēce, & les autres actions de pieté, pour estre honorables & plaisantes à Dieu, l'appaisent & obtiennent de luy la remission des fautes commises : ce sacrifice qui est le plus haut honneur que l'Eglise presente à Dieu, & la plus diuine de toutes les actions sainctes, ait force de l'appaiser & gaigner sa grace. Moyse obtint pardon pour plusieurs milliers de pecheurs; Daniel conseilloit au Roy de Babylone de rachepter ses pechez par aumosnes, ces œuures donc estoyent propitiatoires, & comment ne le seroit le sacrifice du corps du Fils de Dieu, offert par son Fils mesme, & par ses mēbres en supreme culte de sa Majesté?

<small>Les bonnes œuures sont propitiatoires.</small>

<small>Moyse. Exo. 32. 31. Daniel. 4. 24.</small>

l'ennemy des hommes n'a-il pas esté extremément enuieux & maling de vouloir oster ceste creance de l'esprit des enfans de Dieu? & ceux qui ont creu à ses fraudes contre l'honneur de Dieu, contre la doctrine de son Eglise, ne sont-ils pas miserablement ensorcelez & du tout indignes de iamais auoir remission de leurs fautes?

En quelle façon le sacrifice de la Messe & les Sacremens remettent le peché puisque la croix est nostre entiere redemption.

6

Ais si le sacrifice de la Croix est nostre entiere redemption, & le prix infiny de tous nos pechez, & de mille mõdes, si tant y auoit de pecheurs, cõment disons-nous que le sacrifice de la Messe est propitiatoire, & les Sacremens & les bonnes œuures? A cela ie responds que le sacrifice de la Croix c'est la maistresse fõtaine de nostre salut. Le sacrifice de la Messe & les Sacremens sont les ruisseaux par lesquels le merite de la Croix decoule en nos ames, & sans lesquels ce merite

La Croix est le fond de nostre salut.
Les Sacremens l'appliquent pour le salut.

PROPITIATOIRE. 335

nous feroit infructueux: le Baptesme est vn de ces ruisseaux, comme la Confirmation, & les autres Sacremens: le sacrifice de la Messe en est vn aussi; & par eux la Croix est salutaire, mais aux Chrestiens seulement: car les Turcs & les Payens n'en reçoyuent aucun fruict, parce qu'ils n'ont aucun Sacrement ny sacrifice par lequel ils puissent ouurir la porte de ce merite, & faire decouler en eux les eaux de redemption & salut. La Croix leur est vne fontaine bouchée, vn verger fermé, vn thresor caché, parce qu'ils n'ont ny les tuyaux ny l'êtrée, ny la clef, qui leur dône le moyé d'en estre participans. La Messe donc non plus que les Sacremés n'est pas vne nouuelle redemption, ny autre que celle de la Croix: mais elle est vn excellent moyé d'appliquer celle qui a esté faicte en la Croix. Les Sacremés en sont les moyens en tiltre de Sacremens, l'Eucharistie auec priuilege, en tiltre de sacrifice & de Sacrement ensemble. *La Croix infructueuse sans application.*

Les bonnes œuures sont bonnes & propitiatoires non d'ellesmesmes: mais parcequ'elles sont fondées sur la Croix, & sans cet appuy elles sont inutiles à la vie eternelle. Parquoy les Sacremens, *Les bonnes œuures.*

le sacrifice de la Messe, les vertus, les actions de pieté, toute la religion Chrestienne, prend vie, force & vertu de la Croix: les Sacremés en sont les canaux: les bónes œuures, les fruicts: l'Eucharistie est la grande clef: car les Sacremés profitent seulement & sont propitiatoires à ceux qui les prennent en bonne disposition, le Baptesme remet le peché seulement à celuy qui est baptisé: la penitence à celuy qui la faict, & ainsi des autres: l'Eucharistie entant que Sacrement donne grace seulemét à celuy qui cómunie: mais entant que sacrifice, elle profite à tous pour lesquels elle est celebrée, d'autát que c'est vne action tresnoble, faicte auec vne priere generale & tres-efficace, à raison du present qu'elle faict à Dieu, & partant vn moyen gene-

La Messe moyen general pour appliquer le merite de la Croix.
Pour les iustes.
Pour les pecheurs.
Pour les infideles.

ral aussi de l'appaiser auec le corps de son Fils, qui a tout payé & qui peut tout obtenir. Parquoy si la Messe est dicte pour les iustes, elle leur impetre accroissement de grace & la vertu de perseuerer: si pour les pecheurs repentis, elle leur obtient pardon: si pour les impenitens, elle leur obtiét repentance: si pour les infideles, elle faict que Dieu les conuertit, & ainsi elle proufite à tous les viuans:

ñas : si elle est appliquée pour les saincts trespassez, elle les honore, si pour ceux qui sont en Purgatoire, elle diminuë leurs peines. Que si l'on voit souuent la Messe estre dicte pour plusieurs qui neantmoins demeurent obstinez en leurs vices, c'est leur faute qui les priue de ce fruict : mais la Messe n'est iamais pour cela sans fruict : car elle proufite à quelqu'autre. La Croix donc est tousiours le fond de nostre entiere redemption : les Sacremens sont les moyens pour l'appliquer en particulier à chasque Chrestien viuant & disposé : le sacrifice de la Messe, à tous, ainsi qu'il a esté dict : & par tout le sang espandu en la Croix est le prix & la paye de nostre rachapt.

Pour la memoire des bien-heureux.
Pour les trespassez.

Le sacrifice de la Messe auec les Sacremens est honorable à la Croix.

7

COMME le sacrifice de la Messe & tous les Sacremens de l'Eglise prennent leur vertu du merite infiny de la croix, aussi l'honorent-ils en la contribution d'icelle vertu : car autant de fois qu'ils don-

y

L'effect honore sa cause.

nent grace, autant de fois donnent-ils occasion de loüer la premiere cause d'icelle grace: ne plus ne moins que naturellement vne Aigle, vn Lion, vn Dauphin, vne Esmeraude, & toute autre creature noble, portant par sa bonté ou beauté quelque vtilité ou plaisir à l'hõme, l'excite à la loüãge du Createur qui luy a eslargy ceste bonté & beauté: ainsi les Sacremens portans grace, portent en leur action tesmoignage du merite de la passiõ du Fils de Dieu, source meritoire de ceste grace: mais sur tous les mysteres Chrestiens, le sacrifice de la Messe excelle en cela pour deux raisons: la premiere, parce qu'il contient en soy, presẽt le mesme corps qui nous a racheptez en la Croix, & exhibe en ce corps, la fontaine de nostre rachapt: au lieu que les autres Sacremens, comme il a esté dict, ne donnent que les ruisseaux. La seconde: parce qu'il represente naïfuement l'action de ce nostre rachapt, à sçauoir la passion du Sauueur, & le sacrifice de la Croix: car le mesme corps qui fut offert en la Croix est icy offert: en la Croix par sacrifice sanglãt, icy par sacrifice non sanglãt: en la Croix il fut immolé, icy il l'est encor, mais là,

Le sacrifice de la Messe honore grandement celuy de la croix.

La Messe viue representation de la croix.

auec occision & effusion violente de son sang, icy il est immolé à la façon qu'auons dict, à sçauoir aux especes du pain & du vin, & par icelles representé, comme chose morte & insensible, en viande, en breuuage, & son sang espandu à la semblance de vin, mais demeurant tousiours son corps & son sang, sans aucune lesion, immortel & glorieux. En la croix aussi sa puissāce paroissoit infirmité: sa bōté, malice, & sa sagesse, folie: car les mescreans le voyoient pauure, le croyoiēt impotēt, le blasphemoient comme mal-faicteur, & le baffoüoient comme fol, encor qu'il fust en soy tout-puissant, tout-bon, & tout sage: tout cela est represēté au sacrifice de la Messe. Car en l'exterieur ne paroist qu'infirmité aux infideles, ne voulans croire que le Sauueur puisse faire que sō corps y soit presēt: elle leur semble aussi impieté, c'est pourquoy ils l'appellent idolatrie: elle ne paroist qu'vne chose folle, d'où viēt qu'ils s'en moquent cōme d'vne farce; estāt neātmoins l'actiō du Fils de Dieu, & la plus belle œuure de pieté & de religion qui soit en l'Eglise de Dieu. Pour ces raisons elle honore la vertu de la Croix: elle la presche, la

Semblance de la croix & de la Messe.

y ij

communique, & la presente sur tous les mysteres Chrestiens. Aussi a-elle esté ordonnée de la main de celui qui auoit iadis tracé és vieux sacrifices toutes les figures de la Croix, & qui a bien sceu dresser vn sacrifice en la loy de sa grace qui representat icelle passiõ traict à trait naïfuement & efficacemēt. Et comme il l'a sagement ordonnée, aussi l'a-il seule choisie pour la memoire tres-honorable de sa Croix. Parquoy l'aduersaire qui dict que la Messe euacuë l'honneur de la croix, est vn insigne menteur, vn maling trompeur, & vn impudent calomniateur, & veut luy-mesme euacuer l'honneur de la Croix, & priuer les humains du fruict d'icelle par ces mensonges, impostures, & calomnies, obscurcissant la verité, deceuant les ames, & ternissant les actions de pieté.

Le sacrifice de la Messe ordonné pour honorer la memoire de la croix.
1 Cor. 11.
26.

Le sacrifice de la Messe vtile pour impetrer de Dieu toute sorte de bien, & qu'il s'estend à toutes personnes, sauf aux damnez.

8

PVIS QVE le sacrifice de la Messe est propre pour impetrer la remission des pechez, il est aisé de colliger qu'il nous peut ayder à obtenir toute sorte de biens s'ils nous sont vtiles: car il est plus difficile d'appaiser l'ire de Dieu & le fleschira misericorde, nous estant ennemy par nostre peché, que d'obtenir tout autre don de luy lors qu'il nous est amy. Nous sçauons aussi que les anciens sacrifices estoiët offerts non seulement pour le peché, mais encor pour plusieurs autres fins temporelles, dont s'ensuit que le sacrifice de l'Eucharistie, qui a succedé à tous les anciens, comme Sainct Chrysostome: Sainct Augustin, Sainct Leon, & les autres Docteurs de l'Eglise remarquét, peut estre offert pour les mesmes fins, autrement la verité seroit moindre que

L'Eucharistie comprend tous les anciens sacrifices
S. Chrysosto. in Psal. 95.
S. Aug. cont. aduers. leg. l. 1 c. 20
S. Leo ser. 8. de pass. domin.

y iij

la figure, qui est vne chose absurde. Que les sacrifices anciens fussent employez pour obtenir d'autres dons que de remission, il est euident par la Saincte Escriture, qui nous dict que les Hebrieux offroyent des victimes pour la vie du Roy Darius & de ses enfans. Item, que Onias grand Prestre offrit pour la santé d'Heliodore. La Messe donc à meilleur tiltre, peut impetrer ce que les oblatiõs Iudaïques impetroyent : car elles ne contenoyẽt que la figure du corps du Saüueur, & l'Eucharistie l'exhibe present. Et de faict ç'a esté la practique de l'Eglise dés son berceau. S. Paul commãde de faire prieres publiques en l'Eglise pour les Roys & personnes publiques, à fin d'auoir paix, lesquelles prieres les saincts Peres, Sainct Chrysostome, Sainct Ambroise, Sainct Augustin, & autres ont exposé de celles qui se fõt au sacrifice de la Messe. Tertullien confirmant ceste coustume. *Nous sacrifions*, dict-il, *pour le salut de l'Empereur*. S. Augustin escrit que de son temps certains Prestres furent dire la Messe & offrir sacrifice en vne maisõ pour en chasser les Diables qui l'infestoyent & la rendoiẽt inhabitable. Sainct Prosper tesmoigne

Marginalia:
Darius.
1. Esd. 6.
Heliod. 2.
Machab. 3.

1. Tim. 2.
Priere en la Messe.
S. Chrys. in 1 ad Tim. 2.
S Ambros. l. 6. de sacr. c. vlt.
S. Aug. ep. 59. ad Paul.
Theoph. & Oecum. in 1. ad Tim.
t. Tertul ad Scapul.
S. Aug. l. 22. c. 8.

PROPITIATOIRE. 343

aussi que le sacrifice de la Messe fut offert pour vne femme possedee, qu'icelle estant deliuree on l'offrit encor en action de graces. Sainct Chrysostome en plusieurs lieux faict mention de la coustume de l'Eglise à dire la Messe pour les fruicts de la terre; & le tesmoignage de Sainct Cyrille de Hierusalem est illustre en cecy, en ce qu'il escrit en vne de ses leçons sur le propos de la Messe, disant, *Apres qu'iceluy sacrifice spirituel, & culte non sanglant est parfaict, sur la mesme Hostie de propitiation nous prions Dieu pour la paix commune de toutes les Eglises, pour la tranquillité du monde, pour les Roys, pour les soldats, pour les malades, pour les affligez: En somme pour tous ceux qui ont besoin de secours.*

S. Prosper Aquitan. de prædictio. Dei. c. 6.
S. chryso. in hom. 18. & 21. in Act. Apost.
S. Cyrill. Hierosol. Catech. 5. mystag.

Le sacrifice de la Messe vtile aux fideles trespassez qui sont en Purgatoire, & honorable à ceux qui reignent au Ciel.

LA foy & coustume de l'Eglise a tousiours esté aussi d'offrir à Dieu le sacrifice de la Messe pour les ames des fideles trespassez, nõ

Pour les tres. passez

y iiij

pour leur faire remettre leurs pechez: mais pour impetrer de Dieu allegemét des peines deuës à leurs pechez, s'ils sõt en Purgatoire: car ceux qui sont en Enfer sont eternellement retranchez du corps de IESVS-CHRIST, & incapables du secours de son sang precieux: De laquelle coustume parlant Sainct Chrysostome. *Non sans cause,* dit-il, *a esté ordonné par les Apostres de faire commemoratiõ des fideles trespassez aux mysteres reformidables (au sacrifice de la Messe,) car ils sçauoient bien qu'il leur en venoit vn grand gain, & vne grande vtilité:* selõ laquelle foy. S. Augustin fut prié par sa mere de prier Dieu pour elle apres son trespas en la Messe. *Elle,* dit-il, *ne m'auoit pas chargé de luy dresser vn magnifique tombeau: mais auoit seulement signifié qu'elle desiroit qu'on eust memoire d'elle en l'Autel, auquel elle n'auoit laissé de seruir vn seul iour, sçachant que d'iceluy estoit distribuee la victime qui* A EFFACÉ L'OBLIGATION QVI NOVS ESTOIT CONTRAIRE, ET MENÉ EN TRIOMPHE L'ENNEMY. Ce qu'il accomplit en enfant fidele, faisãt dire l'office des trespassez & la Messe en son enterremẽt, & l'aidant par ceste façon pluftost que par larmes: ce que luy

S. Chryso. ho. 69. ad pop. Anti. & hom. 3. ep. ad philip.

S. Aug. li. 9. conf. c. 11. 12. 13.

La mere de S. Augustin oyoit tous les iours la Messe.

Colo. 1. 14. 15.

PROPITIATOIRE. 345

mesme tesmoigne, disant à Dieu : *Nous ne pleurasmes point, Seigneur, aux prieres que nous vous fismes, lors qu'ō vous offroit le sacrifice de nostre prix.* Et recitant, cela monstre que c'estoit la foy & religiō de toute l'Eglise. S. Epiphane aussi met ceste coustume entre les dogmes de l'Eglise Catholique, & tesmoigne, cōme apres luy S. Augustin, que Aerius fut Anathematisé comme heretique, pour auoir tenu qu'il ne falloit point offrir le sacrifice de la Messe pour les trespassez.

Aerius heretique niant qu'il ne faut offrir pour les trespassez. Epiph. hæres. 17. & in Anacephaleosi. & S. Aug. de hæres. c. 53.

LA mesme Eglise a offert aussi en tout temps, sacrifice en actiō de graces de la victoire des Saincts bien-heureux qui sont regnās au Ciel : c'est pourquoy on dit la Messe en leurs festes : non qu'on leur sacrifie, comme calomnioiēt iadis les heretiques, & Payés : mais on remercie Dieu dequoy il les a faict victorieux, & se resioüit de leur gloire. Ce que S. Augustin declare, respondant à la calomnie des heretiques. *Qui est celuy d'entre les fideles*, dit-il, *qui vit iamais le Prestre estant à l'Autel dire en sa priere, ie vous offre sacrifice ô Pierre, ô Paul, ô Cyprien, veu que c'est à Dieu & non à eux qu'on sacrifie dans les Eglises dediées à leur memoire*: Et ailleurs en mesmes termes : *Nous ne dressons pas des*

Pour la memoire des Saincts.

S. Aug. l. 8. de ciui. c. 2

Autels des Martyrs, encor que ce soit en leurs memoires. Car qui ouyt iamais aucun Prelat officiant à l'Autel au lieux des corps Saincts, dire, Nous vous offrons sacrifice ô Pierre, ô Paul, ô Cyprien? mais ce qu'on offre est offert à Dieu qui a couronné les Martyrs, encor que ce soit aux lieux dediez à leur memoire. De laquelle doctrine il appert comme le sacrifice de la Messe non seulement est Propitiatoire pour les pechez: mais vtile pour obtenir de Dieu toute sorte de biens, & qu'il s'estend à toute sorte de personnes, exceptez les damnez: & cōme le sacrifice de la Croix est vn thresor general & foncier, pour tous les membres de l'Eglise de Dieu, viuans & trespassez, presens & à venir, ainsi le sacrifice de la Messe est vn instrument vniuersel & moyenneur pour ouurir & appliquer le merite de ce thresor à chacun.

Idem cont. Faust. l. 20. c. 21.

LES CINQ PAINS
ET DEVX POISSONS.

LES CINQ PAINS ET DEVX POISSONS.

CELVY qui est en la compagnie de IESVS ne peut auoir faute de bien. Voyez-vous ce grand nombre de gens assis à centaines & cinquantaines sur ces licts & tapisseries d'herbes & de fleurs du renouueau, prenans leur refection au milieu du desert? Ils sont enuiron cinq mil hommes, sans compter les femmes & les petits enfans: qui suyuans plusieurs iours le Sauueur, ont ouy sa parole de telle ardeur, & de tel goust, que n'y prenans garde se sont trouuez sans

Cinq mille.
Mat. 14.

viures en ces lieux montagneux & steriles de tout blé, sauf de foin & de fleurs. Ils báquetẽt neátmoins à souhait auec vne merueilleuse abondance de viures : quoy que leur prouisiõ n'ait esté que de cinq Pains d'orge & de deux Poissons, qu'vn ieune garçon de la trouppe auoit par accident quant & soy. O que ce garçõ sera vn iour soubs le nom de Martial, grand Pasteur & nourrissier des ames Chrestiennes és païs Aquitains! Ceste prouision estoit casuelle & fort insuffisante pour vn si grand nombre de gens : mais la prouidence diuine n'a pas esté fortuite ny petite, ayát bien sceu commander à la disette, & faire naistre l'abondance d'vne nouuelle Manne au milieu du desert, & repaistre de viande materielle, ceux qu'elle auoit repeu du pain de sa saincte doctrine. Car elle

S. Martial fut le garçon qui portoit les cinq Pains. Innocent. ext. de sacr. vnct. in fine. vide Baro. ann. 74.

a multiplié les Pains & les Poiſſõs
de telle benediction, qu'ils ſuffi-
ſent pour ſaouler tous ces eſca-
drons de table, armez d'auſſi bon
appetit que de puiſſant eſtomach.
Tous mangent de ces Pains & de
ces Poiſſons autant qu'ils en veulent, & les Apoſtres ſont les eſchã-
ſons & eſcuyers trenchans, autant
eſmerueillez que ioyeux de voir
que le Pain & la viande croiſt en
leurs mains, à meſure qu'ils la di-
ſtribuent à leurs hoſtes. Mais Phi-
lippe & André ſont eſtonnez ſur
tous: car auſſi auoient-ils ſur tous
apprehendé la grande multitude
de móde, & le peu de viures qui ſe
trouuoit en ce lieu. Le bon Philip
pe diſoit que deux cens reaux de
miches ne ſuffiſoient pas pour en
dóner à chaſcun vn petit morceau
à giuſe de pain benit, & ces cinq
Pains portez par ceſt enfant ne

montoyent pas trois souls. Et André donnant aduis au Sauueur desdicts Pains & Poissons, adiouste que cela n'estoit rien, comme à la verité il n'estoit pour vn si grand nombre de personnes, mesurant les viures & les mangeans auec la regle du iugemét humain, & non de la main diuine. Cependát qu'ils seruent & admirent la merueille, leurs pensionnaires s'acquitent de leur deuoir, sans espargner ny leur peine en mangeant, ny la viande qu'on leur met sur table : ceux qui ont desia remply leur estomach remplissent encor leur poche, & n'y a celuy qui ne serre quelque piece de ce Pain : les vns par necessité pour prouision : les autres par deuotion encores : comme pour reliques : & apres tout cela, les Apostres remplissent douze corbeilles des reliefs. Tout le mónde est

Ioan. 6. 7.

ET DEVX POISSONS. 353
de est transporté d'aise & d'estonnement, & preferent le Sauueur
à Moyse, ayant trouué la façon
de couurir de sa main, la table au
desert, au lieu que Moyse n'auoit
sçeu que faire tomber la Manne
du Ciel faicte de la main des Anges, & non produicte de sa benediction, & s'en vont prendre resolution de faire leur chef le Sauueur, & crier viue le Roy, mais luy
qui est creé Roy par son pere, &
qui porte en sa cuisse & en son ve- Adoc. 19.
stement le cartel escrit, ROY DES 16.
ROIS ET SEIGNEVR DES
SEIGNEVRS, & qui est descendu
en terre pour endurer les ignominies & non pour iouïr de la gloire
du monde, n'a que faire de tels électeurs, ny de tel Royaume : parquoy il s'en ira plus auāt au desert,
se desrobant de leur election & de
leur veuë.

Z

LE MIRACLE DES CINQ PAINS, TABLEAV de l'Eucharistie

I.

Tableaux antiques.

E merueilleux banquet dressé en la solitude fut vn tableau de nostre Sacremét, comme les figures qui iusques icy ont esté declarées : mais different en aage & en la main de l'ouurier : car les figures susdictes sont tableaux antiques, crayonnez selon le dessein de Dieu voirement, mais par l'entremise & par le pinceau de Moyse: cestui-cy fut de l'inuention du Sauueur, & auec ce tiré tout frais de sa propre main. Parquoy ceux-la signifioient de loing, la table de l'Eucharistie, & l'autheur d'icelle en diuers subiects ; cestuy en fut l'entrée & la monstroit prochaine en la propre persóne de son autheur:

es autres marquoyēt nostre diuin mystere, comme les vieux Prophetes predisoyent le Messie à venir longues années apres: cestuy-cy le monstroit quasi present: comme Sainct Iean Baptiste monstroit auec le doigt le Sauueur.

Et partant, comme nos docteurs remarquent, l'Euangeliste Sainct Iean, grand secretaire des intentions de son maistre, voulant faire le rapport du sermon que le Sauueur fit de la manducation de sa chair, a mis en teste la narration de ce miracle, comme vne piece de mesme subiect, necessaire à l'intelligence du sermon, & à la foy du festin, que le Sauueur deuoit dresser quelque temps apres. Et par ceste methode, ceste supreme sagesse nous a sagement enseigné, commēt il nous traçoit petit à petit le chemin de faict & de parole, à la foy du mystere de son corps precieux faisant des miracles sur l'alimēt qui deuoit estre symbole d'iceluy mystere, & nous declarant le dessein du futur banquet de sa chair, soubs les especes d'iceluy pain.

Voicy les traicts du tableau & les couleurs de la peinture.

Pourquoy Sainct Iean a ioinct le miracle des cinq Pains auec le sermon de l'Eucharistie.

Ce fut vn an apres.

En quoy le miracle des cinq Pains figuroit l'Eucharistie.

CE miracle figuroit l'Eucharistie generalement, parce que ce fut vne refection merueilleuse comme est celle de l'Eucharistie: merueilleuse en ce qu'elle fut faicte tout au contraire des repas communs, au commencement desquels les viandes sont en plus grande quantité & vont diminuant au progrez, iusques à ce qu'il n'y en a plus. Icy tout au rebours, au commencement il n'y auoit que bien peu de viures, à sçauoir cinq Pains & deux Poissons, & ces viures alloient croissant au progrez à mesure qu'on les distribuoit & mangeoit, & la fin fut pleine d'abondance. Ceste merueille se voit encor plus grande en l'Eucharistie, en laquelle vn seul corps du Sauueur suffit à toute l'Eglise, il y a desia seize cens ans: il se multiplie sans estre multiplié, est mangé sans estre consommé: car si on consacre cent mille Hosties, il est en toutes, & s'il n'est qu'vn, & s'il est prins de cent mille bou-

Merueilleux accroissemēs.

Multiplication admirable.

ches, il est prins tout entier de toutes, & n'est consommé de personne, & ne le peut estre: c'est le premier traict de semblance du miracle des cinq Pains terrestres, & de nostre Pain vnique du Ciel: les autres menus traicts consistét en ce que ce miracle fut faict au Pain par la benediction du Sauueur, fut faict au desert, sans peine de difficile appareil, & la viande distribuée par les Apostres, & la refectió dónee à l'ame & au corps: car il ne faut pas doubter que la foy, l'esperance, la charité, le respect, la religion & les autres vertus ne fussent plantées és cœurs de plusieurs qui virét vne œuure si admirable faicte par le Sauueur pour leur bien. C'est pourquoy ils le voulurét créer Roy. Ces traicts ont esté naïfuez & couuerts de leurs viues couleurs en l'Eucharistie: car elle se fait au Pain par la benediction du Sauueur qui opere en secret par sa toute-puissante parole, maistresse ouuriere de ce Sacrement, se faict au desert de ceste vie: car en l'autre il n'y aura plus de Sacremét, se faict auec toute simplicité, auec du pain & du vin seulement, & les paroles de consecration, au lieu que les anciens sacrifices Iuifs se faisoient auec

Les autres traicts.

Magnifique simplicité du sacrifice de l'Eucharistie.

z iij

peine & trauail, auec tueries, lauemens & bruslemens des victimes. Que si on vse de ceremonies en la Messe, cet appareil est facile, & si ne touche pas l'essence du Sacrement & sacrifice, mais seulement la decence. En somme ce sacrifice & festin se faict par le ministere des Apostres, & des Prestres qui leur ont succedé; & se faict pour planter & *Au tableau de la Mãne.* faire croistre en l'ame (comme ailleurs auons declaré) la foy, l'esperance, la charité, la religion, & les autres diuines vertus, vraye pasture de nos esprits: & pour grauer au corps la vigueur de resusciter glorieux au iour du grand resueil des mortels.

Les deux Poissons figure du mesme Sacrement.

LEs Poissons par autre symbole, nous signifient le mesme Sacrement. *Noſtre Poiſſon c'eſt* IESVS-CHRIST, dict Sainct Augustin, *parce que luy seul a peu estre sãs peché en l'abysme de ceste mortalité, cõme en la profondité des eaux.* Le mesme ont dict Tertulien, Optatus Mileuitain, cité par le mesme S. Augu-

S. Aug. l. 13. de ciuit. c. 23.

Tertull. de bapt. c. 1.
Opt. Mil. l. 3.

ſtin, & pluſieurs autres peres; & deuant
eux tous, les Sybilles l'auoient eſcrit & *Les Sybilles.*
appellé le Sauueur Poiſſon. Mais le mot S. Aug ibid.
Grec ἰχθύσ dont elles vſent, contiét vn ἰχθυσ.
remarquable anagráme, qui ne ſe trouue ne au Latin, ne en aucune autre langue: car les cinq lettres dont il eſt com-
poſé, ſont Iesvs-Christ Fils de Ἰηοῦς χριϛὸς
Dieu Savvevr. C'eſt donc noſtre θεῦ ὑιόσσω-
Poiſſon: parquoy le Poiſſon donné en ͞τηρ.
viande à l'Egliſe, c'eſt Iesvs-Christ,
donné en la table de l'Euchariſtie. Et
n'importe qu'é ce miracle, il y eut deux
Poiſſons: car tous deux ſignifient vn
meſme Iesvs-Christ Dieu & hom-
me, comme auſſi les cinq Pains: & n'eſt
pas neceſſaire qu'é la figure toutes choſes ſoyent ſemblables à ce qu'elle ſignifie. Les Chreſtiens encor par ſuite du
chefs ſont appellez Poiſſons: *Nous naiſ-*
ſons en l'eau, dict Tertullien, *comme petits*
Poiſſons à la ſemblance de noſtre Poiſſõ Iesvs *Les Chre-*
Christ. Car c'eſt l'eau du Bapteſme, *ſtiens poiſ-*
qui nous engendre ſelon Iesvs- Tertull.l.
Christ, à ſon eſpouſe l'Egliſe: & de bap. c.1.
ceux qui ne ſont Poiſſons de ces eaux,
periſſent en la mer de ce monde.

z iiij

Pourquoy il n'est faict mention d'aucune boisson en ce miracle, & des autres circonstances d'iceluy.

4

Es Euangelistes ne font mention d'aucune boisson en ce miracle, restãt vray-sẽblable que cõme la Manne donnoit ensemblément à boire & à manger: de mesmes ces Pains & Poissõs multipliez: & cela conuiét au mystere: car puisque ceux qui suiuent Iesus-Christ sont Poissons dont la nature est de ne boire point, ceux-cy n'auoient que faire de breuuage, estans ja faicts Poissons du Sauueur en croyãs en luy: cõbié que le mystere est plustost en ce que par cecy est marquée vne rare singularité du S. Sacrement : car tout ainsi que la seule Manne, & les seuls Pains & Poissons nourrissoient & abreuuoient ensemble: de mesme le Sacrement en vne seule espece nourrit & abreuue enséble ; & qui le mange il boit & mange ensemblement, estant le corps du Sauueur viande & breuuage ensemble, à la semblãce

Boire & manger ensemble.

de la Manne & de ces Pains & Poiſſons figures d'iceluy. Or pour les autres circonſtances de ce miracle, nous remarquons qu'il a eſté faict au Printemps, ſur le tard, au deſert, deuant ceux qui auoyent ouy & ſuiuy le Sauueur, eſtans les inuitez aſſis ſur le foin. Ces circonſtances veulent dire que le Sacrement de l'Euchariſtie eſtoit inſtitué au renouueau ſpirituel du monde; quand IESVS-CHRIST deuoit bien toſt enuoyer ſon ſainct Eſprit pour renouueller la face de la terre; & faire ſon nouueau Teſtamét, meliorant le vieil, eſcriuát vne nouuelle loy, vne loy de grace, ſur le tard, c'eſt à dire à la derniere heure du meſme monde, & au deſert du monde, qui eſt la durée de ceſte vie mortelle: & le deuoit faire pour ceux qui croiroyent à ſa parole, & qui le ſuiuroyent conſtamment iuſques à la fraction du Pain, & qui dompteroient leur chair & meſpriſeroient les vanitez mondaines, faiſans ſpirituellement ce que ceux-là faiſoient corporellement, mangeans aſſis ſur le foin au deſert. *Car toute chair eſt foin, & toute ſa gloire eſt comme la fleur du champ*, dit Eſaie, & qui matte ſa chair & ne faict conte de la verdure & beauté du

Les autres circonſtances du miracle. Au printéps.

Pſal. 103. 31.

Toute chair foin. Eſa. 40. 6.

monde, celuy-là fait litiere du foin, & est assis sur le foin digne d'estre repeu de la benediction du Sauueur par le seruice de ses Apostres, c'est à dire de receuoir la viande immortelle en l'Eglise de Dieu par la main de ses vicaires, qui sont les Pasteurs & Prestres.

Pourquoy le peuple voulut créer Roy le Sauueur, & pourquoy le Sauueur s'enfuit.

LEs peuples ainsi rassasiez s'é alloyent créer Roy le Sauueur, non en le priant, mais en le cōtraignant d'accepter le Royaume: ce que luy preuoyant n'attend pas qu'ils viennent, mais de bonne heure se desrobbe d'eux & s'enfuit à la montagne pour prier. D'ou venoit ce desir aux hommes, & pourquoy refusoit IESVS-CHRIST cest honneur, puis qu'il estoit Roy du Ciel & de la terre, & seul Roy à bon tiltre sans releuer d'aucun? Si pour le miracle ils le vouloient faire Roy, pourquoy n'eurent-ils la mesme volōté, quand ils voyoient qu'il chassoit les Diables des corps, & faisoit obeïr à ses

ET DEVX POISSONS. 363
commandemens ces esprits puissans,
malins, & rebelles? quand il commandoit aux maladies? quand il faisoit voir
les aueugles & marcher les boiteux? ces
merueilles ne meritoient-elles pas aussi
bien le diademe que ceste refection du
desert? A la verité si on les considere en
leur grãdeur, elles meritoient vn diuin
respect & recognoissance: mais ce mira- *Premiere*
cle auoit quelque chose de particulier *cause.*
qui poussoit ces hommes à ce desir & *La Manne.*
dessein. Premieremét c'estoit vn mira- *Exod. 16.*
cle non oüy. Moyse auoit faict voire- *La farine.*
ment descendre la Manne du Ciel, Elie *3.Reg.17.*
auoit faict croistre la farine & l'huile en *14.16.*
faueur de la veufue: mais Moyse ne fit
pas la Manne de sa main, comme le
Sauueur ce miracle, & ce que fit Elie
il le fit par vertu empruntée de Dieu, &
non sienne, le Sauueur auoit multiplié
ces Pains en ses mains, & de sa propre
benedictiõ. Cecy leur faisoit croire qu'il
estoit le Messias, & le Roy promis à Israël, & partant ils le vouloient declarer
Roy. Secondement les autres miracles
du Sauueur estoient particuliers, affe-
ctez principalement au bien & salut de
ceux qui estoiét deliurez & guaris. Ce- *Secõde cause.*
stuy-cy fut vn miracle vrayement pu-

blic: faict à la veuë de tout le monde, & au proufit de chafque particulier, ce qui donna vn defir vniuerfel de recognoiftre le Saueur d'vn honneur public, & le faire chef de ceux qu'il auoit obligé.

Troifiefme. Troifiefmement ils recognoiffoiét que cefte refection eftoit vn bien-faict digne d'vn Roy : car le principal office d'vn Roy, c'eft de conduire & nourrir fes fubiects : c'eft pourquoy ils font comparez aux Pafteurs, & appellez Pafteurs des peuples, ils le voulurét donc proclamer Roy à la façon que les foldats Romains faifoyent leurs Cefars Empereurs, & les autres nations du monde, leurs premiers Rois : mais le Sauueur n'eftoit pas venu en terre pour emporter le Royaume de la terre, ains pour y eftablir le Royaume des Cieux, qui eft le domaine de fon Eglife, en laquelle il eft Roy des Iuifs, & y regne aux cœurs de fes fideles fubiects: la terre eft trop baffe & trop petite pour vn tel Roy, c'eft le Ciel qui eft le vray throfne de telle Majefté: la terre n'eft que le fcabeau de fes pieds. Sagement donc il mefprifa cefte Royauté, & nous laiffa en l'exemple de fon mefpris, vne belle leçon de fuir les honneurs du môde, cô-

Les Rois Pafteurs du peuple.
Efa. 44. 28.
Homer.
Iliad. 2.
Philo Iudæus. l. de agricul.
Ποιμένες λαῶν.
Le Royaume de IESVS CHRIST.

Le fcabeau de Dieu.
Pfal. 109. 2.

me biens fuyars & perissables & de ne faire estat que des presens du Ciel, stables & permanens, & seuls dignes d'estre donnez d'vn Roy tout-puissant, & d'estre seuls recherchez de la creature raisonnable, capable de l'immortalité.

*Dieu nourrissier de toute creature,
vraye nourriture de ses enfans.*

6

SI ces bonnes gens voyans que IESVS-CHRIST les auoit si magnifiquement & si miraculeusement rassasiez, le vouloient faire Roy & l'honorer d'vn honeur qui tient le premier rang entre les grandeurs de la terre, comme nous venons d'ouyr, qu'eussent-ils pensé, & qu'eussent-ils voulu faire, s'ils eussent peu entendre que ce Seigneur estoit celuy qui nourrit iadis leurs peres au desert: ains qui nourrit au Ciel les Anges & les esprits bié-heureux des mets de sa felicité? qui donne à manger à toute creature? qui tient table ouuerte sur le vague de l'air, sur la face de la terre, dedans les entrailles de la terre, dedans les abysmes des eaux, fournissant aux oyseaux du Ciel,

Dieu source de vie au ciel & en terre.

aux bestes de la terre, aux hostes des eaux, & à tous animaux leur propre aliment, & leur propre viande en leur propre region, qu'eussent-ils dict s'ils eussent eû les yeux de leur ame ouuerts à la grandeur, hauteur, & profondeur de ce miracle, sás comparaison plus admirable que celuy qu'ils admirerent tant, & l'estimerent digne de recompense de Royauté? *C'est beaucoup plus grand miracle,* dit S. Augustin, *le gouuernemẽt du mõde que la refection de cinq Pains & deux Poissons dõnée à cinq mille hõmes*: & puisque ce miracle est si grãd, pourquoy ces hõmes s'apperceurẽt-ils plustost du petit? N'est-ce pas d'autant que la plus part ils n'auoiẽt pas l'entiere foy du Messias, qu'ils estimoient voirement grand homme, mais non pas grand Dieu? Et qu'eussent-ils dict encores s'ils eussent sçeu que ce mesme Sauueur vouloit dõner sa chair à manger aux hommes, & les en repaistre à l'immortalité, auec l'appareil d'autant de miracles que la nature peut admirer? Ne l'eussent-ils pas incontinent prononcé non seulemẽt Roy des hommes, mais de tout l'vniuers? ains n'eussent-ils pas creu en biẽ discourant qu'il estoit Dieu du Ciel & de la terre? Car

S. Aug. tract. 24. in Ioan.

Iesvs-Christ nourrit de sa propre chair.

est le propre de Dieu de se pouuoir *Le propre de*
donner en viande soy-mesme sans di- *Dieu nourrir*
minution & sans interest: luy seul don- *de soy mes-*
ne au Ciel sa diuinité en viāde de beati- *me.*
tude: & seul en terre donne pour nostre
salut, le corps de son humanité, sans
qu'il en soit cōsommé, c'est le faict d'vn
tout-bō & tout-puissant Seigneur. Les
Rois mortels peuuent bien dresser des
magnifiques festins, tels que fit Assue- Assuerus
rus, que Holofernés, que Salomon, que Hest.
Cleopatra, que plusieurs Empereurs Iudith.
Romains: mais ce n'estoit pas de leur 3. Reg. 4.
substance, ny de leur corps qu'ils estoiét Plutar. in
liberaux: c'estoit des corps des bestes, Anton.
& d'autres pieces estrangeres prinses du
sein de la nature: Dieu seul se peut donner à manger, cōme seul il est tout-puissant, inexpuisable & incapable de dimi-
nution. Et si ces choses sont si grandes:
& si nous croyons & voyons ce que
ceux-cy ne croyoient & ne voyoient
point: si nous voyons la prouidence du
Sauueur à gouuerner & nourrir tout cet
vniuers, sa charité à nous nourrir de sa
chair en la table de son Eglise, sa verité
à nous promettre encor le mets de sa felicité, & que n'admirons-nous ses bien-
faicts pour l'en haut-loüer & luy en ren-

dre graces immortelles. La multitude de ses merueilles nous esblouit elle les yeux comme vn esclat lumineux à guise de Soleil? La frequence de ses presens, nous rēd-elle moins admirable sa grāde liberalité? Que si à la façon des mortels nous ne prenons garde aux œuures que Dieu fait en la nature tous les iours comme estans accoustumées & communes, prenons au moins garde à la rare excellence de ceste table, couuerte d'vne viande qui vaut plus que toute la nature! Les Hebrieux rassasiez des cinq Pains & deux Poissons, ne pensoyent point au grand miracle que Dieu faict, nourrissant l'vniuers, parce que c'est vn miracle frequent & commun; neātmoins *ils admirerēt celuy des cinq Pains non pour estre plus grand*, dict Sainct Augustin: *mais pour estre plus rare & moins accoustumé*. Que n'admirons-nous donc la rareté de nostre Sacrement, puisque c'est le miracle des miracles, n'en ayant point de pareil, & ne pouuant estre rendu vulgaire par sa continuation comme les miracles de la nature? Que ne crions-nous en nos cœurs, viue le Roy des Roys, regne le Roy des Roys: gloire immortelle au Roy des Roys,

qui a

La rareté cause d'admiration.

S. Aug. tract. in Ioan. 24.

qui a donné vne refection de si grande merueille? saoulant d'vn Pain & d'vn Poissõ, qui est son sacré corps, nõ cinq mil hommes pour vne fois, mais autant de miliers d'hõmes, & de femmes qu'il y a eu au desert de ce monde depuis seize cens ans, & qui en saoulera encor autant qu'il y a de miliers d'ames Chrestiennes d'icy à la retraicte du monde? Qui les saoulera comme il les asaoulez, non au corps en nourriture materielle, & à la vie caduque & mortelle, mais en l'esprit à l'eternelle felicité. Viuez donc ô Roy des Roys, vraye vie de nos ames & corps. Regnez ô Roy des Roys, vraiement digne de regner! Gloire immortelle à vous ô Roy des Roys, tres-sage à bien conduire, tres-puissant à bien deffendre, tres-bening à tendremẽt nourrir les brebis qui vous suiuent par les monts & deserts steriles de ceste vie mortelle! ô quand sera-ce que nous serons en la haute montagne de vostre eternité pour prendre sans fin la pasture de vous mesmes, vraye felicité de ceux qui vous aurõt suiuy par les sentiers de vos diuines loix!

A

LE SAVVEVR PRESCHANT
DV SACREMENT DE SON CORPS.

E SAUVEUR PRES-
CHANT DU SACREMENT
de son corps.

E Sauueur du monde parle, le Verbe diuin *En la synago-* presche, & la supréme sa- *gue.* gesse discourt du Sacre- Ioan.6.59. ment de son corps en la synago- gue de Capharnaum, où plusieurs grands miracles ont esté faicts de sa main. La prééminence de l'O- rateur & la dignité du subiect, me- rite l'oreille attentiue. Iamais hom- ne parla de telle matiere, ny de telle façon. Il a veu que le peuple le suiuoit affriandé du miracle des cinq Pains, & des deux Poissons, il prend occasion de leur desir terrestre de les inuiter au celeste bâquet de sa chair, qu'il s'é va dresser pour ceux qui croiront en luy, & auront l'appetit de leur ame bien faict. Oyez ce qu'il dit. *Ie suis le pain de vie, voz peres ont mangé la Manne & sont morts: Cestuy-cy est la Pain descendant du Ciel, afin que celuy qui en mange ne meure point. Ie suis la Pain vif descendu du Ciel, celuy qui mange ce Pain viura eternellement: & le Pain que ie donneray c'est ma chair, laquelle ie donneray pour la vie du monde.* Les Iuifs, dict l'Euangeliste, *estriuent entr'eux, disant, comment nous peut cestuy-cy donner sa chair à manger?* IESVS *leur dict: En verité, en verité ie vous dis, si vous ne mangez la chair du Fils de l'homme & ne beuuez son sang, vous n'aurez point de vie en vous. Qui mange ma chair & boit mon sang, il a la vie eternelle, & ie le resusciteray au dernier iour:*

Ioan. 6. 48.

Ioan. 6.

car ma chair est vrayement viande & mon sang est vrayement breuuage. Qui mange ma chair & boit mon sang, il demeure en moy, & moy en luy. Comme le Pere viuant m'a enuoyé, aussi je vy à cause de mon Pere, & celuy qui me mange, viura aussi à cause de moy. C'est le Pain qui est descendu du Ciel, non comme vos peres ont mangé la Manne & sont morts, qui mange ce Pain viura eternellement.

Tels sont les propos du Sauueur. Les Apostres & ceux qui croyent en luy, sõt rauis, mais il y en a d'autres qui ont l'oreille dure & le cœur gros, iugeans iniquemét de ses paroles, & se scandalisans temerairement du mystere qu'ils n'entendét point, & disent en barbottát, voicy vne dure parole, & qui la peut ouir ? mais Iesvs penetrant leur pensée, & leur secret murmure, les corrige & leur dict, Cecy vous scandalise-il ?

Gens charnets.
Ioan. 6. 60.

Que sera-ce donc si vous voyez le Fils de l'homme monter où il estoit premierement: C'est l'esprit qui viuifie, la chair ne proufite rien. Les paroles que ie vous dy sont esprit & vie.

Ainsi les rend il dociles: mais ils demeurent neantmoins aueugles & obstinez en leur mescreance, & s'en vont de sa compagnie. Voyez vous comment ils rident le front s'en allant & regardant derriere? ce sont gens charnels & outrecuidez ensemble, ne voulans rien croire qui ne reuienne au compte de leur sens. Ce sont les Patriarches de tous ceux qui feront la guerre au Sacrement du corps du Sauueur.

Capharnaïtes gens charnels, & premiers Sacrementaires.

POVRQVOY DE SAV-
VEVR FIT LE SERMON
de l'Eucharistie deuant
que l'instituer.

I

LE Peintre qui sçait parfaictemét assortir só ouurage, met peine entre autres choses, de ioindre si dextrement les commécements à leurs fins, & si bien addoucir les nœuds des parties dissemblables, que rien n'y paroisse de cru & forcé en la liaison: mais tout soit conuenablement conduit & abouty auec proportion de traicts & de couleurs. La supreme Sapience maistresse des sciéces & des arts, a gardé ceste loy en toutes ses œuures. Et c'est aussi son faict, d'attaindre en sa force d'vn bout à l'au- tre, & gouuerner toutes choses suauement, &

Sap. 8. 1. &
11. 21.

A iiij

les disposer à la mesure, au nombre & au poids.

Continuations liees.

Selon ceste reigle, elle cõtinuë le brãle de ce monde mobile, accouplant les extremitez auec les extremitez, par des moyens conuenables : ainsi faict elle succeder le iour à la nuict par l'entremise de l'Aurore, & la nuict au iour par le Vespre, voisin de tous les deux : l'Esté à l'Hyuer, par le Printemps mettoyen & l'Hyuer à l'Esté, par l'Automne saison mediatrice : & ainsi en toutes ses autres œuures de cet vniuers. Quand donc le Fils de Dieu souueraine sagesse, eut arresté au conseil de son Pere, & de son Sainct Esprit, de marier vn iour la grandeur de sa diuinité à la petitesse de nostre nature, & resolu en mesme temps, de nous donner aussi bien en viande qu'en redemption, le corps qu'il auroit prins de la famille d'Adam, il commença deslors de dresser petit à petit, les figures que nous auons cy-dessus parcourues & autres semblables qui sont en son liure, comme premiers appareils du festin, & estãt ja faict homme & paruenu au poinct qu'il falloit accõplir la verité, & couurir bientost la table sacree des mets de sa pretieuse chair, il donna vn essay merueilleux sur du pain, com-

L'aube mediatrice.

Le Printemps.

Les figures.

Miracle des cinq Pains.

me nous auons veu, & incontinent apres il prononça ce beau sermon, qui fut comme vne generale proclamatiõ du banquet, coulourãt par l'esclat d'vn insigne miracle, & par la viuacité de sa voix, les crayons des vieilles figures, & ioignant les images passées à la verité presente auec l'entremise voisine du paracheuement de ce sien ouurage. De la mesme methode vsa-il pour la preparation des autres mysteres de sa Mort de sa Resurrection, de son Ascension, de la venuë du Sainct Esprit, du Baptesme, & autres Sacremens : car outre les figures anciénes qu'il en auoit iadis ordónées, il en tint encor plusieurs propos vn peu deuant que les choses fussent aduenuës & les Sacremens instituez : parquoy ce sermõ fut comme vne liaison derniere de tout le passé auec le present, des ombres auec le corps, & comme vne Aurore parlante, annonçant la venuë du Sacrement de l'Autel, Soleil des mysteres de son Eglise.

Le Sauueur parla du baptesme & autres Sacremens deuant que les instituer.

Premiere cause pourquoy le Sauueur a voulu donner sa chair à manger, & son sang à boire.

LA premiere cause pourquoy le Sauueur a voulu dōner sa chair à māger, & son sang à boire, c'est d'autant qu'il est tres-bon & tres liberal enuers nous, comme il a esté ja souuent declaré. Il auoit prins le côrps de nous, & parce que c'estoit pour nous, il le vouloit employer & redonner en Seigneur magnifique, c'est à dire en autant de façons qu'vn corps peut estre vtilement employé & donné, sçauoir en prix, en viande, en vnion, & en signe d'amitié. Celuy qui donne vne perle de grande valeur pour rachepter son amy de captiuité, il la donne en prix : qui luy met quelque fruict exquis sur table, c'est en alimēt : & le mary qui se donne en mariage, il donne son corps en vnion à sa femme : & la bague qu'il luy laisse se partant d'auec elle, c'est en signe d'amitié. Le Sauueur a donné son corps en la Croix pour nostre redemption, & en iceluy a payé la finance deuë à la diuine

Quatre façons de dōner.

En prix.

En viande.

En vnion.

En signe.

iustice, pour la rançon du gêre humain, il a donné le mesme corps en la table de son Sacrement en festin nuptial, pour nous estre viande, & pour faire vne diuine vnion auec nous, & par mesme moy en laissé pour arre de son amour. Donc la cause maistresse pourquoy il nous a donné sa chair à manger, & son sang à boire, c'est sa bonté, sa liberalité, & son amour infiny.

Remedes de la chair du Sauueur pour nostre misere.

3
LA seconde cause pourquoy le Sauueur nous a dóné só corps à mãger, c'est la misere de nostre conditiõ, laquelle il vouloit paternellemét secourir pour l'amour demesuré qu'il nº porte. Ce qu'il a souuerainemét accópli par le dõ d'iceluy corps car par l'vsage de ceste diuine chair & de ce sang deifique, il a faict le deuoir d'vn vray pere, & d'vne bonne mere enuers ses enfans: & auec ce, il adroictement, sagement & efficacemét reparé toutes les bresches de nostre estat spirituel, & procuré auec remedes, opposez

front à front, la restauration & salut de nos ames & corps. Le pere donne tout ce qu'il peut à l'enfant qu'il a engendré de la semence d'Adam : la mere l'alimente & l'éleue de son laict, qui est vne partie de la substãce de son corps, nourrissant & abbreuuãt ensemble. Le Sauueur, qui nous a engendrez en son sang par le Baptesme : s'est dóné tout à nous nous donnant son corps : car en suitte d'iceluy, nous auons son ame & sa diuinité, auec laquelle il est inseparablemét vny. Et pour tres-delicate nourriture, il nous donne non vne partie de sa substance, mais tout son corps & tout son sang ; desquels chacun est ensemblemét vraye viande, & vray breuuage. La viande nous auoit perdus, par la viande il nous remet : la premiere viande fut prohibée auec menace de mort. *Tu ne mangeras point de l'arbre de science de bien & de mal; car le iour que tu en mangeras tu mourras.* La seconde est commandée auec promesse de vie. *Prenez, mangez, qui mange ma chair & boit mon sang, il a la vie eternelle.* La premiere fut mangée reellemét par desobeissance, & nous tua; la seconde est mangee reellement par obeissance, & nous viuifie : la poison fut verita-

Amour du pere.

De la mere.

La viande defendue. Gen. 2. 17. Matth.
La viande commandee. Matth. 26. 26. Ioan. 6. 54.

DV SACR. DE SON CORPS. 381
blement auallée; l'antidote aussi est veritablement prins, & non par figure. La chair du premier Adam nous engendre & tire à mort & confusion; la chair du Sauueur, second Adam, nous vnit à la vie & nous nourrit à l'immortalité & à la gloire eternelle.

Deux mauuaises vnions de la chair d'Adam auec nostre ame, repareés par la chair du Sauueur.

4.
MAIS voicy le poinct capital de l'atithese de la chair du Sauueur côtre celle d'Adam. La chair d'Adã est la source de tous noz maux, à raison de deux vniõs, dont elle se ioint à nostre ame: l'vne est naturelle, qui se faict au vêtre de la mere par necessité, l'autre morale qui se faict auec liberté d'amour, quand l'ame suit les appetits de ceste chair corrompuë. La premiere vnion, est le coup de nostre premiere mort: car par icelle, *Nous sommes engendrez en iniquitez & conceus en pechez,* selon que dict le Roy Dauid, & rẽdus soüillez au premier instãt de no-

Vnion naturelle de la chair d'A- dam à nos ames.
Vnion morale
Vnion de generation.
Ecce enim in iniquitatibus conceptus sum. psal. 50.

stre estre, & venons au monde auec la marque de la malediction originelle, ennemis de nostre Createur, diuisez de luy & en nous-mesmes, portant quant & nous le cartel de rebellion, & la matiere d'vne cruelle guerre, que ceste masse de corruption faict incessammēt à nostre ame, luy iettant les tenebres d'ignorance à l'entendement, le feu de concupiscence à la volonté, l'oubliance du Ciel & des choses futures à la memoire. La mesme vnion est cause que les esprits des hommes sont multipliez & diuisez entr'eux: car autant de corps qui s'engendrent de la chair & semence d'Adam, autāt sont d'ames crées pour les vnir à ces corps, & les animer: comme les enfans d'Adam se multiplient de corps, de mesmes sont-ils rendus diuers d'esprit par ceste generation. La seconde vnion de la chair auec l'ame accroist & empire les maux qui viennent de ceste premiere: car estant l'ame vnie par amour à sa chair, suiuant ses esfrenez appetits, s'oubliant du Ciel & ne viuant que des vanitez & voluptez de la terre: elle est de tant plus renduë ennemie de Dieu & éloignée de son amitié, qu'elle se rend peruerse: & de tant

Le peché originel.

L'amorce de tous pechez.

La chair d'Adam cause de multitude & de diuision.

Vnion de volonté auec la chair d'Adā.

Separe l'hōme de Dieu.

lus diuisée en elle-mesme, endurant vne continuelle tyrannie de sa chair, à qui elle s'est faicte esclaue par ceste volontaire vnion, & de qui elle est sans pause superbement harassée & piquée à commettre nouueaux pechez, qui luy sont autāt de bourreaux qui la gehennent à chasque moment. Ceste mesme vnion diuise les hommes entr'eux: car cherchant chascun les commoditez de sa chair, & s'addonnāt au vice, il n'ayme que soy-mesme, & ses propres commoditez, ses honneurs, ses richesses & voluptez, hait tous ceux qui l'empeschent & les persecute: & de là sourdent les dissensions, les diuisions, les guerres, & tous les excez d'enuie, de paillardise, d'auarice, & semblables forfaicts qui se commettent au monde. Et voyla commēt la premiere vnion de la chair d'Adam auec l'ame, est la source, & la secōde est le cōble de tous nos maux, nous diuisant de Dieu, de nous-mesmes, en nous-mesmes, & entre nous.

Fait la guerre à l'esprit.

Est cause de dissensions.

En contrequarre de ceste chair, & de ces pernicieux effects, le second Adam IESVS-CHRIST, nous fournit la sienne douée de contraires qualitez & effectrice de contraires œuures. Par-

La chair du Sauueur remede des maux de celles d'Adam.

quoy la chair du premier Adam est sale, infecte, & pestilétieuse : celle du second Adam, pure, saincte, virginale, & en vn mot chair de Dieu : la chair d'Adam produite d'vne orde semence, est ioincte auec nostre ame, & nous met en la famille d'Adam : la chair du Sauueur engendree d'vne vierge par l'œuure du Sainct Esprit, nous est donnee pour estre vnie auec nous, & nous vnir à Dieu, & nous faire ses enfans, non par necessité de generation, mais par œuure & par deuotion : & par ceste vnion fomenter nos ames, les nourrir & embellir : pour r'habiller aussi les defectuositez de noz corps, r'addresser leurs mauuaises inclinations, esteindre leurs concupiscences, les purger & r'afiner à la semblance du sien, leur imprimant au surplus le germe d'vne glorieuse immortalité. Et encor que ceste vnion ne soit naturelle à la façon que nostre corps se ioinct à nostre ame, elle est neantmoins reelle, veritable, & tres-intime à guise de viande & de bruuage, & d'vn sacré & diuin mariage, par lequel nous sommes faicts vn esprit auec Dieu, par l'entremise de ceste chair de son Fils vnie à la nostre : sommes vnis en nous

Effect de la chair du Sauueur.

Pour l'ame.

Pour ce corps.

Vnion reelle de la chair du Sauueur auec nous.

nous-mesmes, obeyssant nostre chair
sanctifiée par icelle, à la loy de l'esprit,
vnis encor entre nous, & faicts vn esprit
& vn corps en nostre chef souuerain
IESVS-CHRIST, par le nœud de sa
precieuse chair, donnée au Sacrement:
voyez-vous les effects opposez? Par la
chair d'Adam nous sommes rendus pecheurs, separez d'auec Dieu, d'esprit &
de corps, les corps multipliez, & les esprits à mesure des corps, les hommes
diuisez entr'eux par inimitiez engen-
drées de l'amour de la chair, & chasque
homme diuisé en soy-mesme, rebellant
sa chair à l'esprit, par la chair du Sauueur
tous ces inconueniens sont reparez vn
par vn auec vne aussi admirable sagesse
qu'abondante grace.

La chair d'Adam nous separe de Dieu.

DE ceste viande donc donnée en antidote de la premiere viande, & de ceste
sacrée vnion en remede de celle qui
nous perdoit, preschoit icy le Sauueur.
C'est le sens & le but de ce sien diuin
sermon: car disant qu'il est *le Pain de vie,
le Pain vif descendu du Ciel. Que ce Pain est
sa chair, qu'il donneroit pour la vie du monde:*
il declare qu'il vouloit dôner son corps
en viande & en redemption. Et adiou-
stant apres *Qui mange ma chair & boit mon*

Ioan. 6. 48.

sang, il a la vie eternelle, & ie le resusciteray au dernier iour: car ma chair est vrayement viande, & mon sang est vrayement breuuage. Il signifie les effects de ceste viande, contraires aux effects de la viāde d'Adam; la viande d'Adam cause de mort, boucon de mort, de terre & d'angoisse, la viāde du Sauueur source de vie, Pain de vie, Pain du Ciel, chair de liesse & de resurrection. Quand il dict, *Qui mange ma chair & boit mon sang il demeure en moy, & moy en luy*, il montre qu'il donne sa chair en vnion en liaison d'amitié, & en perpetuelle arre de son sainct amour enuers nous. Il a donc donné son corps en ceste vie pour nostre bien en toutes les manieres qu'il pouuoit estre donné: en rachapt, en viande, en remede & en gage, pour nostre deliurance, nourriture, guerison & soulas, & le donnera au Ciel en gloire. A-il assez donné? est-il assez liberal de se donner si liberalement, & par tant de fois & façons, & se promettre encores pour le Ciel? Et sommes-nº assés ingrats de ne recognoistre ses biens? assez iniques de ne nous donner à luy qui n'auons rien que de luy: assez endormis en nostre ingratitude & iniquité, de n'vser liberalemēt de ses dons

L'vnion de la chair du Sauueur à nostre ame.

Ingratitude & paresse des hommes.

pour nous vnir sainctement auec luy, & entre nous-mesmes par ses dōs pour la vie eternelle? Que n'a-il faict, que n'a il inuenté, que ne fait-il, que n'inuente-il ce diuin Espoux pour gagner l'amour de son ame fidele? Et que faisons-nous, qu'employons-nous pour gagner le sien? Et de qui est-il amoureux, ce Prince infiniement riche, puissant & beau, sinon d'vne pauure, chetiue, & laide creature, qu'il veut enrichir, ennoblir, & embellir pour la rendre digne de son Royaume? Et comment la pourchasseroit-il par tant de moyens, s'il n'estoit la mesme bonté? O bonté infinie, sagesse infinie, puissance infinie, rendez noz ames sainctement amoureuses de vostre beauté? Esclairez-les des diuins rayons de vostre celeste science, & faictes les dignes de vostre sainct amour.

L'orgueil & la sensualité contraires à la foy, & les premiers ennemis du Sainct Sacrement.

5.

L'ORGVEIL & la sensualité sont incapables d'entendre les merueilles de Dieu, & indignes de receuoir ses biens-faicts. Nous auons ouy les promesses diuines du Saueur parlant de la manducation de sa chair, & des fruicts eternels d'icelle, il y auoit dequoy admirer la hauteur du mystere & la liberalité du donneur, & bonne occasion de dire ce que sainct Pierre esmerueillé dict apres. *Tu as les paroles de la Vie eternelle.* Il y en eut neantmoins qui au lieu d'estre esleuez en admiratiō furent frappez à la mort, des paroles de vie, parce que l'orgueil & le sens les auoit rendus mauuais auditeurs de la verité, ennemis de la lumiere, & insuffisans à regarder plus haut que le iugemēt humain ne pouuoit atteindre. Au moyē dequoy la verité parloit, & eux se tuoiēt à la voix de la verité estimans ou qu'elle ne peut faire ce qu'elle promettoit, & donner sa chair à manger, ou que si

Ioan.6.v.8.

elle le pouuoit faire, ce seroit vne chose inhumaine & barbare. *Ils entendirent la chair*, dict Sainct Augustin, *à la façon qu'on la desmembre en vn corps mort, ou comme on la vend au marché, & la chair n'entēdoit point ce qui estoit appellé chair.* Ils pēserent que le Sauueur deust depecer son corps à petits morceaux, & leur seruir en table, cuit & appareillé, comme les corps des bestes : & parquez sur la terrasse de leur charnelle imagination, & poussez de l'esprit qui aueugle les esprits au lieu de s'edifier, ils se scandaliserent perfides en leur cœur, grossiers en leur pensée, & blasphemateurs en leur langage, & disoyent: *Coment nous peut cestuicy donner sa chair à manger? voicy vne dure parole, & qui la peut endurer?* Par le premier interrogat, ils monstroient leur incredulité, ne se pouuans persuader que le Sauueur peut accomplir ce qu'il promettoit: par le second ils faisoient voir leur orgueil, condamnans le mesme Sauueur, comme voulant commettre vn cruel forfaict, en se tuāt soy-mesme & en donnāt à manger la chair humaine, si tant est qu'il peut faire ce qu'il disoit: gens du tout aueuglez en leur arrogance & sensualité: car ils auoient vn

S. Aug. tract. 27. Ioan. & in Psalm. 98.

Ioan. 6. 52. 60.

L'orgueil & sensualité cause d'aueuglement.

peu deuant veu mille miracles faicts de la main du Sauueur: & les auoiét creuz sans demander, COMMENT? & au lieu d'auoir apprins à croire plus facilement par tant de belles œuures, ils demandét icy, COMMENT? plus incredules que iamais. Mais pourquoy sõt-ils maintenant si reuesches à la voix du Sauueur? pourquoy n'õt-ils esté auparauãt si scrupuleux & si reseruez? Pourquoy n'ont-ils aussi bien demandé, COMMENT il faisoit véoir les aueugles? marcher les boiteux? fuïr les Diables? & de fresche merueille, comment il auoit rassasié les cinq mille hómes, de cinq Pains & de deux Poissons? leur COMMENT eust esté plus à propos & plus pertinent: car ils eussent eu moyen d'entendre, qu'il faisoit ces choses en auctorité & en loy de maistre tout-puissant, & tout-sage, & ceste cognoissance leur eust persuadé qu'il accompliroit puissammét & sagement, ce qu'il promettoit disertement de sa chair, encor que cela semblast impossible & absurde à leur sens & iugement: mais quoy? ils estoient orgueilleux, & l'orgueil leur auoit faict perdre la memoire du passé, & leur bandoit les yeux pour ne voir ny la verité presente,

COMMENT.

L'orgueil met les tenebres en l'ame.

ny preuoir la future : & en vn mot les
faifoit errans obftinez, c'eft à dire here-
tiques. Voila les premiers côtrerolleurs *Premiers Sacramen-*
premiers perfecuteurs, & premiers he- *taires.*
retiques fufcitez contre la verité du S.
Sacrement; voila les premiers auteurs
de Qvomodo, de Comment, au *Auteurs de Qvo-*
modele defquels le Diable a façonné *modo?*
tous les autres, qui depuis fe font mo- *Com-*
nopolez contre Dieu pour attaquer les *ment?*
myfteres de fon Eglife, par Qvomo-
do, & par Comment: & nomméé-
mét pour esbranler ceftuy-cy, comme
le plus hautain & plus repugnãt à la fen-
fualité. C'eft l'orgueil & la chair, qui les
a rendus mutins, & rebelles côtre la doctrine de Iesvs-Christ, & prefom-
tueux à condamner ce qu'ils n'enten- *Les Arriens*
doyent point. Ainfi l'Arrien fe mo-
quoit de la foy Catholique, fur la generation du Fils de Dieu, voulant entendre ce qu'il ne pouuoit, & ne voulant croire ce qu'il deuoit, que Dieu
euft engendré vn Fils : & au lieu de *Generation du Fils de*
dire en Chreftien, Ie crois, il de- *Dieu*
mandoit en Philofophe, Comment? *Pfal. 2. 7.*
encor que l'Efcriture l'affeuraft claire- *Pfal. 109. 4.*
ment de la verité de cefte generation, & *Ineffable.*
luy dit d'autre part qu'elle ne fe pouuoit *Efa. 53. 8.*

B iiij

comprendre, & qu'il falloit croire & non questióner. Ainsi les Payens & les heretiques se rioiét de la foy de la mort de IESVS-CHRIST: ne se pouuans persuader, qu'estant luy Fils de Dieu, & Dieu mesme, eust voulu ou peu endurer la mort, & disoient: Comment se peut il faire qu'il ait enduré?

AVIOVRD'HVY les mescreans à l'imitation de leurs ancestres dónent des cornes contre le mesme roc, & disent, Commét peut estre present le corps du Sauueur en l'Eucharistie? Comment peut-il estre en plusieurs lieux sans occuper lieu? estre mangé sans estre veu? exposé aux iniures des meschans, sans lesion? Et parce qu'ils sont hautains ils ne veulent rien croire qu'ils n'entendét, & perdent la foy & l'entendement, tous semblables à leurs peres, & nóméemét aux Capharnaïtes: quoy qu'en autre extremité d'heresie, *lesquels*, dict Sainct Augustin *n'entendoyent point, parce qu'ils ne croyoient point, & le Prophete dict, si vous ne croyez vous n'entendez point. Par la foy nous sommes vnis à Dieu, & par l'entendement nous sommes viuifiez. Adherons premierement par la foy, afin qu'il ayt dequoy estre viuifié par l'entédement: car qui n'adhere,*

Les Payens & les heretiques.

Les modernes.

S. Aug. tract. 26. in Ioan.
Il faut croire pour entendre.
Esa. 7.

il resiste, & qui resiste il ne croit point. Il est contraire au crayon de la lumiere qui le doit penetrer, il ne detourne pas la veue, mais il ferme l'entendemēt. De mesme ceux-cy veulent sçauoir en Philosophes, & non croire en Chrestiens, & deuiennent mauuais Philosophes, & perdēt le nom de Chrestiens. L'Eglise de Dieu & les enfans de Dieu ne font pas ainsi. Ils croyent à la voix de la verité, qui dict. *Le Pain que ie donneray c'est ma chair*, & apres ils l'entendent autāt que les mysteres diuins peuuent estre entendus en l'ombre de ceste mortalité, & attendent de les voir au Ciel face à face, & à descouuert, quand ils verront toutes choses en Dieu.

Exposition des paroles du Sauueur,
C'EST L'ESPRIT QVI VI-
VIFIE. LA CHAIR NE PRO-
FITE RIEN. LES PAROLES
QVE IE VOVS DIS SONT
ESPRIT ET VIE.

6

C'ESTOIT la coustume du Sauueur de parler couuertement des plus hauts mysteres, a fin d'estre ouy auec attention: *Car le secret de Dieu* dict Sainct

Auguſtin, *doit rendre les auditeurs atten-*

S. Aug.
tract. 27. in
Ioan.

tifs & non les aliener mais quand il parloit obſcurement, il s'expliquoit à la fin pour oſter occaſion d'errer. Ainſi voyons-nous qu'ayant dict à Nicodemus

Ioan. 3. 4.

qu'il falloit renaiſtre pour eſtre ſauué, il s'expoſa diſant, qu'il falloit eſtre baptiſé de l'eau & de l'eſprit, & qu'il entendoit vne generation non materielle, mais ſpirituelle. De meſmes quand il eut dit, *Demoliſſez ce Temple, & ie le reedifieray au troiſieſme iour :* l'Euāgeliſte adiouſte pour

Ioan. 2. 19.

l'explication, *Or diſoit-il cecy du Temple de ſon corps.* Voyant donc le Sauueur que les Capharnaites s'offençoiēt de ſes paroles, leur donnant vn ſens abſurde & tel que la fantaſie leur forgeoit, il corrige leur ſens charnel, & leur explique le ſien, & leur dict : *Cecy vous ſcandaliſe-il ?*

Ioan. 6.

Que ſera-ce donc ſi vous voiez le Fils de l'homme monter, où il eſtoit premierement ? Il veut dire, vous eſtes des gens ſenſuels, & ne voulez croire que ie puiſſe faire ce que vous ne pouuez comprendre; vous eſtimez que ce m'eſt vne choſe impoſſible de vous donner ma chair à manger & qu'elle puiſſe ſuffire pour tous, ny donner la vie eternelle, & que penſerez-vous, que direz-vous, quand vous ver-

rés que ie porteray ceste chair au Ciel,
d'où ie suis descendu, pour la prendre
en terre? quand vous entendrez que ie
suis Dieu & homme ensemble? Certes
voyant vne œuure si difficile vous aurez
occasion de croire ceste-cy moins
arduë: car il est de soy plus difficile ne
porter la chair au Ciel, ce qu'aucun ne
fit iamais, que de la donner à manger en
terre, ce que plusieurs ont faict, encor
que ce n'ait esté à la façon que ie la donneray.
Parquoy ou vous deuez croire
que ie puis donner ma chair à manger
veu que ie puis faire vne chose plus difficile:
ou si vous ne le croyez vous estes
pour entrer en vne plus grãde incredulité
& condamnation quand on vous
dira que ie suis monté au Ciel, auec ma
chair. Le Sauueur ne nie pas qu'il ne *Le Sauueur*
doyue donner sa chair à mãger, mais il *Dieu tout-*
leur dict qu'il est Dieu tout-puissãt, car *puissant.*
autrement il ne seroit pas descendu du
Ciel, & qu'estant Dieu il peut faire plus
que cela, & que s'ils ne croyent, leur
orgueil en est cause, & leur sensualité,
vrayes barrieres, & empeschemens de
la foy. Il adiouste. *La chair ne profite*
rien: c'est l'esprit qui viuifie, les paroles que Ioan. 2.
ie vous dy sont esprit & vie. Il leur oste

doucement la cause qui les scandalize, & dict, la chair comme vous l'entédez, & la manducation que vous vous imaginez est charnelle & ne proufite rien: mais celle que ie vous annõce est spirituelle & donne la vie eternelle, les paroles que ie vous dis sont esprit & vie, & vostre pensée n'est que chair & arre de corruption : ma chair sera voiremét donnée, & vrayement vnie auec les membres de mon Eglise : mais non pas seule & sans ame, comme la chair des bestes, qui n'est que pour le corps, ains estant viuifiée de mon esprit, & de ma diuinité, à raison de laquelle, elle donnera la vie, & vnira à la vie ceux qui la mangeront, comme elle est vnie à la vie de mon ame, & de ma diuinité, & sera donnée non d'vne maniere charnelle à pieces & à lopins, comme la chair morte, mais spirituelle cõme chair viue, immortelle, & incapable de section, & cõme ceste chair a esté veritablemét prinse de la substance de la Vierge, ma Mere, mais d'vne façon spirituelle, par la vertu du Sainct Esprit, & non par operation d'homme : ainsi sera-elle veritablement donnée, mais d'vne maniere diuine, & non charnelle; la chair

La chair du Sauueur tousiours vnie à la diuinité.

Maniere spirituelle.

le iugement humain n'y apperceu-
ont rien sinon quelques accidens exterieurs, de la couleur, figure & saueur,
mais les yeux de la foy penetreront le
mystere caché. C'est ce qu'a voulu signifier le Sauueur, pour accoiser le murmure des Capharnaïtes, & les releuer
de la stupidité de leur chair aux sens spirituels de sa saincte parole.

L'heresie tousiours charnelle, & a-
moureuse des extremitez.

7

COMME l'ennemi des hom-
mes pratiqua des suposts
charnels pour les opposer
à la parole de vie, & em-
pescher le Sacrement de la
chair du Sauueur au prochain appareil
du festin : aussi en a-il suscité d'autres
pour interrompre & arrester le progrez
du festin ja dressé. Ce sont ceux qui en
nos derniers siecles se sont bandez cō-
tre l'honneur & magnificence de ce festin, luy ostans sa substance & sa verité,
& disans que la chair du Sauueur n'y
est point, mais seulement sa figure, &
qu'il n'est point question icy d'vne māducation reelle de la chair presente du

Contre les ser-
rans de nostre
siecle.

Sauueur, comme estant cela charnel, mais spirituelle pratiquée par le moyen de la foy qui fait present le corps du Sauueur, & le mange spirituellement.

eretiques harnels en eur spiritua- ité.
Ils sont tou- iours aux ex- tremitez.

Ces gens sont charnels aussi bien que les Capharnaïtes, & poussez de mesme vét d'orgueil, renuersent la verité: mais par contraire baterie: les Capharnaïtes interpretent les paroles du Sauueur du tout charnellement, & ceux-cy du tout spirituellement: ceux-là acculez en vne extremité, n'y croyans que chair, ceux-cy acculez en vne autre extremité, n'y mettans qu'esprit: & les vns & les autres ne voulans recognoistre sinon ce que leur dit leur fantasie, & partāt charnels, infideles, & orgueilleux, par diuerses voyes. La sensualité de ceux-cy se mō-stre en ce qu'ils pensent estre vne chose charnelle, que la chair du Sauueur soit presente au Sacremēt; leur incredulité est en ce qu'ils ne veulent croire à la parole de Dieu, qui dict qu'il donnera vrayement sa chair à manger. Leur or-gueil en ce qu'ils preferent le iugement de leur sens à ceste parole, & condam-nent l'ordonnance du Sauueur, encor qu'ils facent semblant de defendre ses loix. Or ils errent en trois façons, pre-

Leur sensua- lité.

Leur incre- dulité.

Leur orgueil.

mierement en ce qu'ils estiment que la présence de la chair du Sauueur en ce Sacrement soit charnelle: car la présence d'vne chose ne faict pas la charnalité, mais la maniere: sa chair fut veritablement & de presence réelle, conceuë au vêtre de la vierge; ceste presence pourtant ne fut pas charnelle, parce que la maniere de la conception estoit du S. Esprit. Quand il môta au ciel, son corps fut present en autant d'endroicts qu'il penetra: la presence fut reelle, mais neantmoins spirituelle; parce qu'elle estoit appuyée d'vne cause spirituelle & diuine & non naturelle. Quand il se fit voir à Sainct Paul, il estoit present, & sa presence fut veritable & reelle: mais spirituelle, c'est à dire d'vne façõ non vulgaire & commune à la nature. De mesme donc la chair du Sauueur est reellement presente en l'Eucharistie: mais non charnellement, comme la chair commune est presente sur la table: elle y est par transsubstantiation: par voye surnaturelle: par la tout-puissante parole du Sauueur: elle y est inuisible, impalpable, immortelle, & inconsomptible, & si spirituellement & si diuinement, qu'il n'y a que les yeux de la

Toute présence reelle n'est pas charnelle.

La presence du corps du Sauueur au Sainct Sacrement est spirituelle.

foy qui la puissent apperceuoir, & parce que ceux-cy n'ont que les yeux de leur chair & iugement charnel, c'est pourquoy ils nient ceste presence, & en feignent vne selon l'aueuglement de leur chair contre la verité, & laissent la vraye foy par vn imaginaire PAR-FOY, & sont stupides & infideles en leur sensuelle foy.

Contradiction des errans en leur faulse & imaginaire foy.

8

LEs mesmes errans s'enueloppent en contradiction, nians d'vn costé que la chair du Sauueur soit reellement presente en l'Eucharistie, & disãs de l'autre, qu'elle y est par esprit & par foy: car si elle n'y est reellement, elle n'y peut estre preseté par esprit & par foy: d'autãt que nul effort ny de l'esprit ny de la foy, ne peut faire presente vne chose qui est absente: la foy non plus que l'esprit ne fait pas que les Hebrieux passent presentement la mer rouge, qu'ils mãgẽt la Mãne au desert, que Iosué arreste le Soleil, que le Sauueur soit cõceu au vẽtre de la Vierge

a foy ne et pas les choses pre. es.

DV SACR. DE SON CORPS. 401

Vierge, qu'il resuscite, qu'il monte au Ciel, qu'il iuge les viuans & les morts, encor qu'elle croye tout cela: si ceux-cy respondent que la foy imagine ces choses, comme presentes, encore qu'elles soyent absentes, ils confessent donc que comme la presence de ces choses n'est qu'imagination, de mesme la foy qu'ils ont de la presence de la chair du Sauueur au Sacrement est imaginaire, & qu'ils ne la mangent que par imagination, comme ceux qui en dormāt songent qu'ils font bonne chere, & ne font bonne chere que de leur fantasie, telle foy n'est pas la foy qui faict l'homme fidele: ny telle refection n'est pas vrayement refection, ny telle viande vrayement viande: c'est vne foy, vne refection & vne viande de fantasie. Or le Sauueur a dit que sa chair est vrayemēt viande, & son sang vrayemēt breuage, donc la foy & le par foy de ceux-cy est vne infidelité charnelle, & vne réueuse imagination contraire à la foy de Dieu. Ce sont les enfans de l'Eglise Catholique, qui vrayement mangent par foy le corps du Sauueur: c'est à dire d'vne façon spirituelle, ainsi qu'il a esté dict, & auec la foy requise: par laquelle ils

Foy imaginaire & fausse.

Viande par songe.

Ioan. 6.

Les Catholiques communient vrayement auec la foy.

C

croyent à la parole de Dieu: croyent que son corps y est present, comme dict sa parole; croyent qu'ils le prennent reellement, & le mangent reellement cōme il l'a promis; croyent qu'il peut faire ce qu'il a dict, & qu'il ne faict rien qui contrarie à sa bonté & sagesse, & comme leur foy est fidele, aussi est leur manducation veritable, & au contraire la manducation practiquée par ces errans en leur Cene est toute charnelle: car ils n'y prennét rien plus haut que du pain, & n'y mangent aussi que du pain; & n'y croyent rien que la foy d'vn Turc, d'vn Iuif, & d'vn Payen tout charnel, ne puisse croire! Car quelle difficulté y a-il de croire la presence d'vn morceau de pain, qu'on voit; qu'on gouste, & qu'on apperçoit des sens?

a foy fidele la vraye āducation.

Foy de l'eretique & du Turc semblable.

Le sens literal fondement de autres, contre les mesmes errans.

9.

CEs bonnes gens se perdent encore és erres de leur spiritualité: car voulans interpreter la chair du Sauueur & son sang, & toute ceste manducation spirituellement, selon leurs sens, disans, qu'on ne mange ceste chair que par esprit & par foy, ils laissent la propre & fondamétale intelligéce des paroles du Sauueur, & en *Intelligence fondamentale.* prennent seulement vne metaphorique contre la loy de tout bon Theologien, qui doit premierement entendre & fermer le sens literal & propre de l'Escriture, & apres sur iceluy fonder le spirituel. Par exemple, l'Escriture dict que Dieu *Gen. 2.* planta vn Paradis terrestre, que les He- *Exod. 14.* brieux passerent la mer rouge, que Samson lia des renards par la queuë, que *Iudith. 15.* Dauid combatit Goliath en duel, & *1. Reg. 17.* choses semblables: si quelqu'vn vouloit tellement spiritualiser ces histoires, qu'il en niast la verité literale, & dict, que le Paradis terrestre n'est autre chose que l'Eglise, la mer rouge, le Baptesme, les renards de Samson, les heretiques, Goliath, l'ennemy du genre humain, Da- *Sens allegorique.* uid, IESVS-CHRIST, & que du reste il n'en a esté rien du tout: il seroit vn sens spirituel voirement, mais il renuerseroit le fonds de l'histoire, & commettroit vn sacrilege cótre l'Escriture, qui recite les choses susdites, comme vrayement aduenuës: il feroit ce que iadis faisoiét les Priscillianistes qui allegorisoient à leur

C ij

fantasie tous les passages & sens literaux de l'Escriture qui estoiét contre leur heresie, cōme escrit Sainct Augustin. De mesme allegorisét ceux cy disans qu'il n'y a que la manducation spirituelle & mystique de la chair du Sauueur; car puis que le Sauueur a dict que sa chair est la vraye viande, & son sang le vray breuage, & que qui mange sa chair, aura la vie eternelle, il faut par necessité supposer vne reelle manducation d'vne chose reelle, & apres adiouster la spirituelle & allegorique: ainsi on trouue en l'Escriture le mot de Lyon, mis pour le Diable, & le mot de Loup pour vn faux Prophete: ce sont des significations metaphoriques & spirituelles: mais les mesmes mots sont mis ailleurs en leur propre vsage & signifient des bestes, & sur la semblance de ces mots propres, ceux-là ont esté transferez, pour signifier le Diable, & le faux Prophete. Parquoy s'il y a vne manducation de la chair du Sauueur toute spirituelle, c'est à dire qui se faict seulement par esprit, sans reelle prise d'icelle chair, il faut necessairement qu'il s'en trouue vne propre & reelle fondement de ceste-cy: laquelle manducation reelle ne peut

Les Priscillianistes.
S. Aug. l. de hæres. 70.

Ioan. 6.

Lyon, Sath. 1. Pet. 58. Loup, heretique, Matth. 7. 15.

estre qu'en l'Eucharistie côtenant reellement la chair & le sang du Sauueur, vraye & propre viande : vray & propre breuage. Mais n'est-ce pas vne intelligence charnelle d'admettre vne reelle manducation de la chair du Sauueur ? oüy si nous l'entendons à la façon des Capharnaïtes humaine & sensuelle : mais la manducation que l'Eglise Catholique enseigne, & qu'auons declaré, est reelle voirement : mais spirituelle, mais diuine & pleine de merueilles, & marques & tesmoignages de la puissance, bonté & sagesse du Createur : & quand les anciens Peres refutét la manducation charnelle, ils n'entendent iamais ceste-cy, ains seulement celle que les Capharnaïtes se forgeoient, & que le Sauueur corrigea par les paroles qu'auons exposées : comme ils tesmoignent assez, quand toutes & quantesfois qu'ils parlent de ceste charnelle manducation ils mettent en auant les Capharnaïtes, comme autheurs de la resuerie, & monstrent aussi clairement que la manducation de laquelle le Sauueur preschoit est de la reelle chair d'iceluy, encor que la façon de la prendre en soit spirituelle. Citons en vn ou deux pour tous.

La manducation songée par les Capharnaïtes charnelle.

Condamnee par les Peres.

S. Hylaire. *C'est le Sauueur qui dict, Ma chair est la vraye viande, & mon sang est le vray breuuage. Qui mangera ma chair & boira mon sang, il demeure en moy & moy en luy. Il n'y a aucune occasion icy de doubter de la verité de la chair & du sang du Sauueur: car selon sa parole & selon nostre foy, c'est vrayement chair & vrayement sang: & ces choses prinses & beuës par nous, font que nous sommes en* IESVS-CHRIST *&* IESVS-CHRIST *en nous. N'est-ce pas la verité? A ceux-là aduienne n'estre ja veritables, qui ne croyēt point que* IESVS-CHRIST *soit vray Dieu.* Il veut dire qu'il faut prendre les paroles du Seigneur en leur naïfue & literale significatiō. De mesme S. Augustin. *Nous auons,* dit-il, *ouy le Maistre veritable, le diuin Redempteur, & le Sauueur humain, nous recommandant son sang nostre prix. Il nous a parlé de son corps, de son sang, il a dict que son corps est viande & son sang breuuage. Quand donc nous recōmandant telle viāde, tel breuuage, si vous ne māgez ma chair & beuuez mon sang, vous n'aurez point de vie en vous. Et qui diroit cecy de la vie si ce n'estoit la vie? Or ce sera la mort à l'hōme, & non la vie, à celuy qui aura estimé la vie mensongere.* C'est à dire qui pēsera que le Sauueur ne peut ou ne veut dōner sa chair & son sang cōme ses

S Hilair l. 8. de Trin.

Ce sont les terās de nos siecles.

paroles le signifient, celuy est incredule & frappé à la mort. Les autres Docteurs parlét de mesme langage que ces deux-cy.

Deux sortes de communion, la seule spirituelle, & la Sacramentelle.

10.

LEs anciens Peres ont voiremét recogneu vne mäducation toute spirituelle de la chair du Sauueur, qui se faict en oyant la Messe, en meditant la grandeur de ce banquet, en prenant la chair du Sauueur seulement par vœu, par desir, & par deuotion: mais ils ont donné ceste doctrine sans preiudice de celle que venons d'oüir: car ils ont tousiours creu & estimé ceste manducation reelle, que par nom propre ils ont appellé Sacramentelle, & l'ont preferé à la premiere quand elle est faicte sainctement. Comme aussi ils ont preferé la seule spirituelle à la Sacramentelle, si elle n'est faicte auec deuë preparation; iugeans à bon droict qu'il est meilleur d'oüir la Messe deuotement & contépler les mysteres de ceste viande, & communier en ceste façon spirituellement, que de communier auec

Communion toute Spirituelle.

La manducation Sacramentelle.

C iiij

conscience de peché mortel, & profaner par ordure la table du Sauueur, & ceste manducation Sacramentelle ne laisse pas d'estre spirituelle, car elle se faict par voye surnaturelle, & diuine, comme il a esté dict: mais elle est appellée Sacramentelle par distinction à cause qu'on y prend le Sacrement, l'autre porte simplement le nom de spirituelle, par ce qu'elle se faict par esprit seulemẽt, sans prendre reellement la chair du Sauueur; & ceste Communion spirituelle n'est proprement que deuotion enuers le Sacrement: comme la sacramentelle, est la somption reelle du Sacrement, laquelle doit tousiours auoir pour compagne inseparable la spirituelle: car autrement elle ne prousite rien, & peut beaucoup nuire: la spirituelle peut estre vtile sans la sacramẽtelle. Les enfãs de Dieu vsent de toutes les deux: car ils communient & sacramentellement & spirituellement: les mescreans sont priuez de l'vne & de l'autre. Car nians la presence du corps du Sauueur, ils ostent le cœur du Sacrement, & se priuent de la communion sacramentelle: & n'ayans la vraye foy du Sacremẽt ils ne peuuent communier spirituelle-

a manducation sacramentelle, est celle & spirituelle.

La spirituelle.

Les Catholiques communient & spirituellement & sacramentellement.

ment: car sans la foy nul S. Esprit, & nul Sacrement n'est proufitable, & sont charnels en leur fantasie, comme les Capharnaïtes en la leur.

De la diuine sagesse & bonté, & de la folie & mescognoissance des hommes en ce Sacrement.

11

MAIS deuant que partir de la surface de ce tableau, arrestons vn peu les yeux de nostre entendement sur la contemplation de ceste diuine sagesse preschant de la Communion de sa chair, & de nostre bassesse, ne sçachans recognoistre la douceur de ses diuins benefices: considerons d'vn costé la liberalité du Redempteur, & de l'autre l'ingratitude des hommes, la prudence du Maistre, & la folie des disciples. Le Sauueur apres auoir repeu le peuple de pain terrestre, il propose de donner le celeste: de substituer le Pain vif au Pain mort: le Pain de l'ame au Pain du corps: & voicy les hommes qui apres auoir receu & mangé le premier Pain, & estimé le donneur digne de la recompense d'vn Sceptre, ne veulent entendre le Sauueur preschant de l'excellence du second: encor que ses paroles soient tres-claires: ils murmurent en leur ignorance contre la bonté & sagesse de leur Docteur, dequoy il promet & leur veut dõner vn Pain du Ciel, vn Pain deïfique, donner non vn corps estrãger, mais le sien propre, nõ la chair des bestes, mais la chair de Dieu. Ils se scãdalisent dequoy il les veut vnir à soy par sa chair, deïfier auec soy par sa chair, & les nourrir, non pour vingt-quatre heures, mais pour l'immortalité; ils se deffient de son pouuoir, s'offensent de sa bonté, & condãnent la sagesse de ses paroles, auãt que les entendre, Coment nous

Ioan. 6. 52. *peut, disent ils dõner cestuy cy sa chair à manger? ô insensez disciples, & par trop obli-*
uieux! & comment vous a il peu cy-de-
Math. 14. uant repaistre plus de cinq mille que
16. vous estiez, de cinq Pains & de deux
Ioan. 6. Poissons, & faire venir l'abondance en la disette & la fertilité au desert? si vous croyez qu'il ait faict cét œuure en vertu de tout-puissant, pourquoy demandez vous comment il vous peut donner sa chair? pourquoy estimez vous qu'il ne puisse accomplir ce qu'il dict, encore que cela vous semble impossible? Vous

dictes, Voicy vne parole dure, & qui la pourra souffrir? Et quelle parole trouuez-vous si dure? Qu'auez-vous oüy sortir de la bouche de ce bon Maistre, ô delicates oreilles? ô disciples doüillets, qui a si rudement feri vos poictrines? Quels propos a-il tenus qui vous semblẽt si durs à aualler? Il a dict qu'il est le Pain descendu du ciel, qu'il est le Pain vif, qu'il est le Pain de vie, que qui mange ce Pain viura eternellement, que le Pain qu'il donnera c'est sa chair pour la vie du monde: que sa chair est la vraye viande, & son sang le vray breuuage. Ces paroles sont elles de fer ou de pierre, comme vostre poictrine? ne sont-ce pas paroles de vie, & de vie eternelle? paroles de salut & de consolatiõ? la vie vous desplaist-elle? le salut vous scandalise-il? & la cõsolation vous donne-elle au cœur? n'estes-vous pas disciples malins, d'estriuer contre vne si amoureuse leçon? & malades desesperez, d'entrer en frenesie à l'audition d'vne telle voix, & d'vn si bon medecin, & à la promesse de la vie eternelle? Et si ces paroles si amoureusement proferées par ce doux Agneau, vous semblent intolerables, comment endurerez-vous celles qu'il proferera à son grand-iour contre vous,

L'orgueil & la sensualité mauuais auditeurs de la vertu.

Ioan. 6. 48.

Mauuais disciples & mauuais malades.

& côtre tous ceux qui auront esté mescreans, comme vous, quand il dira, quand il prononcera, quand il tonnera cet arrest dernier & irreuocable, *Allez-vous-en d'auec moy maudits, au feu eternel, preparé au Diable & à ses Anges.* Si la douceur de l'Agneau & Sauueur du monde vous est intolerable maintenant, que sera la rigueur du iuge des Anges & des hommes, condamnant alors vostre infidelité? Mais si vous trouuez de la difficulté à l'intelligence des paroles du Maistre, pourquoy ne l'interrogez-vous en bons disciples, afin d'en estre instruicts? Si vous auez conceu quelque opinion de ce Maistre à raison des merueilles qu'il a faict deuant vous, pourquoy estimez-vous qu'il ne puisse vous declarer ce qui vous est difficile? pourquoy condamnez-vous sa doctrine deuant que l'entendre? pourquoy vous departez-vous de la compagnie de la verité qui vous veut enseigner?

L'arrest dernier.
Matth. 26.
41.

Le disciple doit interroger le Maistre.

Aux devoyez de nostre siecle.

12

MAIS vous, ô ames esgarées en ce dernier siecle, qui allans en arriere auez abandonné la compagnie de ce Maistre, à l'imitation de ces vieux errans : qui sortis de la maison de Dieu, auez quitté la table & le festin de la chair de son Fils, pour aller prédre vn morceau de pain de la gueule des loups : pourquoy imitez-vous les Capharnaïtes que vous condamnez ? pourquoy murmurez-vous côme eux, de la puissance, ou de la sagesse de celuy qui dit, *Le pain que ie donneray c'est ma chair?* Ioan. 6. 51 Pourquoy ne croyez-vous ce qu'il dict, puisque c'est la bouche de la verité qui parle & ne peut mentir? pourquoy donnez-vous loy & mesure à son bras, disãs qu'il ne peut faire qu'vn corps soit sans occuper lieu, & qu'il soit en mesme temps en diuers lieux, au Ciel & en la terre & en plusieurs Autels? ne pourra-il rien faire qui soit dessus la volée de vostre cerueau? Mais quelle foy est la vostre, de ne croire rien sinon ce que vos sens vous tesmoignent, ou que vostre esprit comprend? N'est-ce pas la foy d'vn infidele Philosophe, qui suit les erres de la creature, & ignore la toute-puissance du Createur? Et quel iugement est le vostre de reiecter la foy Catholique sur ce grand mystere, pour ne le pouuoir entendre, veu qu'il y a mille choses en la nature que les Philosophes n'entendent point? Et pour ne les entendre les reiettent-ils? Mais pouuez-vous entendre cōment le Sauueur a prins chair humaine sans semece d'homme? Cōment nos corps reduicts en cendre resusciteront? Commét les corps des damnez brusleront sans estre consommez des flammes eternelles, & autres mysteres de nostre foy? Et si vous le croyez sans le pouuoir entendre, pourquoy ne croyez-vous cestuy-cy? S'il vous semble plus difficile, tant plus auez vous dequoy admirer la puissance de Dieu, & de tant plus meriter en croyant. Si vous croyez que Dieu est tout-puissant, pourquoy ne croyez-vous qu'il puisse faire ce qu'il dict, qui a faict tout par sa seule parole? Si vous le croyez tout-sage, pourquoy ne croyez-vous que ce qu'il ordonne est bien ordonné, encor que vostre iu-

Foy de Philosophe, foy humaine.

L'incarnation.

La resurrection.
Le feu d'Enfer.

Foy de la puissance de Dieu.

De sa sagesse.

DV SACR. DE SON CORPS. 415
ement ne puisse atteindre le secret de
son ordonnāce? Si vous croyez qu'il est
tres-bon, que n'vsez vous simplement *De sa bonté.*
du don de sa Majesté? Pourquoy dictes
vous que c'est vne chose charnelle d'a-
uoir sa chair à manger? n'estes vous pas
orgueilleux en vostre bassesse, croyans
pluſtoſt à l'infirmité de vostre iugemēt,
qu'à la grandeur de sa toute-puissance:
intolerables en vostre folie, cōdamnans
ce que sa sagesse ordonne? ingrats en
vostre infidelité, refusans la viande qu'il
vous offre pour vostre salut? ô bon IE-
SVS, ô bon Maistre, ô bon Pasteur, illu-
minez, enseignez, reduisez ces pauures
errans, ces mauuais disciples, & ces brebis esgarées: & conseruez nous en la solidité de vostre saincte foy, au giron de
nostre bōne mere vostre loyalle Espouse, pour y prendre tousiours la refection
de vostre saincte chair. Nous croiōs que
vous nous la donnez reellement & non
en figure: car vous auez disertemēt dict. Ioan. 6.51.
Le pain que ie vous doneray c'est ma chair pour Ce sont les
la vie du monde. Nous recognoissons que paroles de
vous auez les paroles de vie en l'admini S. Auguſt.
ſtratiō de voſtre corps & de voſtre ſang: Ioan.
nous ſçauōs que voſ eſtes la vie eternelle, & que vous ne dōnez en voſtre chair

& en voſtre ſang ſinõ ce que vous eſtes, comme parle vn de vos Saincts. Nous adorons en la confeſſion de noſtre infirmité, incapacité & miſere, la hauteur de voſtre puiſſance, ſageſſe & bonté en ce diuin & myſterieux ſermon au myſtere qu'il enſeigne, & y recognoiſſons auec les paroles de vie, la fontaine de vie, dequoy nous vous rendons graces immortelles, & ſupplions voſtre Majeſté de nous faire ſi ſainctement vſer du Sacrement de voſtre precieux corps, que par iceluy nous ſoyons vnis à iamais auec vous, & faicts dignes d'eſtre à iamais aſſis au Ciel en la table des bien-heureux à la vie eternelle.

LE LAVEMENT DES PIEDS.

LE LAVEMENT DES PIEDS PREALLABLE à l'institution de l'Eucharistie.

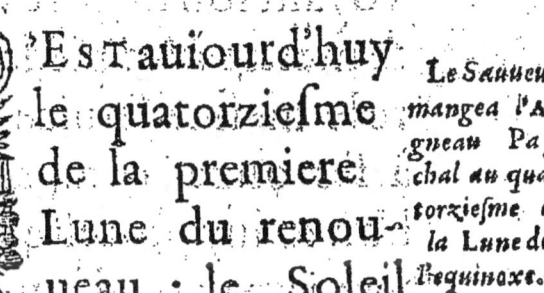

C'EST auiourd'huy le quatorziesme de la premiere Lune du renoueau : le Soleil visible est couché : l'inuisible surgit & reluit. Le Sauueur du monde a celebré la Pasque legale, & s'en va dresser le grand & admirable festin du Sacrement & sacrifice de son corps, le soubstituant à l'Agneau Paschal des Hebrieux. Il s'est leué de table & a despoüillé sa robbe conuiuiale, afin de lauer les pieds à ses Apostres, pour

Le Sauueur mangea l'Agneau Paschal au quatorziesme de la Lune de l'equinoxe.

Ceremonie du Sauueur au lauement des pieds. Ioan 13. 4.

Dij

remarquable ceremonie. Voyez vous comment ce doux Agneau ceinct d'vn linge blanc, faict l'office d'vn petit seruiteur lauant les pieds à ses seruiteurs, & les essuyāt du mesme linge: il les a ja lauez à tous, sauf au bon Pierre, lequel voyant son maistre venir à soy & se mettre à ses pieds pour luy faire le mesme seruice, qu'il a faict à ses onze compagnons, tient bon & luy proteste, qu'il n'endurera iamais qu'il luy laue les pieds: mais oyant la menace à luy faicte, d'estre priué de son partage, s'il le refuse, il se dedit promptement & vaillamment, & se presente à lauer non seullemēt les pieds, mais aussi les mains & la teste, demeurant neantmoins autant estonné, que confus en soy. Et certes non sans raison, car l'esclat de ceste vostre insigne humilité, ô bon IESVS,

Ioan.6.6.

Humilité insigne du Fils de Dieu.

estourdit les sens esblouis de ce pauure mortel, & luy rauit par admiration l'ame hors du corps. Cet esclat est si grand, qu'il peut estonner to⁹ les hommes: comme la lumiere de vostre diuinité, rauit en admiration & en crainte, les puissances du ciel. Qui ne seroit esbahy de voir le Maistre prosterné deuãt son disciple : vn tel Maistre deuant vn tel disciple? de voir la Majesté d'vn tel Roy se courber à la bassesse d'vn tel seruice ? Et comment pourroit ce bon vieillard ne craindre, ne s'estonner, & ne s'effrayer de ceste profonde, & extraordinaire humilité de son Roy? ne refuser ses pieds, pour estre lauez de la main de son Dieu, n'estre honteux de se voir si humblement seruy, de la grandeur qu'il adore ? Mais que peut dire cest humble Apostre voyant son Roy

& son Dieu agenoüillé deuāt soy, pour luy lauer les pieds? voyāt ces bras tous-puissans troussez, & ces diuines mains ouurieres des Estoilles du Ciel, & de mille merueilles en terre, nettoyer les ordures de ses pieds? Ces doigts tous purs & tous mondes, toucher les sales arteils, & les plátes de sa fresle mortalité? Ce maintien, ces mains, ces yeux, ces gestes, que la peinture luy donne, ne vous semblent-ils pas parler, ô ames Chrestiennes! & vous dire en silence, que ce bon Apostre dict en son cœur, ô mon doux Maistre, qu'est-cecy? vous

Secrets discours de l'Apostre estonné.

,, me lauez les pieds? vous vous age-
,, noüillez deuant moy? vous vous
,, abbaissez à mes pieds? Et quoy? ne
,, vous estes-vous pas assez abbaissé

Phil. 2. ,, d'auoir pris, estant Dieu infiny,
,, la forme d'vn homme, & vous
,, estre marié à la plus basse famille

de vos creatures raisonnables? de
vous estre faict petit enfant, citadin de Nazareth, & pelerin de la
terre? d'auoir enueloppé vostre in- Philipp.2.
finie grandeur, dans les drapeaux
de nostre petitesse? pouuiez-vous
vous plus humilier, que de vous
aneantir prenant la conditio d'vn
petit seruiteur? choisissant les trauaux, la pauureté, le mespris du
monde, sans vous ietter encor à
mes pieds? vous Seigneur me lauez les pieds? vous Roy à vostre
vassal? Dieu à vostre creature? supreme pureté à moy indigne pe- Les Anges.
cheur? Et que peuuent dire les Anges, & les Astres de vous & de
moy, Seigneur, regardans le spe-
ctacle d'vne telle antistrofe? voyás
le valet estre seruy par leur Maistre, & leur Roy estre faict seruiteur du valet? & leur Createur
estre à genoüils denant sa creatu-

D iiij

„ te? vous me lauez les pieds, ô
„ Seigneur, & ie le permets? Et les
„ Anges & les Astres qui me voyét
„ ne maudissent-ils point mon or-
„ gueil maintenát, dequoy ie le per-
„ mets? Et les creatures de la terre ne
„ courront-elles pas sur moy à pre-
„ sent, si vostre puissance ne les em-
„ pesche: gardez-moy s'il vous plaist
„ ô Seigneur, de leur indignation!
„ Si ie suis orgueilleux, vostre humi-
„ lité m'y contrainct. C'est-elle qui
„ m'a commandé: ie proteste que
„ i'ay protesté, que vous ne me laue-
„ riez onq les pieds : vostre humilité
„ a voulu estre la maistresse, ie luy ay
„ obey, & suis deuenu orgueilleux
„ en m'humiliant, & en obeïssant:
„ contentez-vous ô Seigneur de ce
„ qui est faict, & permettez-moy de
„ prendre vostre place, & d'estre vn
„ peu orgueilleux en vous lauant les
 pieds, puisque ie l'ay desia assez esté

en endurant que vous les lauiez à moy creature pecheresse! Tel discours, ô diuin Apostre faictes vous en vostre pensée sur l'humilité de vostre Seigneur! mais attendez vn peu, vous verrez bien d'autres essais, & d'autres exercices de ceste diuine vertu, attendez quád il se donnera à vous à manger & à boire, reuestu d'vne robbe d'extreme humilité, de la mince blancheur, de l'humide rougeur, de la petitesse de fresles accidés: quand il entrera dedans vos entrailles, & s'abaissera non seulement deuant vous, mais encor dedans vous: attendez ceste nuict prochaine, quand il sera prins comme vn criminel: garrotté comme vn larron moqué comme vn fol, battu cóme vn faquin, craché comme vn blasphemateur: attédez à demain quand il sera mal mené, des Roys,

L'humilité du Sauueur ineffable. Exod. 12.

Au Sacrement.

En sa passion.

En la croix. des Prestres, des peuples, & forhué de la meute de toutes les puissãces & rages mondaines; quand il sera condamné, couronné, & crucifié comme vn voleur, comme vn tyran, comme vn insigne mal-faicteur conuaincu: attendez que ces choses soyent aduenuës, & lors vous verrez que ceste humilité, qui maintenant vous semble infinie, n'est qu'vne petite parcelle de l'humilité de nostre Seigneur: vous verrez que sõ humilité, c'est

L'excellence de l'humilité. vn abysme sans fond, & sans bornes aucunes : ô diuine humilité que vous estes deuenuë grande en la petitesse du Fils de Dieu! que vous estes renduë belle en ses seruices & ignominies! riche & opulente en sa pauureté! ô IESVS que vous estes vn grand Maistre pour bien apprendre vne belle leçon: apprendre l'humilité en vous humiliant: apprendre non en difant, mais en faifant: apprendre par œuure & par exemple, & non feulement par parole & par confeil! Et qui d'entre les hommes s'ofera iamais efleuer par orgueil, ayant veu le Fils de Dieu s'incliner aux pieds des petits gabarriers & pefcheurs, & s'abaiffer deuant la vilité des viles & pauures pecheurs, par telle humiliation? Et qui ne fera cas de l'humilité deformais, puis que la fageffe mefme la prife? Qui ne l'apprendra auec amour & refpect, puis que le Fils de Dieu l'enfeigne à deux genoüils? Qui ne courtifera la grandeur de cefte petite vertu, & la petiteffe de cefte grande Dame, puis que le fils aifné d'vn fi puiffant Seigneur defcendu des cieux & faict homme, l'ayme, la careffe, la loüe, & fe faict petit pour la faire grande, & la mettre en vogue

La main auec la langue pour bien enfeigner.

parmy les mortels? ô saincte humilité fondemēt de la vertu Chrestienne, & eschelle à la gloire des cieux ! ô bien-aimez Chrestiens, aymons-la à l'exemple de nostre Redempteur, humilions-nous sur la terre auec luy, pour estre exaltez sur les voutes celestes auec luy!

LE SAVVEVR CELE-BRA LA PASQVE IVIFVE deuant qu'instituer le Sacrement de son corps.

LE Sauueur celebra la Pasque Iuifue lors qu'il voulut instituer le Sacrement & sacrifice de son corps, selõ l'ordre de Melchisedec, couchant d'vn diuin artifice, les viues couleurs de la verité, sur les crayõs frais de l'anciẽne figure. La façõ dont il vsa celebrant ceste Pasque, fut celle que gardoyent pour lors les Iuifs, differente de la Pasque iadis faicte en Egypte, en quelques ceremonies qu'ils auoyent adioustées ou chãgées depuis ce temps-là, qui furent neantmoings gardées par le Sauueur; au nombre de ces ceremonies estoit d'estre vestu en mangeant, d'vne

Exod. 12.

robbe cōuiuiale, nōmée du mot Grec, SYNTHESIS, & en l'Euangile, robbe nuptiale, & des mots Latins, PALLIVM, LÆNA, VESTIS COENATORIA, ACCVBITORIA, que nous tournons en nostre François, cappe, manteau, ou robbe de souper, de table, de repas; elle estoit honneste & de bonne estoffe, & souuēt de couleur de pourpre, ou d'escarlate, ou cramoisy violet : la coustume des Iuifs estoit aussi de manger en la Pasque, non debout, mais comme aux autres repas communs, à la Persienne, estans appuyé d'vn costé, sur des licts & ayans la table deuant : & pour ceste raison ils n'auoient point de soulier aux pieds. De laquelle façon de manger, l'Escriture tāt du vieil que du nouueau Testament faict mention en plusieurs endroicts. L'histoire d'Hester, nous descriuāt le magnifique banquet du Roy Assuerus dict, qu'il y auoit de petits licts sur lesquels on reposoit en prenant le repas. Nous apprenons le mesme du liure de Thobie : en l'Euangile nous en auons plusieurs marques, nomméement en Sainct Luc, quand il recite comment Magdaleine venuë au banquet demeuroit debout à dos du

Synthesis. Sueto. in Nero. c. 51. Pallium. Martial. Læna. Pers. Vestis cœnatoria accubitoria. Petron. Coustume de souper vestu de certaine robbe conuiuiale.

Hester. 1. D'estre entable sur des licts. Tob. 2. 3. Luc. 7. 38.

DES PIEDS. 431

Sauueur, luy lauant les pieds de ses larmes, & les essuyant de ses cheueux: qui faict cognoistre qu'il estoit sur vn lict esleué, tenant en arriere les pieds hauts & nuds, autremēt elle demeurant derriere & debout, n'eust pas peu les luy lauer, & faire ce seruice. Les Romains gardoyent la mesme coustume, tāt aux habits qu'en l'assiette de table, & comme ils estoyent soigneux à la garder, aussi estimoient-ils indecent de se mōstrer en public en habit d'vn qui prend le repas. Ce que Suetone note en Neron disant, *qu'il sortit vn iour en la rue vestu de sa synthese ou manteau de table, sans ceinture, & sans souliers, ayant le col entouré d'vn suaire.* De ceste verité nous colligeons que tāt les Hebrieux que les Romains, imitoyent en ceste façon les peuples d'Orient. Auiourd'huy elle n'est plus en vsage, neantmoins il y a encor de la diuersité à manger. Par toute l'Europe presque, on mange assis, comme nous voyons en Frāce, en Espagne en Italie, & ailleurs, qui est la plus honeste & cōmode assiette. Les Iapponois mangent assis à terre à guise de tailleurs cousans sur vne table, & les Turcs, cōme eux, en plusieurs endroicts. Les Iuifs

Neron.
Sueto. in Ner. c. 51.

Varieté de s'asseoir en table.

Les Iapponois.

Les Turcs.

donc prenoient leurs repas, & mangeoient leur agneau couchez à demy sur l'vn des costez en des licts.

NOVS apprenons aussi de leur Rituel, que comme l'Agneau Paschal se mãgeoit, on seruoit vn potage faict de laictuës sauuages ou endiues, selon la loy, auquel le pere de famille trempoit le premier son pain azyme, c'est à dire non leué, & les autres apres luy. Au moyen dequoy ce que recitent les Euangelistes, que le Sauueur dict en souppât, *Celuy qui met sa main au plat pour tremper auec moy, c'est celuy qui me trahira,* monstre que la ceremonie des Iuifs fut gardée par luy, & de plus enseigne pourquoy Iudas ne fut descouuert par ces paroles-là, & pourquoy chascun estoit en peine de sçauoir si c'estoit luy: car comme tous trempoient ensemble auec le Sauueur, le vray traistre ne peut estre recogneu, parmy la melange: & ainsi chascun auoit peur d'estre noté, parce que chascun mettoit la main au plat auec IESVS-CHRIST. Le mesme pere de famille prenoit vn grand gasteau gardé soubs la nappe & le diuisoit en autant de pieces qu'il y auoit de gés en table, & en donnoit à chascun la sienne

Le potage commun, laictuës sauuages.

Matth.6.
16.21.
Marc.14.
20.
Luc.22.12.

Le gasteau diuisé.

DES PIEDS. 433

nne disant ces mots. *C'est le pain d'an-* | Paroles du
isse que nos peres ont mangé en la terre d'E- | pere de famil-
*gypte. Quiconque a fain qu'il s'approche & * | le distribuant
isse la Pasque. Ce faict il prenoit la cou- | le pain au
pe disant. *Tu és beny Seigneur, qui as creé le* | souper de
fruict de la vigne. Et en ayant beu, le bail- | la Pasque.
loit au plus proche, & celuy là à son | La coupe
voisin, & ainsi de main en main, iusques
au dernier. Ceste ceremonie auoit encores esté adioustée par les Iuifs, & le
Sauueur ne la condamna pas, mais la
meliora s'en seruant comme d'ombre,
& couchant sur icelle vne partie de l'appareil de son Sacrement: parquoy il benit le pain & le vin, & les transmuant
en son corps & en son sang, les offrit à
son Pere en sacrifice non sanglāt, soubs
les especes de ces elemens, selon l'ordre
de Melchisedec, & les distribua à ses
Disciples en pere de famille, non plus Psal 105.
comme pain d'angoisse, mais de liesse:
non plus comme pain terrestre & de
mort, mais pain celeste, & de vie &
vray viande. Et donna le vin non Ioan. 6.
commun & materiel, mais vn singulier
& deifique, son propre sang versé au
calice, vray breuuage des hommes.
Mais deuant que venir à cest acte, coronnement de ses precedentes actions Ioan. 6.

E

& accomplissement de la loy Iuifue, il se leua de table estant paruenu à cet article du seruice legal, mit jus ses habillemens, & ayant prins vn linge, il s'en ceingnit : versa de l'eau dans vn basin, laua les pieds de ses Disciples, les essuiant du linge duquel il estoit ceint.

CE fut aussi vne ceremonie adioustée à l'antique Pasque, de chanter vn Hymne apres le repas mystique : car il n'y en a aucune mention au vieil Testament, signe que c'estoit vne tradition ancienne, laquelle le Sauueur garda, comme les susdictes, ainsi que nottent les Euangelistes, disans qu'il sortit de la salle & ses Apostres apres auoir dict vn Hymne auec eux, Ὑμνήσαντες.

Le Sauueur dit vn Hymne apres le souper mystique.
Matth. 26. 30.
Marc. 14. 26.

Signification du lauement des pieds.

MAIs que veut dire ce lauemēt des pieds apres le souper finy à la Iudaïque, & deuant la refection mysterieuse du corps du Sauueur? Quand on se veut mettre en table, & quand on s'en leue, on laue les mains & non les pieds. Qu'ont-ils aussi les pieds de commun auec la bouche: le lauement des plantes auec le manger? Que s'il falloit lauer les pieds pour ne salir les licts sur lesquels on estoit prenant le repas, comme il se faisoit quelquesfois, on les deuoit lauer dés le commencement, & nettoyer deuant que ce mettre en table pour manger l'Agneau & souper apres: maintenant les licts sont ja salis, & les pieds des Apostres ne sont pas deuenus plus sales qu'ils estoient, quand ils se sont mis en table. Que signifie dōc cet extraordinaire lauemēt? Il signifie que celuy qui veut auoir part & fruict en la refectiō du corps du Sauueur, doit estre net non seulement en la bouche, & aux mains, comme aux repas

Coustume de lauer lespieds se mettant à table.

436 LE LAVEMENT

vulgaires, mais encor aux pieds : c'est a dire qu'il doit estre entierement nettoyé : il doit estre pur & monde non seulement en ses actions & paroles, mais aussi en ses affections. La main est la marque des œuures : car c'est elle aussi qui est instrument des instruments, & le factotum de l'esprit & du corps : la bouche est le moule de la parole, & la signifie : les pieds nous marquent les affections de l'ame : car comme les pieds corporels portent le corps : ainsi les affections portent l'ame, & sont ses pieds. Donc la main & la bouche nette, & les pieds lauez, nous sont signes d'vn homme iuste en ses actions, discret en ses paroles, & monde en ses affections, signes d'vn homme net de tout poinct, & digne de la refectiō du corps du Sauueur.

Entiere netteté des affections en la communion.

Aristote.
La main marque des actions.

Les pieds des affections.

Mais qui pourra attaindre la perfectiō de ceste netteté parmy les ordures de ceste vie mortelle ? Celuy à qui le Sauueur lauera les pieds : à l'homme cela est impossible, à la grace de Dieu il est tresfacile. S'il est question de nos forces, Dieu nous dict par Ieremie. *Quand tu te lauerois d'alum, & que tu prendrois du sauon en abondance, encor demeureroit l'ordure de ton iniquité deuant moy.* Mais quand il est

L'entiere netteté vient de Dieu.

Iere. 2, 22.

question de la vertu diuine, le mesme Dieu parle ainsi. *Quand vos pechez seroyent rouges comme escarlate, si seront ils blanchis comme neige: quand ils seroyent rouges comme vermillon, si seront-ils blancs comme la leine.* De mesme esprit, Iob parle à Dieu. *Qui est celuy qui pourra rendre net, ce qui est conceu d'vne orde semence, sinon toy qui és seul?* Dauid considerant son peché & son infirmité disoit: *Voicy i'ay esté conceu en iniquitez, & ma mere m'a engendré en peché*: considerant la puissante misericorde du Createur il disoit. *Tu me laueras & ie seray rendu plus blanc que la neige.*

Esa. 1. 18.

Iob. 14. 4.

Psalm. 50.

Psal. 50.

Toutes les eaux de l'Ocean ne sçauroient blanchir la peau d'vn Ethiopien: vne goutelette de ceste eau de grace espanduë sur l'ame pecheresse renduë par le peché plus noire qu'vn Etiopien, la fera plus blanche que l'albatre, & plus belle que le iour. De ceste eau Dieu parloit par son prophete, disant, *l'espandray sur vous vne eau monde, & vous serez mondifiez de toutes vos ordures.* Eaux non materielles, & terrestres, mais spirituelles & celestes, que le mesme Seigneur appelle son esprit. *I'espādray mon esprit sur toute nation.* Quiconque donc a l'ame nettoyée de ceste eau, l'entendement il-

Faux modes
Ezech. 36.
35. 28.

Act. 8. 17.

E iij

luminé de cest Esprit, les desirs lauez de ceste liqueur, celuy-là est entierement net iusques aux pieds, & peut côsidemment se presenter à la table de l'Agneau sans tache. C'est la signification de ce lauement.

L'EVCHARISTIE
INSTITVEE

L'EVCHARISTIE
INSTITVEE.

DIVINE vesprée, ô admirable festin, Chrestienne trouppe, que nous represente ce mystique tableau! vespree attenduë quatre milleans; festin figuré, predict & prophetisé par mille & mille escrits, par mille sacrifices & Sacremens: le Fils de Dieu en est l'aucteur, en est le Roy, l'appareil, la viande, & le breuuage ensemble. C'est luy qui se prepare le vray Agneau de Dieu pour se donner en dernier mets, à douze de ses dome-

IESVS-CHRIST *Agneau effaçant les pechez.* Ioan. 1. 29.

stiques, & continuera desormais sa liberalité à son Eglise, tant qu'elle voyagera au desert de ceste vie mortelle: Agneau qui tantost sera garrotté par les loups: qui sera demain occis par les loups: qui en son sang noiera les pechez du mõde, & auec les armes de sõ humilité estõnera les puissãces des surperbes tyrãs, des Pharaons, & des Princes de l'enfer & du mõde: qui finalement ayãt estouffé par sa mort les aisnez d'Egypte, abysmera dedãs l'Ocean de ses merites, les iniquitez du mõde captif, le mettant en franchise.

IL vient de lauer les pieds à ses Apostres, & a repris, selon la ceremonieuse coustume des Iuifs, la synthese & robbe de festin, & s'est rassis en table, & eux auec luy, disposez à manger à la mode des Perses, & peuples Orientaux, que les Hebrieux ensuyuent, à sçauoir sur

La synthese Sueto in Neroc. 15.

des licts, au lieu de chaires & bācs.
où ils sont accoudez & couchez à
demy corps, reiettans les pieds en
arriere, & prenans la viande de la
main libre comme vous voyez. S.
Iean est en la place de l'enfant che-
ry: car il est ioignāt la poictrine du *Supra pe-*
pere de famille IESVS-CHRIST, qui *ctus.*
Ioan.13 26
tient le haut bout en ce moyen & *& 21. 20.*
premier lict, selon le priuilege du
Pontife & Roy du banquet, au des- *La place du*
Pontifice &
sus duquel personne n'auoit place *Roy du ban-*
au premier lict de table, c'est à dire *quet.*
Hell.l.10.
au lict du milieu & plus digne. S. *c.15.*
Pierre est apres S. Iean, les autres *Le lict moyen*
le premier en
sont cinq à cinq aux deux autres *dignité.*
licts. Ils sont vn peu estónez & pensifs examinant chascun sa cōscien-
ce, sur ce que le Sauueur a dict tantost en mangeant l'Agneau, qu'il y
en auoit vn d'entr'eux qui le trahi- *La trahison*
secrettement
roit: quand S. Iean comme le plus *predicte en*
proche de luy, & le plus hardy, luy a *public.*

demandé, qui seroit celuy-là : mais ny luy, ny autre de ses cōpagnons n'en a peu rien sçauoir, sauf Iudas, qui trame en son cœur la corde de la trahison de son Maistre, & de sa damnation. Parquoy chascun a peur de tomber à vn si lache crime, sinon le criminel, & tous horsmis luy, attendent l'issuë de quelque grand mystere, non seulement à raison de la ceremonie du lauement, dont le Sauueur n'auoit onques vsé en faisant la Pasque auec eux, les années precedentes : mais aussi à cause de sa contenance, gestes, & paroles : car on lit en ses yeux, en sa bouche, & en tout son visage, les graces d'vn diuin amour, & la grauité d'vne Majesté plus qu'humaine : & ses paroles pleines d'affection & de sagesse, ont tesmoigné qu'il meditoit quelque essay digne d'vn Tout-puissant.

INSTITVEE. 445

Il leur a dict qu'il auoit grande- Desiderio desideraui
mét desiré de máger ceste Pasque Luc.22 15
auec eux deuant qu'endurer. Pasque non des Iuifs qu'il auoit desia
mágée tirát la derniere ligne de la
figure, mais la Pasque de só corps.

Ces paroles sont significatiues
d'vne grande affection, & l'affectió
d'vn si puissant Seigneur ne peut
faillir d'effectuer quelque chose de
grand. Il a prins le pain, l'a beny
& rompu, comme auparauant il
auoit beny les cinq pains, & les Math.14. Ioan.6.
deux poissons. Ils se sont encor
persuadez que ceste ceremonie est
messagere de quelque miracle non
oüy : estans donc ainsi attentifs,
il leur a donné à tous ce qu'il auoit
prins disant, CECY EST MON
CORPS, *prenez & mangez.* Il donne
maintenant la coupe, disant, *Cecy
est le calice de mon sang du nouueau
Testament, beuuez-en tous, & faictes*

cecy en ma memoire. Ils le boyuét, & comme ils ont esté trásportez d'vn secret amour & rauissement en prenant le Sacrement du corps soubs l'espece du pain; de mesme sentent-ils maintenát leur ame atteincte d'vne diuine flamme par la boisson de la mystericuse & celeste liqueur de ce sang precieux: le seul Iudas en faict mal son profit par sa faute: car il n'a pas prins ceste sacrée chair & diuin bruuage auec la preparation requise. Le Diable luy auoit desia saisi le cœur, & luy auoit persuadé de trahir son Maistre: il auoit les pieds nets, mais l'ame chargée d'ordures : parquoy prenant indignement vne si digne viāde, il a aualléla mort & la damnation, au lieu que les autres ont receu la vie & la sanctification. Voila le chef d'œuure du Sauueur acheué en peu de paroles : voyla la

Iudas premier meschãt ed la communion

signification & promesse de mille Propheties & figures passées, accomplies en vne verité. Voyla l'Agneau immolé en sacrifice nō sanglant annonciateur de celuy de la croix, qui demain se doit accōplir.

Voyla la messe & l'oblation ma- *La Messe.* gnifique des Chrestiēs, qui durera iusque à la fin du monde, pour honorer le Createur du monde: pour celebrer la mort de son Fils, & pour nourrir ses enfans, de la chair d'icelui á la vie eternelle. Le Sauueur s'en va leuer de table, & ayāt dōné plusieurs enseignemés en vray Pere se partant d'auec ses enfans, & dict vn Hymne en action de graces, sortira *Ayant dict* pour aller au jardin des Oliues, il *vn Hymne* fort desia & s'y achemine, O doux *Math. 26.* Agneau où allez-vous parmy les *Marc 6. 26.* insidieuses tenebres de ceste perilleuse nuict? sçauez-vous bien que c'est le lieu remarqué par le traistre qui vous a vẽdu à deniers cõptans: sçauez-vous biẽ que les loups sont ja attrouppez, & s'y vont ietter, armez de fer, de dol, & de rage, pour vous prendre & mener garroté à la boucherie? vous le sçauez, ô sagesse diuine : car rien ne peut eschapper des yeux de vostre preuoyãce: vous sçauez que vous y deuez agoniser pour nostre salut, & suer le sang de vostre corps passioné des traces de vostre ame angoissée iusques à la mort: vous sçauez que vous y serez prins & lié cõme vn agnelet, & de là mené cõme vn voleur au supplice. Et ce nonobstant vous y allez, ains vous y allez parce que vous le sçauez. Et qui vous pousse à ces volõtaires tourmens, ô Redempteur de mõ ame, sinon vostre vaillante misericorde qui va de gayeté de cœur se presenter au cõbat, pour retirer les enfans d'Adam de la presse du peché,

L'agonie du Sauueur. Luc 22. 44.

INSTITVEE. 449

peché, & du peril de la mort eternelle, au prix de voſtre ſang ? O grand Dieu par quels offices, ſeruices, & ſacrifices, recognoiſtrons nous ceſte voſtre demeſurée bonté ? O mon ame que feras-tu pour vn tel Redempteur ? auec quel amour le pourras-tu ſuffiſamment aymer ? par quelles paroles deuëment remercier ? & de quel honneur dignement adorer ?

AVANT-PROPOS DE SAINCT IEAN, DECLArant la grandeur du mystere de l'Eucharistie, que le Sauueur instituoit.

CE Tableau nous represéte l'institutió du Sacrement & sacrifice du corps du Sauueur; la plus noble action, la plus diuine institution, qu'il eut faicte apres auoir esté faict homme, le plus riche present qu'il eut donné à Dieu, & aux hommes, viuant mortel sur la terre; & le plus haut mystere qu'il deust laisser dedans les thresors de sa chere espouse l'Eglise.

Le plus grãd Sacrement & sacrifice de l'Eglise.

Nous en auons discouru en plusieurs precedens tableaux, & nomméement en celuy de la Manne; ce cera assez icy de noter les circonstances de l'histoire

L'EVCHARISTIE INSTITVEE. 451
presenté, qui nous marquent ceste
grandeur. S. Iean ourdissant le narré du *Auant-pro-*
lauement des pieds. A la veille de la Pas- *pos myste-*
que dit il, IESVS voyant que son heure estoit *rieux de S.*
venuë pour passer de ce monde à son Pere, cō- *Iean.*
me ainsi soit qu'il eust aymé les siens qui estoiēt *Ioan.13.1.*
au monde, il les ayma iusques à la fin, & com- *L'amour du*
me l'on souppoit, apres que desia le Diable auoit *Sauueur en-*
mis au cœur de Iudas de le liurer, IESVS sça- *uers se Dis-*
chant que son Pere luy auoit donné toutes cho- *ciples.*
ses en main, & qu'il estoit issu de Dieu, & s'en *La puissance*
alloit à Dieu, il se leue du soupper, laisse ses *du Sauueur.*
habits. Et ce qui suit du lauement des *Sa diuinité.*
pieds. Sainct Iean enseigne par ces paroles, que le Sauueur estoit à la veille de
sa mort, qu'il auoit aymé & aymoit cō-
stamment les siens, qu'il estoit Fils de
Dieu, ayant toutes choses en sa puissance, & par ces antecedens, il signifie qu'il
deuoit faire en ceste vesprée voisine de
son depart, la closture de sa course, par
quelque acte fort notable, à l'honneur
de son Pere, & bien de ceux qu'il auoit
tant aymez : acte digne d'vn tel Pere &
d'vn tel fils, & d'vn tel amateur, tout-
puissant, tout-sage & tout-bon. Le Fils *Respect du*
n'espargne rien pour honorer son Pere, *Fils enuers le*
combien donc sera liberal vn tel Fils, à *Pere.*
vn tel Pere? Le Pere ne se reserue rien, *Amour du Pere.*

F ij

pour bien-heurer ses enfans: & se partāt d'auec eux, il leur laisse tout le meilleur qu'il a. Que ne deuoit donc donner vn tel pere pour l'heur de ses enfans? Parquoy voulant le Sauueur accomplir ce chef-d'œuure en peu de temps & auec magnificence cōuenable à sa grandeur, donna auec l'appareil des merueilles qu'auons touchées, son corps en sacrifice à son Pere, & en viande à son Eglise, luy commandāt de continuer cet honneur souuerain, & ceste table de vie immortelle, tant qu'elle seroit voyagere au desert de ceste mortalité. Et par ce moyen il accomplit ce que S. Iean veut signifier par les paroles qu'il a mises en teste de sa narration: car donnāt son corps à son Pere en sacrifice, il luy faisoit vn present tres-digne de sa Majesté: & le donnant en viande à son Eglise, il luy laissoit vn tres-precieux gage de son amour. Et par l'action du mystere, chāgeant le pain en son corps, & le vin en son sang, il faisoit vn acte propre d'vn tout-puissant, & plus noble que la creation du monde. Parquoy comme la façon d'operer est digne de Dieu, ainsi le present tres-noble, valant plus que dix mille mondes, car c'est le corps du Prince, le corps du Roy, le corps de Dieu: & le sacrifice faict d'iceluy, vrayemét sacrifice d'honneur souuerain, mesme estant offert par vn tel Prestre, qui est le mesme Fils de Dieu: & la viande d'iceluy corps souuerainement salutaire: & la maniere de le donner & prendre soubs les especes du pain & du vin, tres-conuenable à la sagesse du donneur, & à l'vtilité des receuans. La ceremonie inusitée du lauemét des pieds, signifioit comme les paroles, la Majesté du mystere futur. Ce que les autres Euangelistes notent que le Sauueur voulant instituer ce sacré banquet, dict *I'ay desiré d'vn grand desir, de manger ceste Pasque auec vous.* Item *Qu'il print le pain, & le benit auec action de graces; la coupe aussi, & la benit* toutes ces paroles tendent à la mesme fin, pour declarer que le Sauueur s'en alloit faire vn œuure admirable sur le pain & le vin, en la fin de ses iours deuant que mourir. Espluchons les paroles de l'institution.

Le lauement des pieds.

Desir du Sauueur.
Luc. 22. 15.
Matth. 26.
Marc. 14.
Luc. 22.

F iij

Exposition des paroles du Sauueur, CECY EST MON CORPS.

Matt. 26.
Marc. 14.
Luc. 22.

LE Sauueur s'estant remis à table auec ses Apostres accostez sur des licts, comme il a esté dict au tableau precedent, print le pain, & l'ayant beny & rõpu, dit, CECY ES MON CORPS, & ce disant, la creature obeit, vne substance ceda à l'autre, & le pain fut transsubstantié au corps du Sauueur; c'est à dire, la substance du pain s'en alla, & celle du corps du Sauueur print sa place: demeurant neantmoins la couleur, la saueur, & les autres accidens du pain pour seruir de robbe exterieure au corps du Sauueur caché, & faire le Sacrement entier, qui est tousiours composé de deux choses, à la façon que l'homme est faict d'esprit & de corps, l'vne inuisible pour l'esprit, & l'autre visible pour les sens. C'estoit la parole & la façon d'agir d'vn Seigneur tout-puissant, cõme il a esté dict. La parole de l'hõme est proferée pour signifier: celle de Dieu pour signifier & faire: les Rois & Potentats du monde com-

Tout Sacrement composé du visible & de l'inuisible.

mandét bien à leurs subiects, & les subiects leur obeissent: mais s'ils comman-
dét à leurs arbres, à leurs riuieres, à leurs
montagnes, & autres creatures insensi-
bles, leurs mandemens sont vains aux
oreilles de tels vassaux: car ce qui n'a sés
ny ame, ne peut entendre que la voix du
Createur. Le Roy Xerxés menaçoit les Xerxés.
môtagnes, & faisoit battre les ondes de plut. de ira.
la mer: mais les môtagnes estoiét sour-
des à ses menaces, & la mer ne se soucioit
de son foüet. C'est à Dieu seul de se faire
entendre & sentir à tout ce qui est. *Tou-*
tes creatures, dit S. Hierosme, *ont sentiment* S. Hiero.
du Createur. Car elles l'entendent quand il les lib. 3. in c.
menace, ou leur commande, non que toutes cho- 8. Matth.
ses ayent sentiment, comme songent les hereti-
ques, mais à raison de la Maiesté de celuy qui
a tout faict de rien. Il commande donc à
tout, & non seulement aux choses priuées de sens, ains mesme à ce qui n'a encores ny nature ny estre. *Il appelle,* dit
l'Apostre, *les choses qui ne sont point cōme si* Rom. 4. 17.
elles estoient. Ainsi le Fils de Dieu par sa Les vents.
parole, mit le frain aux vents & aux va- Matth. 8.
gues, & calma le courroux de la mer: 27.
ainsi cōmanda-il aux malades, à la mort Marc. 4. 41
& au sepulchre, & son commandement Maladies gueries.
fut accomply: ainsi auoit-il commandé Morts resus-citez.

F iiij

au rien en creant le monde, & le rien fut obeïssant, & deuint monde, au commandement de sa voix. La parole des hommes est significatiue. Celle de Dieu est aussi operatiue: si l'homme dict en la nuict, *Que le iour vienne*, il signifie qu'il a desir que le Soleil surgisse sur l'orison pour faire le iour: mais pour son dire le Soleil ne hastera pas le train de son char pour auancer le iour: mais Dieu disant, *Que la lumiere soit faicte*, la lumiere parut aussi tost, & sa parole non seulement fut significatiue, mais encor effectrice de sa volonté. Disant donc, CECY EST MON CORPS, ce qui estoit vn peu deuant pain, fut vrayement son corps, & sa parole signifioit exterieurement à l'oreille, & faisoit interieurement ce qu'elle signifioit. Elle disoit que c'estoit le corps du Sauueur, & ce disant le faisoit: car autrement elle ne l'eust pas dit, d'autant qu'elle ne peut annoncer mensonge, sortant du cœur & de la bouche de la mesme verité, qui n'asseure rien qui ne soit veritable.

La lumiere.
Genes. 1.

Iesus-Christ la verité.
Ioan. 14.

De la clarté & du sens de ces paroles.
CECY EST MON CORPS,
*par l'escriture & par
la raison.*

3

CEs paroles, CECY EST MON CORPS, sont tresclaires, si point il y en a en toute la tissure du liure de Dieu: & non sans bonne raison, sont-elles claires. Car elles contiennent la loy & l'institution du plus grand Sacremēt & mystere de la foy: en l'ordōnāce duquel il failloit parler clairement & intelligiblement, afin d'oster toute occasion d'erreur en vne chose tres-importāte: elles contiennent aussi la principale clause du Testament que le Fils de Dieu faisoit alors auec son Eglise: en laquelle action le lāgage doit estre propre, clair & patent, & sans amphibologie de paroles doubteuses & ambigues, à ce que la volonté du Testateur soit entenduë sans difficulté & sans cōteste. C'est pourquoy trois Euangelistes greffiers de ceste institutiō, & Tabelliōs de ce Testament, ont vsé de mesmes mots, & Sainct Paul apres eux sans va-

Toute loy doit estre claire.

Le Testamēt doit estre clair.

Mesme langage de quatre tesmoings
Math. 26.
Marc. 14.
Luc, 22.
1. Cor. 11.

rier, afin de tenir constant le lustre de ceste euidence, & puissamment asseurer le fondemēt de la foy qu'il failloit auoir du mystere qui s'establissoit, & declarer par vn accord ferme & solide de quatre diuins tesmoings, que le sens des paroles est celuy qu'elles signifient literalement: & qu'elles font ce qu'elles signifient estans paroles d'vn tout-puissant ouurier, à qui rien ne peut estre impossible: & paroles d'vne supreme verité, qui ne peut riē dire qui ne soit vray. Au moyen dequoy si quelqu'vn reiectāt le sens literal de l'Escriture vouloit gloser de sa teste, disant que CECY EST MON CORPS, c'est à dire, Cecy est la figure de mon corps, CECY EST MON SANG, Cecy est la figure de mon sang: celuy-là s'opposeroit à la sacrée deposition de ces quatre tesmoings, qui n'ont osé ainsi parler, ce qu'ils eussent faict si tel eust esté le sens des paroles, & altereroit temerairement la verité de la parole de Dieu, donnant vn sens tout contraire à la signification des mots, & mettant la figure pour le corps, contre l'auctorité des susdicts tesmoings, qui n'ont iamais donné telle glose, voire feroit contre toute loy de parler, & de bonne Gram-

La loy de Grammaire.

maire, qui commande de prendre les mots d'vn texte selon le pied de leur propre vertu, sans recourir à la signification metaphorique & impropre, quand ils ne donnent aucun sens cōtradictoire ou absurde, ce qui n'aduient icy: car le sens y est tres-conuenable, & accordant à la verité, & les mots ne signifient autre chose, sinon la presence du corps de IESVS-CHRIST en ce Sacrement, ce que non seulement n'est ny contradictoire, ny absurde, ains plein de merueilles tres-dignes de la puissance, sagesse, & bonté du Sauueur. Quand l'Escriture appelle Lyō vn Roy, le mot doit estre prins par similitude, comme signifiant qu'il est semblable au Lyō, à raison de sa Royale magnanimité: car prenant le mot au pied de la lettre, le sens porteroit qu'il est beste, qui seroit vne chose fausse & absurde. Mais ces mots prins en leur signification, ne contiennent rien qui ne soit tres-conuenable à la Majesté du Createur, & tres-salutaire à sa creature. Parquoy il n'y a aucune raison de recourir aux figures, & c'est impieté de dire que ces clauses, CECY EST MON CORPS, CECY EST MON SANG, soyent vne façon de par-

La presence du Sauueur conuenable par tout où il veut estre.

Lyon.

Personne ne doit recourir au sens figuré sans occasion.

ler impropre, valant autant que, Cecy est la figure de mon corps, & la figure de mon sang, car telle deprauation destruit la verité d'vn tres-noble Sacrement: & monstre que ceux là sont priuez non seulement de foy, mais encores d'entendement, s'ouurans à la volée la porte, & à tous les insensez, de reiecter tous sens de l'Escriture tant soit-elle euidente, si elle luy desplaist, & d'en fantasier à sa mode selon le branfle de son cerueau, & au modele de la passion de sa chair debridée.

Tesmoignages des Peres sur l'exposition des mesmes paroles.

4

COMME l'Escriture est euidente en ces diuines paroles, aussi est l'exposition des sainðs Peres constãte à soustenir le sens qu'elles nous donnent que venons d'expliquer.

S. Cyrille de Hierusalem, *Puis que*

S. Cyrill. Hieros. cateche. myst. 4.

IESVS-CHRIST *ayant prins le pain, dict* CECY EST MON CORPS, *qui est celuy qui desormais en osera douter? Et le mesme affirmant & disant,* CECY EST MON

l'eau en vin. Ioan. 2.

SANG, *qui refusera de le croire? Il changea l'eau en vin creature voisine du sãg, par sa seu-*

volonté, & nous ne croirons pas qu'il ait changé le vin en son sang? Croyons donc fermement que nous prenons le corps & le sang de CHRIST car soubs l'espece de pain le corps est donné & le sang soubs l'espece de vin.

S. Basile ayant demandé auec quelle crainte, creance, & affection de l'ame on doit prendre le corps & le sang du Sauueur, respond luy-mesme disant. Quant est de la crainte, S. Paul nous instruict: Qui mange ce Pain, & boit ce calice indignement, il boit & mãge sa damnation. La creance nous est enseignée par les paroles de CHRIST, qui dict, CECY EST MON CORPS DONNÉ POVR VOVS. Et là ce Docteur monstre consequémment, qu'il faut croire à ces paroles, CECY EST MON CORPS, de mesme foy que nous croyõs à celles de S. Iean, quand il dict, *Le Verbe a esté faict chair.* & à celles de S. Paul, quãd il extolle la grande humilité d'iceluy Verbe en ceste incarnation: sa grande obeissance en sa passion: & son infinie charité, en l'vn & en l'autre: comme dõc nous croyons que reellement & veritablement Dieu s'est faict homme, & a souffert la mort, selon que nous disent les paroles de ces Escritures: de mesme veut Sainct Basile que nous croyons la

S. Basil. in regul. breuior. interrog. 172.

La crainte.

La creance.

Ioan. 1. Philip. 2.

presence reelle du corps du Sauueur, selon que ces paroles, CECY EST MON CORPS, nous enseignent. Et conclud que par la foy & consideration de ces choses, nous sommes enflammez d'vn grand amour enuers IESVS-CHRIST, qui est l'affection de l'ame que nous deuons rapporter à la cōmunion du corps & sang d'iceluy auec la crainte & creance susdicte.

L'affection de l'ame à la communion.

S. Chrysostome, *Croyons à Dieu sans doubte: car c'est luy qui dict,* CECY EST MON CORPS: *& ailleurs: Ce n'est pas l'home qui fait le corps & le sang de* CHRIST, *des choses offertes: c'est* CHRIST *mesme crucifié pour nous. Il dit* CECY EST MON CORPS: *par ceste parole l'offrande est cōsacrée. Et tout ainsi que ces paroles vne fois proferées:* CROISSEZ ET SOYEZ MVLTIPLIEZ ET REMPLISSEZ LA TERRE, *sont tousiours leur effect en la nature, pour la generation: de mesme celle voix.* CECY EST MON CORPS: *proferée, donne fermeté au sacrifice par toutes les tables de l'Eglise iusques auiourd'huy, & donnera iusques à la venuë du Fils de Dieu.*

S. Chrys. homil. 83. in Matt & 60. ad pop. Antioch. Hom. de prodit. Iuda.

Gen. 1. 22. & 8. 17.

S. Iean Damascene, *Le pain & le vin meslé auec l'eau, surnaturellement sont changez au corps & sang de* CHRIST, *par l'inuo-*

S. Ioan. Damasc. li. 4. c. 14.

ation du S. Esprit, & ne sont pas deux, mais vn mesme: ce pain sanctifié, n'est pas la figure du corps: ny le vin, la figure du sang: mais le vray corps deifié du Seigneur, & le vray sang.

Theophylacte, graue & ancien Docteur. IESVS-CHRIST disant, CECY EST MON CORPS, monstre que le pain sanctifié à l'Autel c'est son corps, & non la figure d'iceluy. Veu qu'il ne dit pas, Cecy est la figure de mon corps, mais CECY EST MON CORPS, car il est transformé d'vne maniere ineffable, encore qu'exterieurement il semble pain.

Theophyl. in Matt. 26

S. Ambroise. C'est la parole de CHRIST qui faict ce Sacrement, parole par laquelle tout a esté faict: Le Seigneur commanda, & le ciel fut faict. Il commanda, & la terre fut faicte. Vois-tu donc comme sa parole est operatrice? Si donc sa parole a esté si puissante, que de faire naistre ce qui n'estoit point, cōbien plus le sera-elle pour changer vne chose en vne autre? Le pain deuant qu'estre consacré, est pain: mais apres les paroles proferees, CECY EST MON CORPS, c'est le corps de CHRIST. Escoute le parlant, CECY EST MON CORPS, prenez & mangez en tous. C'est IESVS nostre Seigneur qui nous tesmoigne que nous prenons son corps, & son sang, doubterons-nous de sa foy ou de son tesmoignage?

S. Ambros. de sacr. li. 5. c. 4. & 5.

L'EVCHARISTIE

S. Cypr. de cœna domini.

La forme de cõsacrer, sont ces paroles.
CECY EST MON CORPS.

S. Cyprien. CECY dit le Sauueur, EST MON CORPS. Ils auoient mangé de mesme pain & beu de mesme vin selõ la forme visible, mais deuant ces paroles, la viande n'estoit propre que pour alimenter le corps, & donner appuy à la vie corporelle: mais apres que IESVS CHRIST eust dit, Faictes cecy en ma memoire, C'EST MA CHAIR C'EST MON SANG, toutesfois & quantes qu'on a vsé de mesmes paroles auec mesme foy, ce pain substantiel & ce Calice consacré auec benediction solennelle, a esté prouffitable pour le salut de l'homme entier. Il enseigne donc que les paroles du Sauueur s'entendent selon qu'elles signifient, & qu'elles sont la forme de cõsacrer le pain & le vin au corps & sang du Sauueur.

S. Aug. l. 12. cõt. Faust. c. 10. & in Psal. 33. conc. 1.

S. Augustin recitant la coustume ancienne des Chrestiens, qui respondoyẽt AMEN, apres que le Prestre auoit proferé les paroles de consecration, CECY EST MON CORPS, CECY EST MON SANG, parle ainsi. Le sang de CHRIST donne en terre vne claire voix, lors que tous les Chrestiens l'ayans receu respõdent AMEN. C'est la voix claire du sang, que le sang mesme profere par la bouche des fideles rachetez par iceluy sang. Le mesme ailleurs IESVS, dit-il, se portoit en ses mains

lors

lors que nous recommandant son corps, il dict, CECY EST MON CORPS, C'estoit donc le corps du Sauueur, selon le sens literal des paroles.

S. Anselme exposant les mesmes clau- S. Ansel. in
ses faict ainsi parler IESVS-CHRIST. 1. Cor. 11.
Mangez ce que ie vous donne, parce que c'est mon corps. Il paroist voirement pain aux sens exterieurs, mais recognoissez par le sens de la foy, que c'est mon corps, le mesme en substance qui sera donné pour vous à la mort. C'est l'exposition des Peres anciens, & n'y eut iamais aucun Docteur de l'Eglise Catholique qui donnast à ces mots, CECY EST MON CORPS, autre sens que ceux-cy leur donnent. Et c'est le sens de IESVS CHRIST, & quiconque ensuit vn autre, il forligne de l'escole de IESVS-CHRIST, prenant le mensonge pour la verité, & la damnation pour la viande de vie eternelle.

G

Mysterieux rapports des paroles du Sauueur, CECY EST MON CORPS, aux anciennes figures, & à tous autres corps.

Profondité des paroles du Sauueur.

CECY EST MON CORPS, dit le Sauueur. Nous auons dict quelque chose sur ces paroles, mais ce n'est rien au prix de ce qu'on y peut dire encor; elles sont claires, mais neātmoins pleines de sens cachez : elles seules contiennent le vieil & nouueau Testamēt; & vont en significatiō plus haut que la hauteur du Ciel; plus profōd, que les abysmes de l'Occā; & plus en estenduë que n'est l'enceincte de l'vniuers. Elles surmontent en douceur, tout le miel, & le laict de la terre promise : en vertu, la puissance de tous les hommes, & des diuins esprits; & en grandeur, la Majesté de tous les Rois qui furent iamais sur la terre. Les paroles qui firent sortir le monde de rien, furent grandes en effects. Au ciel elles firent les estoilles, en la mer les poissons, en l'air les oyseaux, & sur la terre les pierres ; les metaux, les plantes, les arbres, les Lyōs,

Fiat lux, &c.
Genes. 1.

les Elephans & autres creatures infinies en nombre, & admirables en beauté: mais ce que dict le Sauueur par ces paroles, CECY EST MON CORPS, est infiniement plus que tout cela : ce corps est plus que dix mille mondes, si tant il y en auoit de produicts. Le plus auguste nom de Dieu, c'est le Tetragrāme exprimé soubs la voix. ADONAY, nom composé de quatre lettres, ineffables aux Iuifs. Ceste clause CECY EST MON CORPS, c'est la clause Tetragramme, tissuë de quatre mots, euidente aux oreilles de la foy, mais inexplicable à la langue humaine. Que dirons-nous donc pour exprimer la vertu d'icelle? Et qui la pourra exprimer sinon celuy qui est autheur du mystere, & des mots? C'est à luy à faire, qui est le Verbe tout-sçauant & tout-puissant pour pouuoir & sçauoir faire & dire dignement ce qu'il veut. Que dict donc ce grand Dieu par ces mots, CECY EST MON CORPS, Il dict que c'est son corps: & ce disant, il dit tout ce qui est de precieux, d'admirable & de diuin entre les corps : il distingue tous les corps qu'il auoit jamais creé d'auec le sien, & se prefere à tous. Il dit, I'ay faict le Soleil, &

Le nom de Dieu Tetragramme soubs le nom Adonay.

Clause Tetragramme.

Le corps du Sauueur surpassant tous corps en valeur.

G ij

la Lune, les Estoilles, & tous ces corps immortels, qui là haut font les lambris du Palais de mon Pere: mais ce ne sont pas mon corps, ny substances alliees à ma personne, ce sont corps estrangers: CECY EST MON CORPS, que ie me suis formé par voye extraordinaire au ventre d'vne Vierge sacrée, que i'ay diuinement approprié à ma grandeur, que i'ay faict estuy de ma diuinité: les autres corps sont pieces de mō domaine, cestuy-cy est le corps de ma personne propre, surpassant l'excellence de tous les corps dediez à Dieu iadis, & figures prophetiques de cestuy-cy. L'arbre de vie planté au Paradis terrestre: l'agneau d'Abel innocent, offert en sacrifice: le Pain de Melchisedec donné en benediction: le sacrifice d'Abraham, accomply par rare foy & obeyssance: l'agneau Paschal des Hebrieux: la Manne du ciel, les Pains de proposition, l'oblation des Premices, le pain d'Elie, les moutōs, les agneaux, les brebis, les vaches, les bœuf, les bouueaux, les colōbes, les moineaux, les torterelles, & tous les corps des bestes que la loy de Moyse a mis iusques icy sur l'Autel en holocauste en action de graces, en propitiation: tous

Les corps celestes.

L'arbre de vie.

Le corps des victimes.

es corps qu'on a offert à la Majesté de mon Pere, ont esté corps sacrez, figures de ce mien corps, CECY EST, non la figure, mais MON CORPS, qui seul plaist à mon pere, qui seul le peut dignement remercier, seul efficacement appaiser: les autres ne luy ont agreé sinon entant qu'ils rapportoient cestuy-cy, entant qu'ils le figuroient, & predisoient sa venuë: c'est le subject de tous ces corps-là, & de tous ces vieux sacrifices: c'est le corps auquel seul Dieu sera vrayemẽt honoré: auquel il sera amplemẽt satisfaict, auquel il receura à mesure infinie, la finance du rachapt des humains: & auquel il iugera les viuãs & les morts. Par ces mots donc le Sauueur mõstre le corps qui est l'hõneur de toute son Eglise en la terre & aux cieux: car ce qui est de plus precieux en vn Royaume, ce ne sont pas les thresors, les arsenaux, les mines d'or & d'argent, les magasins de marchandise, les villes opulẽtes, les maisons & Palais superbes, les vergers, les iardins & lieux de plaisance, c'est le corps du Roy, c'est pour luy & par luy que la Noblesse commande, que le soldat cõbat, que le Magistrat exerce iustice, que l'archer veille & faict garde

Corps honorables à Dieu.

Le corps du Roy le lustre du Royaume.

En vn Royaume tout est pour le corps du Roy.

que le marchand trafique: qui tient le corps du Roy il a tout: parquoy ces mots du Sauueur, CECY EST MON CORPS, monstrent ce qui est de plus sacré, & plus diuin au pourpris du Royaume des cieux, qui est la Monarchie de son Eglise tres-chere. Que pouuiez-vous donc, ô bon IESVS choisir de plus riche & plus diuin, pour honorer vostre Pere; pour tesmoigner vostre amour: pour bien-heurer vostre Espouse, que laisser ce corps, en continuel holocauste à sa Majesté: en Sacrement & viande quotidienne à vos membres? que pouuiez-vous proferer de plus haut que de dire, CECY EST MON CORPS, Ce grand Cesar desguisé en habit d'esclaue donna vn iour estonnement & courage ensemble au pilote effrayé de la tourmente, quand se faisant cognoistre, il luy dict, Ayes cœur mon amy, c'est Cesar que tu porte: de quel cœur & de quelle admiration deuons-nous ouïr ceste vostre parole, CECY EST MON CORPS? & de quel respect & amour receuoir ce corps, combien qu'il soit desguisé en habit de fresles elemens, puisque c'est vous qui parlez clairement & dictes, CECY EST MON CORPS?

Cæsarem vehis. Plut. in Cæsare.

Et quel courage dois-tu auoir, ô mon ame, ayant auec toy, & portant auec toy ce corps immortel en ton corps mortel? ce corps viuifié d'vne ame tres-noble remplye de tous biens? ce Seigneur homme & Dieu, Roy des Roys? Et que peus-tu faire autre chose que contempler en silence pluſtost que taſcher à exprimer la grandeur de ton Redempteur en ceſte ſienne parole, que tu ne peus comprendre, & auec vne profonde humilité & treſ-ardéte affection, iouïr du preſent qu'il te faict toutes-fois & quantes qu'il te dict pour ton bien & ſalut, ce qu'il dit alors au corps de ſon Egliſe, CECY EST MON CORPS, PRENEZ ET MANGEZ.

Comment le Sauueur s'offrit à Dieu en ſacrifice diſant, CECY EST MON CORPS.

6

QVAND le Sauueur fit ſon corps preſent en proferant ces paroles, CECY EST MON CORPS, l'ofrit en meſme inſtant à ſon Pere en ſacrifice non ſanglant ſelon la forme de Melchiſedec, & auſſi toſt apres le don-

G iiij

Ce corps donné & rompu.
Mat. 26. 26.
1. Cor. 11. 24, maintenant & apres.

na à ses Apostres en Sacrement soubs les mesmes especes. C'est pourquoy ayant dict, CECY EST MON CORPS, il adiousta, *donné pour vous*, c'est à dire, offert pour vous en sacrifice: *rompu pour vous*, c'est à dire immolé pour vous. *Donné & rompu* maintenant, & qui sera cy apres donné & rompu à la mesme façon iusques à la fin du monde, en memoire de celuy sacrifice sanglāt que demain i'offriray pour vne seule fois en la croix. De maniere que le Sauueur ne fit pas son corps present seulemēt, mais present soubs les especes du pain, luy donnant vn estre de viande, vn estre de mort, encor qu'en soy il fut viuant, tout ainsi que se faisant homme, sa diuinité print vn corps & vn estre mortel, & endura la mort en iceluy corps, combien qu'icelle diuinité fut tousiours immortelle, & n'enduraſt rien comme nous

Au tableau de l'agneau Paschal.

auons declaré cy-deuant. Il se fit donc present cōme mort à raison des especes mortes, & se presenta comme victime, & comme Agneau immolé, pour estre apres la refection du pere de famille & de ses domestiques selon la figure

Exod. 12.

de l'agneau des Iuifs, lequel ne pouuoit estre mangé qu'il ne fut preallablement mort, immolé, offert & faict victime comme l'Escriture nous dict, & S. Gregoire de Nysse apres l'Escriture. Et n'importe, comme ailleurs nous auons aduerty, que le Sauueur n'ait proferé aucunes paroles expresses d'oblation, disant, *Mō pere ie vous offre ce corps;* la façō en laquelle il se faisot present, comme victime, disoit assez qu'il s'offroit. C'estoit assez aussi qu'il le fit present à intention de l'offrir à Dieu, lequel voit le cœur sans que la bouche parle.

<small>Greg. Nyss or. 1. de resur.</small>

Ioinct que les Prestres Iuifs offroyent leurs sacrifices, immolans seulement les bestes, & ne disans autre chose pour signifier que ce fut sacrifice. Et le Sauueur mesme s'offrit en la croix sans vser d'aucuns mots signifians oblation. La mesme immolation a esté faicte en la consecration du Calice, quand le Sauueur dict *Cecy est mon sang du nouueau Testament: espandu pour plusieurs en remission des pechez.* Item *Ceste coupe est le nouueau Testament en mon sang, laquelle est espandue pour vous.* Car par ceste consecration est representé le sang du Sauueur à part, & par ce monstré clairement, que son corps fut faict victime à la semblance de celles des Iuifs, qui voulans im-

<small>Matt. 26. 28</small>

<small>Luc. 22. 20</small>

moler la beste la tuoyent, luy tirant le sang du corps par le glaiue, ainsi dōc le Sauueur par sa toute-puissante parole,

La parole de Dieu comme glaiue.
Peb. 4. 12.

comme par vn glaiue penetrant, fait son sang present en la coupe, comme separé de son corps, & represente l'immolation d'iceluy; & combiē que le corps & le sang ne fussent separez, & qu'en la coupe fust le corps, & que le sang fust auec le corps donné soubs l'espece du pain, toutesfois à raison de l'espece du vin separé, ils paroissoient separez pour representer ceste immolation, & le sang fut vrayement espandu, non à la façon des victimes sanglantes d'Aaron, desquelles on tiroit le sang des veines en sa propre forme, mais à la façon du vin. Le Sauueur aussi vse du temps present disant, CECY EST MON SANG ESPANDV, C'EST LA COVPE DE MON SANG, ESPANDVE EN REMISSION DES PECHEZ, pour signifier que ce qui estoit en la coupe, à sçauoir son sang: (car le vin ne pouuoit pas estre espandu en remission des pechez) estoit ja espādu en la coupe par effusion non sanglante, comme le lendemain il le deuoit estre par effusion sanglante en la croix. Et quand les saincts Peres tour-

Math 16.
Luc. 22.

nent quelquefois les mots de la confecration au temps futur, difans CECY EST MON SANG *qui fera efpandu*, au lieu qu'il eft dict, *qui eft efpandu*, ils ne contrarient point au fens que venons de donner: car ils affirment tous la reelle prefence du fang du Sauueur au calice: mais ils rapportét les paroles du Sauueur non feulement à l'effufion prefente qui fe faifoit alors, ains encore à celle qui fe deuoit faire tant en la croix par facrifice fanglant vne fois, qu'en l'Euchariftie par facrifice non fanglant iufques a la confommation du monde. Voyla cóment le Sauueur a facrifié, & immolé fon corps à fon Pere, difant ces paroles, CECY EST MON CORPS DONNÉ POVR VOVS: CECY EST MON SANG ESPANDV POVR VOVS. Et c'eft le facrifice & immolation nouuelle de la loy de grace, que les faincts Peres difent auoir efté inftituée en ce myftique fouper, comme nous apprenons par les tefmoignages fuiuans.

Effundetur, au Canon de la Meffe, & en la verfion ordinaire.

Le sacrifice & Sacrement du corps du Sauueur institué au mystique souper, monstré par le tesmoignage des Peres.

<small>S. Greg. Nyss. or. 1. de resurr.</small>

SAINCT Gregoire de Nysse parlant de l'institution du sacrifice de l'Eucharistie faicte au souper de l'Agneau Paschal. *Le Sauueur* dit-il, *va au deuant par son ordonnance à la violente impetuosité, auec vne maniere de sacrifice secrette, ineffable & inuisible aux yeux des mortels. Il s'offre soy-mesme pour nous, oblation & victime, Prestre ensemble & agneau de Dieu. Et quand fut-ce? Ce fut lors qu'il donna à ses familiers son corps à manger & son sang à boire.*

<small>S. Chrys. hom. 2. in 2 Timo.</small>

S. Chrysostome, *Soit Pierre, soit Paul, soit autre Prestre de semblable merite, qui offre la sacrée oblation: c'est tousiours la mesme que celle que* IESVS-CHRIST *donna en personne à ses Disciples, & que les Prestres font encor auiourd'huy. Ceste-cy n'a rien moins que ceste-là. Pourquoy? Parce que ce ne sont pas les hommes qui la sanctifient, c'est* CHRIST *qui auparauant l'auoit sacrée.*

<small>S. Ambr. in Psal. 38.</small>

S. Ambroise. *Nous auons veu le souue-*

rain Prestre venant à nous & l'auons ouy offrant son sang pour nous, suyuons-le selon nostre pouuoir, puisque nous sommes Prestres, afin d'offrir sacrifice pour le peuple: nous sommes voirement inegaux en merite, mais neātmoins IESVS honorez par le sacrifice. Car combien que CHRIST ne semble maintenant offrir, il est neantmoins offert en terre lors que son corps y est offert.

<small>CHRIST est offert en terre.</small>

S. Augustin. IESVS-CHRIST a institué de son corps & de son sang, le sacrifice selon l'ordre de Melchisedec,

<small>s. Aug. in Psal. 33. conc. 2. Psal. 109.</small>

Æsychius, contemporain de S. Augustin. Le Seigneur soupant auec ses Apostres offrit premierement, l'oüaille qui faisoit la figure, & apres son sacrifice.

<small>Æsych. l. 2. in Leuit. c. 8</small>

Rupert. Le Sauueur agonisant au destroit de sa passion, s'immola premierement de ses propres mains à son Pere.

<small>Rup. l. 2. in Exod. c. 9.</small>

Ces passages & les autres qu'auons cité au tableau de Melchisedec, & de l'Agneau Paschal, enseignent comme le Sauueur institua le sacrifice & Sacrement de son corps apres la ceremonie vieille de l'Agneau Paschal accomplie, qui est la foy que l'Eglise a tousiours tenuë & tiendra tousiours.

Le testament du Sauueur faict en l'institution du Sacrifice & Sacrement de son corps.

Deux Testamens du Fils de Dieu.
Gal. 4. 14.
Heb. 8. 7. & vlt.
Exod. 24.
Matth. 26. 28.
Marc 14. 24.
Luc. 22. 20.
La coupe espandue, c'est le sang contenu en la coupe soubs la figure du vin.
Exod. 24. 7. 8.
Hebr. 9. 16. 17. 18. 19. 20.

CE fut en ceste admirable action que le Sauueur fit son Testament nouueau, de la nouuelle alliance auec son Eglise, meliorant le vieil: aussi estoit-il voisin de la mort, temps propre & conuenable, pour tester & laisser vn eternel tesmoignage de sa derniere volonté & affection enuers ses enfans. Les paroles du Testament & du testateur sont claires & la ceremonie aussi: selon S. Matthieu & S. Marc, le Sauueur dict, *Cecy est mon sang du nouueau Testament espandu pour plusieurs en remission des pechez.* Et selon S. Luc. *Ceste coupe est le nouueau Testament en mon sang, espanduë pour vous.* Le mesme sens par tout. Il dict, *nouueau Testament de son sang*: faisant allusion au vieil, que iadis il auoit escrit par l'entremise de son seruiteur Moyse, & signé par le sang des bestes, pour figurer cestuy-cy. Cestuy-là fut fait au desert, au pied de la môtagne de Sinay, où Moyse côme notaire Royal, list la loy, & la teneur du Testament escrit & donna les aduertissemens du pere de famille deuãt septante des plus anciens nomeément conuoquez, & deuant le peuple heritier: les biens aussi furent leguez, à sçauoir la terre de Promission, figure du Paradis, en figure encor la mort du testateur interuint: car il y eut des sacrifices par lesquels la mort du futur testateur IESVS-CHRIST fait homme, estoit representée & promise pour confirmation du Testament, à laquelle ceremonie se rapporte ce que dit Dauid, *Assemblez luy ses saincts qui font son Testament & alliance auec sacrifice*: ceremonie practiquée par Iosué, quand il renouuella l'alliance de ce Testament: obseruée aussi par les Iuifs tous les ans en la Feste de la Pentecoste: par Salomon trois fois l'an. Or ces victimes apres auoir esté offertes à Dieu, estoient prinses par le Prestre, & par le peuple, en refection commune, & l'Autel & le liure de la loy auec eux, estoit arrousé du sang d'icelles.

Les laigs.

La mort du testateur.

Tout testament & alliance, se faict auec sacrifice.
Psal. 49. 5.
Iosué. 8. 31.
Les Iuifs.
Leuit. 23.

Salomon.
3. Reg. 9. 25.
Aspersion de sang.
Exod. 24.
Hebr. 9.

SELON le traict de toutes ces ceremonies le Sauueur fit son Testament en ceste derniere vesprée, au desert de ce monde. En la montagne de Sina voirement comme le vieil, mais en vn autre endroict, àsçauoir en Sion & Hierusalem, portion de Sina & contiguë à icelle, comme dit Sainct Paul. En Sion plus noble que l'autre endroit de Sina: & en Hierusalem figure plus naïfue de son Eglise que le desert: dequoy Esaie auoit escrit, *La loy sortira de Sion & la parole du Sauueur de Hierusalem.* En icelle donc le Sauueur publia en deux mots sa loy & donna ses aduertissemens, disant en ce mesme souper: *Ie vous donne vn nouueau mandement, c'est que vous vous entr'aymiez:* loy d'amour & non de crainte comme la loy du vieil Testament. Il fit la lecture de son testament en ces mots: *Cecy est mon sang du nouueau Testament.*

Il fit ses laigs & promesses à ses heritiers, non d'vne terre de Canaan, comme iadis aux Hebrieux, mais de la remission des pechez, & du Royaume des cieux. *Ce sang espandu pour vous, & pour plusieurs en remission des pechez.* Et de l'hoitie, *Ie vous dispose mon Royaume, côme mon Pere me l'a disposé, afin que vous mangiez & beuuiez à ma table, & soyés assis sur les throsnes, iugeans les douze lignées d'Israël.* Voila vne clause merueilleusement fauorable. Dauid faisant son testament enioignit au Roy

Le mont Sina contigu à Hierusalem.
Gal. 4. 24.

Esa. 2. 3.

Loy d'amour.
Ioan. 13. 34.
Matth. 26. 28.
Marc 14. 14.
Matth. 26. 28.
Marc. 14. 24.
Luc 22. 20.
1. Cor. 11. 24.

Loirie.
Luc. 22. 29.

Faueur de Dauid.
3. Reg. 2. 7.

INSTITVEE. 481

au Roy Salomon son fils de faire manger à sa table les enfans de Berzellay, en signe de grand honneur & amitié: mais il ne les fit pas heritiers de sō Royaume, ny participans des ses hōneurs Royaux: icy le Sauueur cōmuniqua sa table, son Royaume & son throsne à ses amis: sa table en laquelle est seruie pour viande & pour breuuage, sa propre chair, & son propre sang, elle ne pouuoit estre plus Royalle ny plus exquise, ny l'heritage plus grand, plus noble, ny plus digne d'vn tel testateur. Le testamēt aussi auec la loy fut escrit, non en tables de pierre cōme le vieil, mais ès cœurs des Apostres, & de tous ceux qui seroyent appellez à ceste hoirie, apres eux. Et c'est ce qu'il auoit iadis predict par Hierem. *Ie donneray ma loy dedans leurs entrailles, & l'escriray en leur cœur.* Selon laquelle façō de parler S. Paul dict aux Corinthiens, *Vous estes l'Espitre de* CHRIST, *administrée pour nous, & escrite non point d'ancre, mais de l'esprit de Dieu viuant: non point en tables de pierres, mais en tables d'vn cœur de chair.* Il fut signé par la main & par le sang du testateur, quand luy tenant le calice & transmuant le vin en son sang, il dict, *Cecy est mon sang, le nouueau Testament?* l'Autel en

La loy & le Testament du Sauueur escrit au cœur des Chrestiens.

Hierem. 31. 32. 33.

1. Cor. 3. 3.

Math. 20. 28.
Marc. 24. 24.

H

fut arrousé qui estoit le Sauueur mesme quand il en print: le peuple heritier & le liure arrousé aussi: quand les Apostres en beurent, & en baignerent leurs poictrines, qui estoiét les tables où estoit escrite la loy & le Testament. La refection de la victime sacrifiée faite entre le Prestre & le peuple, quand le Sauueur ayant offert son corps à son Pere, le print luy-mesme & le donna à manger à ses Apostres, concluant son eternelle alliance en la refection de son corps, & boisson de son sang. Les arres d'amour, la bague precieuse du testateur, & la memoire laissée, quand il laissa ce mesme corps, & ce mesme sang, pour eternelle memoire de sa charité enuers ses heritiers, disant, *Faictes cecy en ma memoire.* Ayant ainsi le Sauueur escrit & accomply son Testamét selon les traicts de la vieille figure, il mourut le lendemain, & son Testamét demeura eternellement confirmé par sa mort. Ceste liberalité est-elle assez grãde pour marquer l'amour infiny de ce pere? & ceste actiõ assés belle pour dignement clorre la vie mortelle de ce testateur? O diuin & puissãt ouurier! ô doux Iesus! ô grand Dieu, qu'admirerõs nous donc icy premier parmy tãt de merueil-

L'autel & le peuple arrousé d sang.

La refection de la victime.

Les arres d'amour.

En ma memoire.
Luc. 22, 19.

INSTITVEE. 477

les? vostre puissance? vostre sagesse? vostre bonté? vostre grandeur? vostre preuoyance? vostre douceur? vostre liberalité? tout ensemble, ou tout à part? où tout est grand, & admirable ensemble: tout grand & admirable à part? Quel ouurier estes-vous ô Redempteur du monde, d'auoir iadis si diuinement tracé la figure de vostre Testament, & accomply la verité sur icelle figure auec de si diuins traicts de melioration? Quel Maistre d'auoir laissé de si celestes enseignemens, & si belles loix d'amitié, grauées en si bō lieu és cœurs de noz Disciples? Quel Roy d'auoir faict vne si amiable & si honorable alliāce auec vos paures subjects? Quel pere de famille, d'auoir escrit vn si beau Testament, & de vos ennemis en auoir faict vos enfans & vos heritiers d'vn si grand Royaume? ô Redēpteur qu'estions-nous sans ce Testament? nous estions à iamais chetifs & belistres, indignes d'estre soustenus sur la terre, dignes de l'eternelle confusion: & par iceluy, le droict du ciel nous est acquis, auec la gloire immortelle & ne tiendra qu'à nous d'en prēdre la possession & d'en iouir d'icy en auant en paix aussi tost que nous aurōs combatu le bō

La vieille figure.

Les enseignemens.

L'alliance.

Le Testament.

H ij

Cursum consum. maui.

combat, comme parle vostre Apostre, gardé la foy, consommé la course de nos ans és belles œuures de vostre amour & charité, selon vostre commandement : car vostre mort victorieuse ayant rendu valide & irreuocable ce Testament, nous a faict ceste faueur dessus vos anciens amis & enfans qui mouroient deuãt ceste mort, lesquels encor qu'ils s'en allassent de ce monde auec l'esperance du ciel, ils ne iouyssoient pas pour cela incontinent du ciel en recompense des œuures qu'ils auoient faictes en vostre grace & seruice comme vrays enfans, estant cela reserué au temps de vostre nouueau Testament, qui deuoit estre eternel par vostre decez, & mettre en pleine possession sans delay les enfans qui comme vrays heritiers auroyẽt executé la volonté du Pere : & quelle action de grace sera bastante pour dignement recognoistre vne parcelle de tant de faueurs?

En quelle façon le Sauueur ayant fait son Testament, laissa son corps à ses heritiers.

LEs peres ayans disposé de leurs biens & signé le testament, meurent & laissent leurs corps pour estre mis en terre & y pourrir, & leur ame s'en va en son lieu ; si bien que les heritiers n'ont autre meilleur gage de la presence & personne de leur pere, que les cédres & ossemens. Le Sauueur a gardé la substâce de ceste ceremonie, mais d'vne bien diuerse façõ: car il donna son corps aux Apostres d'vne maniere impassible quoy que mortel pour lors, le laissant apres à son Eglise reuestu voirement de la premiere robbe mortelle faicte des accidens du pain & du vin : mais vny auec son ame & sa diuinité, corps viuant, immortel & glorieux : pour tombeau aussi il a le corps & l'ame de ses heritiers; tombeau viuant & ennobly d'vne ame raisonnable, lequel aussi s'il est bien preparé des qualitez requises, reçoit de cet hebergement vn merueilleux loyer ;

Les peres laissent leurs corps morts à leurs enfans.

Le Sauueur a laissé son corps viuant à ses heritiers.

Le tombeau du corps du Sauueur.

car au lieu que les autres tombeaux ne rapportent des corps enseuelis que despoüillez de mort & d'horreur, & en sont soüillez, les corps des Chrestiens reçoiuent la vie, l'immortalité, la sanctification & la ioye celeste du corps du Sauueur. Au moyen dequoy, nous deuons faire vne extreme diligence de nous bien preparer pour loger en nous dignement ce corps. L'appareil principal, c'est l'amour, & la chasteté, & apres toutes les autres vertus de l'ame compagnes de celles-cy. Nous lisõs qu'Artemise Royne de Carie, apres auoir espuisé ses thresors en vn magnifique & admirable sepulchre qu'elle dressa pour y mettre le corps du Roy son mary trespassé, fit à la fin puluerifer ses os & les print en breuuage, pour estre elle-mesme sepulchre viuant du corps mort de celuy qu'elle auoit esperduëment aymé en sa vie, & sans lequel elle ne pouuoit viure. C'estoit vn amour humain plus digne de compassion que de loüange, qui neantmoins nous peut seruir d'exemple pour faire mieux: car combien plus conuenablement & plus iustemẽt employerons nous tous nos moyens spirituels, nostre amour, nostre deuotion, nos ieusnes,

Amour d'Artemisia Royne de Carie, enuers son mary Mausolus.
Cic. 3.
Tuscul. liu. 8.
Plin. l. 36. c. 5.
Val. l. 4

nos aumofnes, nos oraifons, pour eftre
vn cabinet viuant du corps de ce diuin
Efpoux de nos ames, que nous receuós,
non infenfible, non mort, ny reduict en
poudre, mais vif, immortel, entier, auec
fon ame, fa gloire, & tout le train de fa
diuinité, pour eftre vn iour eternellement vnis auec luy ?

Deux grandes merueilles aduenues en l'inftitution de ce Sacrement.

10

AINCT Auguftin expliquant ce que dict l'hiftoire des Roys que Dauid feignant eftre hors du fens deuant le Roy Achis, fe portoit en fes mains, prend occafion d'admirer vne autre merueille, outre les fufdictes, qui aduint en l'inftitution de ce Sacrement. C'eft que le Sauueur fe porta en fes propres mains, chofe qu'il eftime du tout admirable & impoffible de pouuoir eftre practiquée felon le pied de la lettre, par Dauid, mais par le Sauueur feulement, lors que tenant fon corps en fa main, & difant CECY EST MON CORPS, il le portoit à fa bouche & à cel-

S. Aug. in Pfaml. 33.
1. Reg. 21. 13.

Comment le Sauueur fe porta en fes mains.

le de ses Apostres. Or combien qu'il se peut faire que Dauid faisant ainsi le fol se portast en ses mains, soit en marchant à quatre pieds à la façon des petits enfans: soit en se soustenant sur les bras & vsant d'iceux au lieu de pieds & de iambes, à guise de ceux qui par souplesse, iettent leurs corps en l'air contremont comme faisant vn arbre & cheminant auec les mains: S. Augustin neātmoins a raison de dire que ce port de soy-mesme en ses mains, appartient seulement au Sauueur: car c'est luy qui vrayement se porta soy-mesme. Dauid ne se porta pas des mains, mais plustost des pieds & des bras ensemble, si c'est la premiere façon des susdictes: ou des bras seulemēt, si c'est la seconde: mais le Sauueur se porta proprement en ses mains, ne plus ne moins que celuy porte de sa main la viande qu'il met à sa bouche ou à celle d'autruy.

Autre cas merueilleux en ceste institution. IL y eut encor vn autre cas admirable en ceste institution, c'est que le Sauueur se print soy-mesme en viāde, chose non ouïe ny aduenuë à aucun homme depuis le mōde creé. Les histoires nous disent bien que quelques meres se sont repeuës de leurs enfans, comme Marie

a Iuifue : & quelques perfonnes qui
ont mangé certaine partie de leur corps *Marie Iuifue*
pouffez de la violéce de quelque mala- *Ioseph, l.-*
die extraordinaire: mais on ne lit iamais *de bell. Iu-*
qu'vn homme fe foit ou puiffe manger *daic.*
foy-mefme entier : mefme demeurant
fans lefion : & tel acte ne vint iamais
à la penfée des humains. Le feul Fils
de Dieu l'a peu faire & l'a fait icy & donné en cela vn illuftre tefmoignage
qu'il eftoit Dieu faifant vn œuure faifa-
ble de Dieu feul par vertu incommunicable à tout autre. Car c'eft Dieu feul
qui vit de foy mefme, & fa propre viãde
c'eft luy; les creatures viuent des autres
creatures, & leur viãde eft au dehors de
leur corps, & nulle ne vit d'elle-mefme :
& les efprits bien-heureux au ciel, viuét *Dieu feul eft*
de la vifiõ de Dieu: mais Dieu feul eft fa *fa vie.*
vie & fa viande de toute eternité, & n'a
que faire d'autre chofe que de foy-mefme pour fe fubftanter eternellemét. De
maniere que le Sauueur fe prenant foy-
mefme en viande, fe marqua de la marque de fa grandeur, & monftra comme
par vn effay propre à Dieu, qu'il eftoit
vray Dieu, s'eftant peu faire viande de
foy-mefme, voire felon le corps à la
femblance de fa diuinité, en laquelle

il est viande & aliment de soy-mesme, ce qui ne conuient à autre chose viuante qu'à Dieu. Et c'est ce qu'il a signifié par ces paroles, *Comme mon Pere a la vie en soy-mesme, de mesme il a donné au Fils puissance d'auoir la vie en soy-mesme.* Donc pour preuue & declaration de son dire, il se print soy-mesme en viande corporellement, comme spirituellement luy-mesme est sa vie & sa viande, & sa felicité, & celle de ses éleuz.

Ioan. 5, 26. 24.
S. Chrys. hom 49. in Ioan.

Sainct Iean premier en la communion des Apostres. L'Eucharistie le vray repas, & le present du repas.

II

LE Sauueur dōc offrit son corps & son sang à Dieu son Pere en sacrifice, & les ayant prins le premier les donna à ses Apostres en refection commençant à Sainct Iean: nō seulement parce qu'il luy estoit le plus proche en table, mais parce qu'il estoit doüé d'vne singuliere charité & chasteté, vertus toutes propres pour dignemēt faire asseoir la personne en la table de ce festin d'amour & de pureté. C'est

Pourquoy S. Iean fut le premier communiant du corps du Sauueur.

icy où commença le repas qui seul est le vray & sacré repas, & commença pour estre continué tant que le monde dureroit. Tous les autres qui auoyent esté iadis instituez en la maison de Dieu, n'estoyent que figures de cestuy-cy : les viandes qu'ils contenoient estoient viandes de corruption & de mort, pour la vie mortelle : les victimes, les offrandes & tout ce qui se mettoit sur l'Autel ou sur la table en la loy de nature & de Moyse, n'estoient que corps morts pour viande mortelle des corps mortels : le corps du Sauueur c'est le corps de vie & viande d'immortalité.

En ce repas fut celebrée la ceremonie de l'alliance faicte entre Dieu & les hommes, par l'entremise de la chair & du sang de Dieu symboles significatifs, & quant & quant effectifs d'vne tres-estroicte & tres-diuine vnion, du chef auec ses membres, & des membres entr'eux : & les symboles qui furent les mets de table, & la liaison des assistans, les mesmes furent les presens du festin. C'estoit vne coustume celebre parmy les nations du monde, de donner des presens apres vn grand festin, lesquels estoiét appellés du mot Grec ἀποφόρητα,

Festin d'alliance.

ἀποφόρητα, apoforeta. Coustume.

APOFORETA, comme qui diroit rapports: dont parlant S. Ambroise escrit
en ces termes en son exhortation aux
vierges. *Ceux qui sont inuitez à vn grand festin ont de coustume de rapporter des presens
conuiuiaux.* Qui donnoit des vases d'or,
qui d'argent, qui de l'or & de l'argent
monnoyé: qui des bagues, qui des bestes: qui des hommes: le Fils de Dieu
donna son corps & son sang, presens du
festin, mets du festin, & festin ensemble,
surpassant le prix de tous les presens de
la terre, comme aussi la grandeur & delices de tous les festins.

S. Ambr. in exhor. ad virg.

De l'argent. 1 sid.
Des vases. Sueto. in Caligul.
Des bestes. Lamprid. in Helio-gabalo.

Des paroles du Sauueur, Faictes cecy en ma memoire.

12

OR ce diuin repas ne fut pas institué pour estre faict vne seule
fois, comme celuy d'Assuerus,
mais pour estre continué iufques à la fin du mõde, cõme l'Agneau
Paschal cõtinua iusques à la fin de la Synagogue, ainsi qu'il a esté declaré. Au
moyẽ dequoy ayãt le Sauueur cõmunié
ses Apostres, & establi l'institution du
banquet en ceste premiere refection: il
en cõmanda la continuation, & mon-

Hest. 1.

Exod. 12.

stre la fin pour laquelle il veut estre continué, disant, *Faictes cecy en ma memoire.* Luc. 22. 19.
C'est à dire, continuez ce sacrifice & 2. Cor. 11.
festin en memoire de moy. Ie seray 24.
tousiours le sacrifice & le Sacrificateur
principal, mais inuisible. Ie vous ordonne Prestres pour estre mes vicaires
& Sacrificateurs visibles en mon Eglise,
tout ainsi que ie vous ay donné l'auctorité de Docteurs & Pasteurs pour tenir
ma place en la chaire de verité & paistre
& regir mon troupeau ; faictes donc cecy ; faictes ceste action, la plus noble
qui se fera en ma famille, & continuez
la en memoire du sacrifice qui demain
sera offert par moy en la croix, pour
vous & tout le genre humain : faictes la
en memoire de la passion que i'auray
soufferte pour vous, en memoire du prix
infiny de mon sang que i'auray espandu
pour vous : en memoire de la victoire *Faictes cecy*
que i'auray obtenuë pour vous sur les *en ma me-*
ennemis de vostre salut : sur les puissan- *moire.*
ces infernales : sur les tyrás de vos esprits :
sur le Prince des tenebres : sur la chair &
le monde : en memoire du bien de la
gloire immortelle, que ie vous auray acquis, & à tous ceux qui voudront estre
mes membres, me donnant en holo-

causte en l'Autel de la croix: faictes cecy festoyez & celebrez ce sacrifice, en memoire de cet exploict, le continuãs sans mesure de temps: & quand ceste passion sera passée vne fois, qu'elle soit tousiours viue & presente par vostre seruice en la memoire & en la face de mon Eglise: & comme le bien-faict est de merite infiny, que la cognoissance en soit aussi eternelle. C'est le sens de ces mots, *Faictes cecy en ma memoire.* La iustice tant diuine qu'humaine requiert, qu'on donne loüange aux grands exploicts de vertu, & qu'on soit memoratif d'vn bien faict, & que la memoire en soit de tant plus viue & honorable, que le bien-faict est grand. C'est pourquoy Dieu commanda le iour du Sabath en memoire de la creation du monde: la Feste de la Neomenie en memoire de la conseruation d'iceluy: l'Agneau Paschal en memoire de la deliurance des Hebrieux captifs en Egypte. Les mesmes Hebrieux celebroiét la victoire de Mardochée, gaignée sur les ennemis: celle de la vaillante Iudith, obtenuë sur Holoferne. N'estoit-ce pas donc raison & iustice, qu'il y eust vn memorial de la passion du Fils de Dieu, estant icelle vne œuure

Luc. 22. 9.

Les grands exploicts sont dignes de memoire.

Le culte du Sabath. Exod. 20. 8.

La Neomenie. 2. Para. 2. 4.

L'Agneau Paschal. Exod 12. Mardochée. 2. Mach. vltimo. Iudit. 16.

la plus admirable qui fut iamais, vrayement œuure d'vn tout-misericordieux Seigneur? estant icelle sa plus haute proüesse, sa plus noble victoire, son plus grand bien-faict enuers les mortels, & pour lequel seul, il estoit descendu des cieux, prenant la robbe de ceste mortalité? mesmes que ceste redemption ne pouuoit estre salutaire sans estre appliquée & renduë propre d'vn chascun par ceste memoire iterée auec foy, amour, deuotion, contemplation, auec ieusne, veilles & autres œuures de pieté, qui sont les portes par lesquelles ce merite infiny entre dedans nos ames, & leur est faict propre, & toute la passion, tout ainsi que les feuestres d'vne maison sont les moyens par lesquels ceux qui sont dedans participent les rayons du Soleil & en ioüissent, comme s'il ne luisoit que pour eux.

Acte d'vn tout-puissāt & tout-bon Seigneur

La passion du Sauueur inutile sans recognoissance.

La Messe memorial tres-propre de la passion du Sauueur.

13

COMME il estoit raisonnable & important que la memoire de nostre redemption fut tousiours fresche & viuante, en nos ames, aussi ceste diuine sagesse a choysi vn tres-conuenable moyen pour la representer tres-honorablement & auec singuliere efficace, instituant à ceste fin vn sacrifice en sa maison, & vne refection solennelle entre ses enfans: car ce sont les deux actes qui peuuent souuerainement honorer Dieu, & efficacement perpetuer entre les hommes la memoire de quelque chose. Le sacrifice recognoist Dieu, l'honore, & l'hommage luy rendant graces de ses bien-faicts: & la refection r'assemble & vnit les hommes, & rend leur assemblee plus celebre & plus capable de retenir la memoire des choses passées, & plus puissāte à la mieux grauer & la pousser plus auant dans les siecles de la posterité. Aussi voyons-nous tant en l'histoire sacrée que profane, que les plus grandes actions

Deux choses pressantes pour prendre vn faict memorable, l'Autel & la table.

Coustume des grands pour perpetuer la memoire de leurs actes.

actions des mortels, des Roys, des Capitaines, & Princes & Republiques du monde, pour la paix, pour la guerre, pour les victoires, pour les triomphes, pour les funerailles, & autres œuures de grande importance, ont esté entreprinses & paracheuées par l'entremise de sacrifices, & de festins. Salomon celebra par sacrifices & festins innombrables la dedicace de ce magnifique temple qu'il auoit edifié à Dieu: les Perses, les Egyptiens, les Grecs, les Romains & toutes les nations du monde vsoyent de mesme moyen pour honorer leurs actes, & rendre la memoire d'iceux immortelle. Ceste façon de faire c'est vne loy empraincte à la nature, & practiquée sainctement en la maison de Dieu. Ce n'est pas donc merueille que IESVS-CHRIST, autheur de toutes bonnes loix, ait estably vn Autel & vne table, vn sacrifice & vn festin, pour grauer, honorer, & faire viure à iamais la memoire de sa triomphante mort, mais qui est de plus grande efficace que tout, à viuement representer ceste mort, & plus consi-derable que tout en tout ce sié appareil, c'est qu'il a voulu que ce mesme corps qui a enduré, qui est mort, qui a triom-

Salomon. 3.Reg. 8. 63. 2.Paral 7.5.

I

phé endurant & mourant, fut present en ce sacrifice & refection, & fut le mets de l'vn & de l'autre. Il n'a pas ordonné qu'on le celebrast par paroles, mysteres, & corps des bestes, comme iadis : luy-mesme a voulu estre present à l'action, ne plus ne moins qu'vn Roy qui voulāt celebrer quelque sienne grande victoire, non seulement la feroit raconter & chāter par des Orateurs & Poëtes, & la representer par images, mais luy-mesme y seroit en personne, faisant le principal personnage de toute la representation. Ainsi le Sauueur a representé sa mort victorieuse, y estant luy-mesme le principal autheur : luy-mesme le premier offrant & Sacrificateur : y donnant son corps immolé, son sang espandu, son corps comme mort, & neantmoins viuant, son sang comme tiré du corps, & neantmoins vny auec le corps : en somme s'exhibant en sacrifice & en refection, d'vne maniere veritable, efficace, & pregnante, pour clairement, viuement, & profitablement effigier la semblance & memoire de ceste siéne mort, à l'honneur de son Pere, & salut de ses bien-aymez : & a commādé de celebrer ce sacrifice & festin non d'an en an, non

Maniere de representer en personne.

Representation pregnante.

Le sacrifice de l'Agneau Paschal vne fois l'an seulement. Exod. 12.

vn lieu seulement, comme celuy de l'agneau Iuif, mais tous les iours & plusieurs fois le iour: & ce en autāt de lieux que la foy de son nom, & le nom de sa Majesté, s'estendroit, & en autant d'endroicts de la terre, que la lumiere de sa glorieuse croix seroit arborée.

En vn lieu seulement, Exod.12.

La Messe le festin de Dieu où il est singulierement inuoqué en la loy de grace, les Chrestiens exaucez.

14
C'EST le singulier sacrifice & festin Royal par lequel Dieu est souuerainement honoré, & sa creature est extremement aydée: car en iceluy sa Majesté ne refuse rien, tāt soit-il grand, de ce qu'on luy demande pour le propre salut ou celuy d'autruy: & la creature s'y enrichit par ses dons. Les Rois Perseans celebroient en leur Cour vne sorte de festin dedié ou au iour de leur naissance ou de leur Sacre & coronnement, lequel ils appelloyent en langage Persean TYCTA, comme qui diroit, parfaict souper. Ce festin estoit priuilegié d'vne telle prerogatiue, que

Tycta cœna. Τέλειοϛ δεῖπνοϛ. Souper parfaict des Rois de Perse. Herod. liu.9.

I ij

le Roy n'esconduisoit aucun és demandes qu'il luy faisoit. Coustume qui fut aussi sagement, qu'heureusement practiquée par la Royne Hester, car son histoire nous dit, qu'ayant espié la saison, elle festoya auec Royal appareil Assuerus son mary, Roy des Perses & Medes, aux fins d'obtenir de luy vengeance de ses ennemis, & deliurāce pour son peuple. Si bien qu'apres la refection prinse luy ayant le Roy dict, *Quelle est ta demande ô Hester, afin qu'elle te soit accordée? Et que veux tu estre faict? Quand bien tu demanderois la moitié de mon Royaume, tu l'obtiendras:* elle demanda hardiment, & obtint aussi facilement ce qu'elle luy auoit demandé. Le Fils de Dieu est plus magnifique en ce sien festin consacré aux iours de sa memoire qui doit estre cōtinuelle: car il y donne non les biens de la terre, mais soy-mesme en sacrifice & en viande pour nostre salut. Et nous met en main vn present auec lequel nous pouuons demander à la Majesté de son Pere, tout ce qui concerne nostre salut & repos, auec asseurance d'estre exaucez: & nous promet non la moitié d'vn Royaume terrien, comme les Rois terriens: mais en Roy celeste, le Royaume

Hester.

Hest. 7. 2.

Dieu donne tout son Royaume.

des cieux tout entier. De maniere que la promesse que iadis faisoit Dieu aux Hebrieux captifs en Babylone : *Vous m'inuoquerez, & ie vous exauceray*, est diuinemēt accomplie en la loy de grace par le moyen de ce noble festin, & vrayement parfaict : car encor qu'en la Loy de Nature & de Moyse, Dieu eut pour agreables les sacrifices de ses seruiteurs, & exauçast leurs prieres : c'estoit de loing, moins liberallement, & tousiours en contemplation du futur Messias, qui deuoit vn iour satisfaire la diuine Majesté par l'offrande & sacrifice de son corps : au lieu qu'en la Loy de grace les Chrestiens sacrifient vn sacrifice souuerainement agreable, qui est le corps & sang d'iceluy Messie, & prient la satisfaction en main, tiréé de ce corps & le sang, payement le plus beau qui puisse estre. Ils prient le Pere par le Fils, qui est la plus pressante priere qu'on sçauroit imaginer. Les histoires nous disent que les Molossiens voulans impetrer quelque grace de leur Roy, prenoient vn de ses fils, & le tenans entre les bras, se mettoient à genoüils deuant luy, ioignant l'Autel domestique & ce faisant ils n'estoient iamais escon-

Ieremi. 29.

La loy de grace temps propre pour estre exaucé.

Molossiens Plutarch. in Themist.

duits: de laquelle façon de supplier vsa Themistoclés lors qu'estât banny d'Athenes, il vint en ce païs-là, & se garantit par ceste ceremonie du courroux du Roy des Molossiens Admetus, qui luy estoit pieça grand ennemy, & l'eust faict mourir sans ceste brauerie, le tenant en sa puissance: Ceste maniere de receuoir la priere pour l'amour du fils est naturelle, & ne faut pas doubter que puisque Dieu autheur de la nature a donné ceste inclination aux peres, il ne l'aye luymesme en soy, & ce de tant plus parfaictement qu'il est vn Pere d'infinie perfection & amour, & que ce sien Fils est l'image naifue de la perfection de son Pere, & par ce infiniement aymé de luy. Et partant le Sauueur exhortoit ses Disciples à demander hardiment à son Pere ce qu'ils voudroient en son nom & par son merite, comme ayant droict d'obtenir par luy tout ce qu'ils demanderoient. L'Eglise aussi suiuant la direction de son Redempteur, ferme ses prieres en son nom, disant: Exaucez nous Dieu tout-puissant par IESVS CHRIST voſtre Fils, & encores que tout Chrestien ait en tout temps, & en tout lieu accez à Dieu par le merite de

Themistoclés.

Le Fils de Dieu viue image de son Pere. Hebr.1.3. Demander au nom de IESVS-CHRIST. Matth.21, Marc.11. Ioan.16.24. Maniere de l'Eglise à fermer ses oraisons.

son Fils, c'est toutesfois principalement celuy qui prie celebrant la Messe, ou l'oyant, principalement s'il se communie : car il est au banquet parfaict auquel le Roy ne refuse rien : & prie en la reelle presence de celuy par qui la priere porte creance & prerogatiue d'estre exaucée de la Majesté diuine. Voyla le banquet, le sacrifice & le Sacrement de la loy de grace, figuré par tous les anciens & soustitué en leur lieu : l'oblation & sacrifices des Chrestiens & le plus noble instrument qu'ils ayent pour inuoquer Dieu, & auoir l'octroy de toutes leurs requestes : Voyla nostre Eucharistie & nostre Messe. Les oraisons, les escritures, les habits & les ceremonies qui ont esté du depuis ordonnées par les Apostres, & leurs successeurs, & desquelles on vse en la celebrant, ne sont pas le sacrifice de la Messe, elles en sont seulement les atours : l'essence de la Messe, & de tout ce festin Royal, c'est le corps & sang du Fils de Dieu offert en sacrifice memoratif de sa mort. C'est ceste offrande & ce Sacrement qui faict le gros du banquet, le reste sert seulement pour honorer ceste honorable & diuine action. En ceste vesprée donc du

Lieu estant propre pour estre exaucé

Ceremonies de la Messe.

I iiij

Le vray Agneau immolé en l'institution de l'Eucharistie selon l'ordre de Melchisedec.

quatorziesme iour de la Lune fut immolé le vray Agneau : la figure du vieil accõplie, le droict des sacrifices legaux finy, & la durée de la Sinagogue terminée, & le fondement mis de la loy de grace, toutes lesquelles choses le Sauueur signifia encore diuinement par la circonstance du temps auquel il auoit ordonné la Pasque Iuifue, & auquel il establist le sacrifice & Sacrement de son corps, qui nous reste à declarer pour finir.

La redemption du genre humain, & la fin de la Synagogue signifiées par l'institution de l'Eucharistie faicte en pleine Lune.

15

EXPLIQVANT le tableau de l'Agneau Paschal, nous auons dict, que la ceremonie commença au quatorziesme iour du premier mois de l'an Sainct des Hebrieux, sur le vespre, parce qu'en celle nuict les aisnez d'Egypte furent occis, & les portes ouuertes à la franchise des enfans de Dieu. Le Sauueur donc pour accomplir la figure ancienne, & naiſuer ſur icelle le traict de la verité figurée, a inſtitué le Sacrement de ſon corps en ſemblable temps, temps vrayement proche de la vraye deliurance, comme la Paſque Iuiſue fut le ſignal voiſin de la liberté des Iuifs: car le lendemain de ceſte inſtitution le Sauueur deuoit rompre le ioug de peché & retirer le gére humain de la tyrannie de Satan figurée par celle de Pharaon. Mais il y a encor vn myſtere caché ſous le nombre des iours & en l'eſtat de la Lune, que le Sauueur a de meſme ſageſſe conduict au poinct de ſa perfection. Il eſt dit que l'Agneau deuoit eſtre receu à la maiſon le dixieſme iour du premier mois, & immolé au quatorzieſme. Le Sauueur accomplit le premier traict, quand il fit ſon entrée en Ieruſalem, monté ſur vne aneſſe & ſur vn aſnon indompté: car S. Iean eſcrit que ſix iours deuant la Paſque, il vint en Bethanie, & le lendemain qui fut cinq iours deuant la Paſque, il entra en Ieruſalem, ce fut donc au dixieſme iour qu'il fut receu en Ieruſalem en grande ioye, comme l'Agneau de la Paſque, pour y eſtre immolé au quatorzieſme en ſon Sacrement, ſans effuſion ſanglante, &

Le temps de la Paſque.

Exod. 12.

Le 10. iour
Exod. 12. 3
Immolé au
14. Exod. 12
9.
L'entrée.
Mat. 21. 1.
Ioan. 12. 1.
12.

le lendemain en la croix, par reelle occision : car comme le sixiesme iour deuant la Pasque, c'est à dire deuāt le quatorziesme fut le neufiesme du mois, ainsi le cinquiesme deuant icelle fut le dixiesme d'iceluy mois.

La pleine Lune.

LE second traict qui est de l'estat de la Lune a esté non moins sagement alligné. La Lune auoit quatorze iours au vespre de l'Agneau : car le quatorziesme du mois estoit le quatorziesme de la Lune, d'autant que le commencement du mois c'estoit le commencement de la Lune, comme il a esté declaré ailleurs;

Au tableau de l'Agneau Paschal.

elle estoit donc en son plein. Nous auons dict que la Lune signifioit la Synagogue, parquoy la pleine Lune doit signifier la mesme Synagogue paruenuë en sa perfection. Quand donc le Saueur a institué le Sacrement & sacrifice de son corps, à tel iour & à telle heure, il a accomply la verité figurée, & quant & quant a signifié par la ceremonie du temps, que la Synagogue estoit en sa plenitude, & qu'elle s'en alloit accomplir en l'institution de la Pasque Chrestienne ombragée en la Iudaïque ; &

S. Ambros. epist. 84.
Matth. 5.

c'est ce que Sainct Ambroise entr'autres Docteurs note disant. *Le Seigneur*

INSTITVEE. 507

lebra en la plenitude de la loy, qu'il estoit venu accomplir. Il ne restoit pour entiere consommation que le traict de la croix. Parquoy deslors les sacrifices Iudaïques figures du nostre, furent abolis deuant Dieu, & le sacrifice du corps de son Fils substitué en la place de tous: la loy de grace à celle de Moyse, & l'Eglise Chrestienne à la Synagogue Iuifue, comme la verité en pourtraict, & le corps à l'ombre; ce qui fut aussi monstré par l'eclipse de la Lune, & du Soleil aduenuë au lendemain de la Pasque, comme nous faisons voir en la suiuante exposition.

La fin de la Synagogue & le commencement de la loy de grace signifié par l'eclipse de la Lune & du Soleil aduenuë au lendemain de la Pasque, & de l'Eucharistie instituée.

16

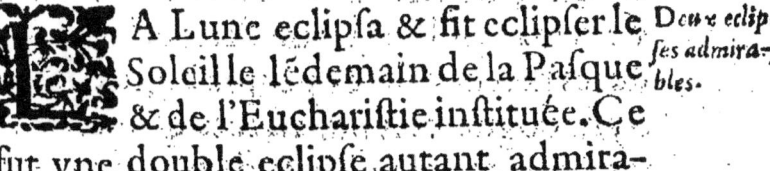

LA Lune eclipsa & fit eclipser le Soleil le lêdemain de la Pasque & de l'Eucharistie instituée. Ce fut vne double eclipse autant admirable qu'incogneuë à la nature, qui n'auoit

Deux eclipses admirables.

iamais veu que la Lune se ioignist au Soleil, lors qu'elle estoit diametralement reculée, ny que le Soleil eclipsast estant esloigné de la Lune de tout son demy cercle, qui est toute la distance dont peut estre escarté vne estoille de l'autre. Or la Lune s'estant trouuée le vespre du Ieudy, heure de la Pasque, en l'Orient, & le Soleil au Ponant, le lendemain à Midy elle fut ioincte face à face au Soleil en mesme essieu & endroict du Zodiaque : & comme elle laissa de luire sur la terre, aussi fit-elle perdre par son entreject, la lumiere au Soleil, de maniere que ce furent deux admirables eclipses de deux grandes lumieres du Ciel, & par icelles fut signifié le depart de Dieu d'auec les Iuifs, & la fin de leur Synagogue : car comme le Soleil par son eclypse laissa d'illuminer la terre, & comme la Lune par le sien perdit la lumiere sensible qu'elle prenoit du Soleil, & la communiquoit à ce monde bas, de mesme ce diuin Soleil pere de cestuy visible, retira dés lors les rayós de ses faueurs de ce peuple ingrat, & la Synagogue eclypsa en son quatorziesme iour, & en la plenitude fut priuée de la lumiere spirituelle, qu'elle prenoit de

B eclypse du Soleil.

luy, la communiquant aux mortels en la practique de ses ceremonies. Alors fut elle accomplie au paracheuement de toutes ses figures, & deslors eclipsa d'vne eclipse eternelle & finit à iamais, & vne Lune nouuelle commença; c'est à dire l'Eglise de IESVS-CHRIST, qu'il s'acquist le lēdemain du temps de ceste eclypse, par son sang precieux au reformidable duel de la croix, lors que les furies de l'Enfer & du monde monopolez, le chargeoient sur la terre, & que ces deux flambeaux courroucez de l'iniure faicte à leur Createur, iouoient le personnage de leur indignation au theatre celeste, parlans du langage de leurs effects, langage cogneu à tous, meslans là haut d'vne estrange façon leurs lumieres, & les desrobans icy bas, aux yeux des mortels, auec le gemissement de tout l'vniuers estonné.

L'Eglise signifiée par la Lune, & de la Pasque & renouation Chrestienne.

17

STANT donc instituée la Pasque du Sauueur, contenant l'Autel & la table du sacrifice & Sacrement de son corps, & paracheué le combat de la croix, la Synagogue print coup & tous ses sacrifices & Sacremens, & la Lune fut renduë nouuelle pour signifier l'Eglise, non ja plus consistât en la Synagogue, mais en la loy de grace. La Lune en general porte la semblance de l'Eglise de Dieu: car côme la Lune préd toute sa lumiere du Soleil, & quelquefois va deuant luy, quelquefois vient apres, & quelquefois le ioint: ainsi l'Eglise, luit par les rayons du Fils de Dieu; lequel elle a precedé selon la presence humaine, iusques à sa Natiuité.

La Lune signifie en general l'Eglise.

Et deslors elle l'eut present tant qu'il demeura sur la terre; & du depuis elle le suit & se ioinct auec luy par le Sacrement & presence reelle de son corps. Item, comme la Lune esclaire la nuict & donne addresse parmy les tenebres: ainsi l'Eglise à tousiours esclairé la nuict

La Lune pour la nuict.

INSTITVEE. 511

de ce monde vain, & monstré la voye
du ciel tãdis que les tenebres de la gen-
tilité regnoiẽt. La mesme Lune en spe- *La mesme*
cial marque les diuers estats de l'Eglise. *Lune marque*
les diuers e-
En ses premiers croissans elle monstre *stats de l'E-*
l'Eglise en la loy de nature. En son chã- *glise.*
gement, en la foiblesse de ses rayons, & *En la Syna-*
en son quatorziesme iour elle porte la *gogue.*
semblance de l'Eglise en la Synagogue,
ainsi qu'auons dict. Mais en ce qu'elle a *Comment la*
esté faicte nouuelle d'vne nouuelle fa- *Lune signifie*
çon & en son quinziesme iour elle si- *l'Eglise en la*
gnifie l'Eglise en la loy de grace. Ceste *loy de grace.*
nouueauté & façon nouuelle consiste
en ce qu'elle approcha le Soleil par
voye extraordinaire: car estant au vespre du Ieudy esloignée de luy de l'O-
rient à l'Occident, le lendemain elle fut
toute contre luy, lequel approchement
elle ne pouuoit faire par course naturelle, qu'en l'espace de quatorze iours:
par voye extraordinaire aussi & auec
mesme merueille, elle se tourna le soir
du Vendredy en l'Orient, au coucher
du Soleil, comme elle y auoit esté au
soir du Ieudy. Et en six heures print la *Tous les*
robbe de tous ses estats, car elle fut nou- *estats de la*
uelle, fut en son premier quartier, fut en *Lune.*
sa plenitude, & au commencement de

son troisiesme septenaire, à sçauoir en son quinziesme iour. En ces circonstances, & en ces merueilles, iamais deuant ny du depuis aduenuës, elle marquoit l'Eglise en l'estat de grace, estat de singuliere renouation, estat du troisiesme septenaire, du troisiesme temps: en la nouuelle Pasque, au nouuel & grand sacrifice & festin institué par le Fils de Dieu en son corps: surquoy fort à propos S. Augustin escrit ces mots. *Parce que nous sommes au troisiesme tẽps de toute la durée du monde, c'est pourquoy la resurrection du Sauueur fut faicte au troisiesme iour. Le premier temps a esté deuant la loy, le second en la loy: le troisiesme soubs la grace, en laquelle est manifesté le Sacrement qui estoit caché au replis des liures propheriques. C'est ce qui a esté signifié par le nombre des iours lunaires: & parce qu'en l'Escriture, le nombre de sept porte signification mystique de perfectiõ, la Pasque fut celebrée en la troisiesme sepmaine de la Lune, qui est depuis le quatorziesme iusques au vingt & vniesme iour d'icelle.* Voyla comment Dieu nous faict la leçon par ses Astres, nous enseignant le Paradis par le Ciel, & nous cõmuniquant les rayons de sa lumiere intellectuelle, par l'entremise & maniement de la corporelle.

S. Aug. ep. 119 ad Ia-uar. ca. 15. Trois temps de l'Eglise, marqués aux trois septenaires de la Lune.

Le

Le Sauueur ayant institué le Sacrifice
& Sacrement de son corps sortit
du logis pour aller au iardin
des Oliues.

18

LE doux Agneau s'estant immolé en ceste vesprée, & donné en refectiō à ses Apostres, & ayant aboly la vieille Pasque, & institué la nouuelle: comme il a esté déduict, chāta vn Hymne auec ses Apostres selō la traditiō des Iuifs, & sortit pour aller au iardin des Oliues, où il deuoit estre liuré par Iudas aux mescreans, qui auoiēt desia le mot, pour le venir prēdre au corps. Cecy restoit pour cōbler toutes les preuues de son amour infiny enuers le genre humain. Il s'estoit immolé à son Pere par vn sacrifice non sanglāt, sans mort & sans passion, il sortit apres pour estre prins cōme vn agnelet, & estre faict victime de la Croix, y espandāt son sang & sa vie, il auoit donné son corps à ses amis, il l'alloit offrir à ses ennemis, il auoit refectionné les ames des humbles, il se portoit la pour bien tost estre repeu de fiel, abreuué de

Hymne chantí par le Sauueur.

K

vinaigre, saoulé de tourmés & d'opprobres, par les orgueilleux. Il auoit iadis planté vn iardin de delices, de repos, & d'honneur, il s'en va au iardin de douleur, de combat, d'ignominie: il auoit planté l'arbre de vie en ce iardin delicieux: il vient d'en arborer vn au verger de son Eglise, sans comparaison plus exquis, & plus excellent: & s'achemine à ce iardin solitaire pour ourdir la reparation de la faute commise au premier iardin. En celuy-là fut faicte la debte par la desobeissance: en cestuy-cy commença d'estre payée par l'humilité: pour planter le premier iardin, & le premier arbre de vie il n'y employa que sa seule parole, qui commanda & tout fut faict: mais en cestuy il n'en est pas ainsi. L'vsage d'vne seule heure vous coustera le sang, ô mon doux Redempteur, & des gouttes de ceste precieuse pourpre seront arrousez les parterres d'icelui iardin: & l'arbre de vie que vous auez planté au Paradis de vostre Eglise: ce n'est pas vn effect tel quel, de vostre saincte parole. C'est vostre corps & sang precieux accōpagné de l'arroy de vostre saincte diuinité. O mon Seigneur que puis-ie dire pour haut-loüer vostre magnifi-

Deux iardins diferēs.

Au premier nostre ruine, au second nostre redemption.

cece? Ie dis que vous estes magnifique en toute façon:en prenant, en donnat, en refectionnant & en endurant: tousiours tout bon & tout liberal de voz biens, & de vous-mesme: & tousiours riche en misericorde, & abondant en propositiõ. C'est pourquoy aussi pour derniere retraicte vous allez au iardin des Oliues, pour nous y faire & dõner l'huile de vos miserations:Oliues pour nous, mais pommes d'angoisse pour vous.O mõ ame,ton Redempteur sort en la nuict & va s'egager aux peines en ce iardin pour toy, fay quelque chose pour luy:accompagne le parmy ces tenebres! aye compassion de luy,admire son amour enuers toy, deteste tes pechez qui l'ont iette en ces angoisses, pleure & prie auec luy, offre luy ton cœur & tõ seruice en ceste angoisseuse carriere de son agonie:& puis que tu as esté escrite en son Testament, appellée à son heritage, & assise en la table de sõ Royaume pour manger de son fruict de vie,donne quelque signe d'vne ame recognoissante & memoratiue de tant de biens: fay luy quelque present des presens qu'il t'a faict, & dõne luy quelque chose de ce qu'il a faict tien: donne luy

Dieu liberal en toute façon.

Iardin des Oliues.

K ij

toy-mesme encor que tu ne sois rien: ente dônāt tu deuiendras quelque chose: dône toy à luy, puis qu'il s'est donné à toy, toy-mesme, abysme infiny de biē & donné en tant de manieres: en naissant, en conuersant, en mangeant, en mourant, & en toutes les façons qu'vne chose peut estre donnée. Et apres que tu l'auras contemplé, remercié, suiuy & seruy au iardin des Oliues: au parquet de Pilate en iugement : au mont de Caluaire, en la Croix auec larmes & souspirs d'amours, de conpunction & de compassion, fay-le souuent ton hoste par le moyen de ceste diuine table qu'il ta couuerte de son corps immortel & glorieux pour se dôner à toy, & loger auec toy, aussi souuēt que tu voudras: & prenant la refection salutaire de son plat, contemple encor en ceste table les delices du Paradis & de la vie eternelle qui suiura par apres.

L'Euchari-stie image de la felicité. Car comme les Autels des Hebrieux estoiēt la figure de ce festin, ainsi ce festin est l'image de la table celeste. Icy tu māges le pain des Anges, au Ciel tu viuras du pain des Anges aussi : icy ta viande est Dieu mesme : Dieu mesme sera ta viāde en ceste table-là, la viande est icy immortelle: la viāde sera immor-

elle là haut. celuy qui a dressé à ses frais
& despens ce festin en terre pour viatique de ses pelerins, le mesme dressera
selô sa mesme magnificéce, le festin de
felicité au Ciel pour triomphe glorieux
de ceux qui aurôt couru vaillamment
les sentiers de ses diuines loix. Il y aura
neantmoins differéce: car en ce festin il
n'y a que la foy qui penetre sobrement
la saueur de la viande, & la douceur du *Difference de*
breuuage: le sens & le iugemét humain *la table de*
n'y voyent que plats couuerts, sans y *nostre Sei-*
pouuoir toucher. En celuy-là la viande *gneur en ter-*
sera exposeé aux appetits de l'ame à sou- *re d'auec cel-*
hait, en magnificence & table ouuerte, *le du Ciel.*
& les sens y auront leur bonne part: en
cestuy-ci nous sommes mortels gemis-
sans en la terre de mort. En celuy-là
nous serons immortels sans crainte de
mort ny d'encombre mis en possession
de la terre des viuans, & du Royaume
eternel. Mais qui pourra dire par paro- *Neque o-*
le, ou encor desseigner par esprit la ma- *culus vidit.*
gnificence de ce Royal festin? Ce grád *1.Cor.2.9.*
Apostre esleué iusqu'au troisiesme Ciel *Esa 6.4 4*
pour y apprendre la leçon des mysteres
diuins, ne l'a pas sçeu faire, & s'est monstré sçauant en la côfession de son ignorance, & de la grandeur des mysteres de

K iij

Dieu. C'est vn festin que personne ne sçait, qui ne soit assis en table mangeât & beuuant. Sus donc ames fideles, & voyageres en ce desert, racheptées par ce Seigneur, aymées de cet Espoux, inuitées à ces nopces, vsez purement de la viande qu'il vous a preparé, & qu'il vous offre en gage de son amour en ce monde mortel; viuez sainctement, attendez patiemment, tenás vos lampes garnies de l'huyle de vos bonnes œuures, & allumées de la lumiere de vos sainctes conuersations: afin que quand le temps des celestes nopces sera venu, la porte vous soit ouuerte au festin. Et vous ô doux Agneau qui serez le grand Roy & le grand mets de ceste table immortelle, faictes s'il vous plaist par l'infiny merite de vostre croix, que nous y soyons assis selon la promesse de vostre Testament, & que nous y puissions eternellement viure, pour vous y loüer eternellement. Amen.

Matth. 25.

INDICE GENERAL DES MATIERES, NAIFVEMENT Representées & depeinctes en ces Tableaux sacrez du Sainct Sacrement de l'Autel.

A

ABACVC en mesme heure en Babylone & en Iudée. 197
Abel & sa victime. 49. 50. premier membre de l'Eglise, figure de la croix & de l'Eucharistie. 53. 56. rapports d'iceluy à Iesus-Christ. 55. 56. 57. vtilité de sa mort. 64 etymologie de son nom. 66. Abraham pelerin. 66. quelle estoit son armeure. 74 sa victoire sur ses ennemis. 78. ses gens-d'armes. 105. ses dismes. 106. combat de la nature & de la grace en iceluy. 111. ses paroles à son fils. 114. figure de l'Eucharistie. 120. sa foy necessaire pour penetrer la hauteur du S. Sacrement. 123. son humilité. 308
Accidens sans subiet. 186 le corps du Sauueur est caché en iceux. 190. ils ont vertu de nourrir 198. Accomplissement de la loy de Moyse. 143 Accroissement merueilleux aux cinq pains &

deux poissons. 356.
Achimelec. 227. 234
245.
Action miraculeuse du corps du Sauueur en l'Eucharistie. 192. 193
Action de grace signifiee par l'Autel des parfums 238. la supreme se faict en l'Eucharistie. 241
Action des iustes, verdure du Paradis terrestre. 31
Adam en son innocence estoit richemët vestu & toutesfois nud, & comment. 201. sa chair source de tous nos maux, & pourquoy. 381
la rareté cause Admiration. 368
que signifioit l'Aduertissement d'Achimelec offrant à Dauid & à ses gens le sacré pain dala charge qu'ils n'eussent touché femmes. 245
Aërius heretique niant qu'il ne faut offrir pour les trespassez 345

l'Affection de l'ame à la communion. 462
l'Agent principal en tous les Sacremens c'est Iesus Christ. 57.
Agneau Paschal, & pour quoy son sacrifice fut ordonné en Mars. 136 figure de la Croix & de l'Eucharistie. 241. 242. ses rapports. 142. & suyu. signe du passage du seigneur. 151. memorial de la deliurance des Hebrieux. ibid. que signifie chasque circöstäce de la mäducatiö de l'Agneau Paschal. 154 & 157
les Agneaux éleuez en l'oblation des premices que signifient. 271. pourquoy deux. 273. 274
Allegorie troisiesme sorte de peincture. 4.5.
toute Alliance se faict auec sacrifice. 479
l'Ame est toute entiere en diuers lieux du corps. 197
l'Ame iuste est richemët

DES MATIERES.

vestuë, & l'inique nuë.
101.
nostre Amour enuers
Dieu est enflambé par les
figures. 17. il est l'appetit de l'ame. 154. signes
d'iceluy quels. 207.
211. celuy du prochain
aydé par le Sacrement.
212.
l'An sacré & ciuil des
Iuifs. 128. 124. 135. des
Chrestiens. 135. 136. pour
quoy il fut lunaire. 138
139.
l'Ange enuoyé à Elie, &
sa description. 301. 302.
signifie le Prestre. 306
les Anges prennent vn e-
stre corporel. 188
toutes sortes d'Animaux
parfaicts estoient au Pa-
radis terrestre. 25. que
c'est qu'ils signifient. 32
Antithese de la chair d'A-
dam contre celle du Sau-
ueur. 380. 381. & suyu.
Ἀποφόρητα que c'est 491
ordonnāce des Apostres,

auant & apres la saincte
communion. 246. ils on
les premiers celebré la
Messe. 264. 292. 293.
294. quelle a esté leur foy
du miracle de l'eau tour-
nee en vin. 290
Araignes de ce temps. 8
l'Arbre de vie ou des vies,
pourquoy ainsi appellé 26
celuy de sciēce de bien &
de mal. ibid. 27. que c'est
qu'ils signifiēt 30. figure
du S. Sacrement. 33. &
en la priuation d'iceluy à
Adam y eut iustice de
Dieu & misericorde en-
semble. 36 prix d'obeis-
sance. 37.
deux Arbres cōtraires en
qualité de vie & de mort
28. que signifient ceux du
Paradis terrestre. 30. 31
l'Arche d'alliāce pourquoy
ordonnée de Dieu. 139
les Arres d'amour de Iesus
Christ. 482
l'Arrest dernier. 412
les Arriens, leur erreur &

heresie, sur la generation du Fils de Dieu. 391
Artemisia Royne de Carie & son amour enuers son mary Mausolus. 486
l'Article premier de nostre foy est exercé, aydé & augmenté au S. Sacrement. 205. 206
l'Asne que signifie, au sacrifice d'Abraham. 123
l'Assemblage de la diuinité & humanité au S. Sacrement. 216
Assiette admirable du corps du Sauueur au sainct Sacrement. 199
l'Assiette de table ancienne, & sa varieté. 431
Auãt-propos de tout l'œuure, son subiect & sa fin 2. celuy de S. Iean en l'institution de l'Eucharistie. 451
Autheurs de Quomodo? Comment? 391
l'Aueuglemẽt des Capharnaïtes causé d'orgueil & de sensualité. 389

S. Augustin prié par sa mere de prier Dieu pour elle apres son trespas en la Messe. 144
l'Autel des parfums, sa description, & ce qu'il signifie. 236. 238. deux en chasque vray Chrestien. 237. hauteur de celuy des holocaustes. 255. que signifie le sang de la victime de propitiation porté sur iceluy. 323. & iceluy & la table sont deux choses pressantes pour rendre vn fait memorable. 496.

B

Bestes des sacrifices anciens. 84
Bois changé en serpẽt, premiere preuue de la puissance de Dieu. 183. 203. vertus de celuy de la croix. 312.
la Bonté de Dieu. 45. 179. 207. 415.
le Buisson impassible figure du Sainct Sacrement de l'Autel. 194

DES MATIERES.

C

CAin sacrifiant tensé. 51. premier meurtrier, parricide & tyran. 52. il a esté faict l'exemple de tous les meschans. 60.
Citoyen de la terre. 66.
Capharnaïtes gens charnels, & premiers Sacramentaires. 374. 391. leur incredulité & orgueil. 389 leur Comment? 390. mauuais disciples & mauuais malades. 411.
Cecy est mon Corps, clause tetragramme. 467. comment le Sauueur s'offrit à Dieu en sacrifice par ces paroles. 471. & suyuant. pourquoy il y vse du temps present. 474
que signifient les Cendres soubs le creux desquelles fut cuit le Pain d'Elie. 308.
la Cene des errans idole. 210.
Cesar desguisé en habit d'esclaue donna estonnement & courage au pilote. 470
Ceremonies du Sauueur au lauement des pieds. 419. en la Pasque, 430. de la manducation le l'Agneau Paschal, rapportees à celle de l'Eucharistie. 154. 155. 156. 157.
de la Messe, & que signifient. 358. 503.
Cinquante, est vn nombre de remission. 291
la Chair de la victime de propitiation toute bruslee que signifie. 323. pourquoy celle de Iesus Christ nous est donnee à manger. 378. 379. l'antithese d'icelle contre celle d'Adam. 381. & suyuant. ses effects pour l'ame & pour le corps. 384.
est tousiours vny à la diuinité, 396
le Chandelier d'or à sept lampes que signifie. 235. 237.
signification des dix tables & dix chandeliers de

Salomon. 243
Changemens naturels inuisibles. 185
Char admirable. 215
la Charité enuers Dieu & enuers le prochain aidee par le S. Sacrement de l'Autel. 212. 217. appellee l'or du teple de Dieu. 233. celle du Sauueur signifiee par les cendres. 308.
le Chemin d'Elie en Oreb que signifie. 314
deux Cherubins se regardans deuãt l'Arche, & leur rapport. 15. 16
e Cheual d'Abraham, & sa description. 75. que c'est qu'il signifie. 106.
cheualiers dignes de la refection & benedictiõ du corps du Sauueur, quels. 105. 106.
les Chrestiens, Prestres, & Rois, comment. 242. 326. quels ils doiuẽt estre auant qu'aller à la Saincte communiõ. 245.

leur sacrifice à succedé à ceux des Iuifs qui ont cessé. 265. quels ont esté leurs maistres. 281. appellez anthropofages par les Payés. 290. quel est leur repos solide. 313. appellez poissons. 359. communient vrayement auec la foy. 401. & spirituellement & sacramentellement. 408
Christ nostre Pasque a esté immolé, & son exposition. 148
Circoncision figure du Baptesme. 5. 13
le Cœur du iuste est l'Autel de Dieu. 237
Colloque & priere à Iesus Christ. 157. 158. 220. la Colombe. 191.
Cõbat de la nature & de la grace, en Abraham. 112.
le Comment ou Quomodo? des heretiques par qui premierement vsurpé. 393

DES MATIERES.

Communiõ, & quelle pureté de corps y est necessaire. 245. 436. 490. de deux sortes & quelles. 407. quelle doit estre l'affection de l'ame, en icelle. 462
Comparaison de l'incarnation auec l'Eucharistie familiere aux saincts Peres. 202. 208
Conception du Sauueur de la pure substance de la Vierge, signifiee par les pains de proposition, & la table où ils estoient posez. 230. 234.
la Consecration en la Messe, & sa forme. 494. 473. faicte au temps futur côme s'entend. 475.
Contemplation des choses en leurs sources & fin. 11. celle des figures, & ses fruicts. 15.
Contradiction de nos aduersaires en leur faulse & imaginaire foy. 400
Conuersation du Sauueur auec nous en l'Eucharistie. 210
merueille du grain de Coriandre. 173
les Cornes signifient la puissance de Iesus Christ 11
le corps du Sauueur noble sur tous les corps. 34. 39. 45 structure admirable de celuy de l'homme. 39 celuy de Iesus Christ nourrit l'ame & le corps à la gloire. 40. est en plusieurs lieux sacrementellement. 42. pourquoy appellé pain. 88. 305. fait present en l'Eucharistie pour estre offert, & comment. 91. 278. 285. porté aux absens. 175 176. quel est son estre au S. Sacrement de l'Autel. 187. 188. 190. 278. 285. egalement donné à tous. 191. quelle y est son action. 192. 193. n'endure aucune passion. 193. 194. comme il est en plusieurs lieux

INDICE

en vn mesme instant. 196.
est dessus les loix du temps.
198. 199. 200.
quels sont ses habits. 201.
comment il est offert tous
les iours, & renouuellé
toutes les sepmaines. 232.
comment il demeure en
l'Eucharistie. 278. 280.
286. pourquoy il y est caché
& non visible. 287.
288. 290. viande &
breuuage ensemble. 360.
pourquoy le Sauueur nous
l'a voulu donner en festin
nuptial au Sacrement de
l'Autel. 378. 379.
quelle y est sa presence. 278
280. 285. 286. 399.
surpasse tout corps en
valeur. 467. en quelle façon il l'a laissé à ses heritiers. 485
la Coupe espanduë, c'est le
sang contenu en la coupe
soubs la figure du vin.
478
Coustume de souper vestu
de certaine robbe conui-
uiale. 430. d'estre en table
sur des licts. ibid.
de lauer les pieds se mettāt
à table. 431. celle des grāds
pour perpetuer la memoire
de leurs actes. 496
le Coutelas de Goliath. 228
246.
en quelle crainte & auec
quelle creance nous deuons
prendre le corps & le sang
du Sauueur. 461
Creation commencee par le
rien, & production continuee par la semence de
chasque chose qui n'est presque rien. 10
les Creatures ont toutes sentiment du Createur, &
comment. 455
Crocodile, figure d'vn trahiste. 5
il faut Croire pour entendre. 392
la Croix est differente en
son sacrifice, de celuy de
l'Eucharistie. 101. 102.
ses traicts, & du sacrifice d'Abraham. 119. figuree

…urée par l'*Agneau Pascal*. 141. sa figure en l'*Autel des parfums*. 236.237. *arbre d'humilité*. 311. son sacrifice figuré par le propitiatoire. 322.323. n'est pas le sacrifice Chrestien 332. infructueuse sans application. 335. sa semblance auec la *Messe*. 339.

Cuirasse, habillement de cuir. 74
les *Cuuiers du Temple*. 253.295.

D

Daniel. 333
Dauid. 177.204.205. 209.227.274.296. 313.437.480.488.
Demāder au nom de Iesus-Christ. 502
Dievv, pourquoy il a voulu vser de figures preallables en la loy de nature & de Moyse. 10. sa sagesse admirable. 11 12.15.61.179.414. il s'est mōstré Dieu au rapport des choses passees aux presentes. 12. iuste & misericordieux ensemble en la priuation de l'arbre de vie apres le peché, aduenue à *Adam*. 36. sa bonté 45. 179. 415. il cognoist le cœur 51. pourquoy il permet que l'iniuste opprime l'innocēt. 61.63. honoré & seruy de ses biens. 91 quand il le commande, le pere tuë iustement son fils. 113. comment il s'est faict mortel, & cōment mort. 146. ses faicts surpassent nostre entendement 150. il se monstre admirable en trois façōs 179. sa toute-puissance. 13.63.179.183.414. il faict paroistre sa grandeur en deux generales façons. 203. pourquoy appellé createur du Ciel & de la terre. 206. sa preuoyance, vertu & misericorde. 316. source

L

INDICE

de vie du ciel & en terre 365. le propre d'iceluy est nourrir de soy mesme. 397. il nous rend entierement nets. 436. 437. sa parole signifie & faict. 454. 455. il est seul sa vie, 489. donne tout son Royaume au Sacrement de l'Autel. 500. est liberal en toute façon. 515
Difference du S. Sacrement de l'Autel auec l'arbre de vie. 39. & sui. d'auec le sacrifice. 93. du sacrifice de la Croix & de l'Eucharistie. 101. du sacrifice de Melchisedec & de celuy de la Messe. 103. des pains de proposition auec l'Eucharistie. 245. entre les sacrifices propitiatoires des Iuifs & des Chrestiës. 326. 327. de la parole de Dieu & de celle de l'homme. 454. 455. de la table du Sauueur en terre, d'auec celle du Ciel. 517.
le Disciple doit interroger le maistre. 412
Dismes d'Abrahā. 106
Dissensions causees par l'vnion de volonté auec la chair d'Adam. 383
Distinctiō des membres du Sauueur en l'Eucharistie. 199. 200
la Diuinité cachee en l'humanité, & le corps du Sauueur aux accidēs. 190. assēblez au S. Sacremēt de l'Autel. 216
Donner s'entend en quatre manieres. 278. 386
Dormir sous l'ombre du geneure que c'est. 312
la Dualité des pains & des Agneaux, en l'oblatiō des premices, n'est pas sans mystere, 273. 274.

E

L'Eau chāgee en vin premier miracle de Iesus Christ. 184. que signifie celle qui fut donnee à Elie. 315

deux Eclipses admirables. 507.508
l'Effect honore la cause 338.
les effects de Dieu de tãt plus qu'ils sont admirables, de tant plus sont ils honorables tesmoings de sa grandeur. 178.203 quels & combien sont ceux de la sagesse. 214. du leuain quels. 230. de la chair du Sauueur pour l'ame & pour le corps. 384. Effects de la viande defenduë, & de celle qui est commandee. 380. 386
Egalité en quantité diuerse. 171.191
l'Eglise iardin. 29. Paradis terrestre. 30. quel est son Orient. 31. figure du Ciel. 32. qui fut le premier membre d'icelle. 53 son vnion marquee au Sacrement de l'Autel. 87.213.233. monarchie spirituelle. 93. tousiours auec Sacrement & sacrifices. 95. appellee mõtagne. 122. colomne de verité. 210. femme assublee du Soleil. 244. qui sont ses montagnes. 276 creance de la Catholique touchant l'Eucharistie. 278. en quelle façon elle a le corps du Sauueur. 485. sa maniere à fermer les oraisons. 502. signifiee en general par la Lune, & ses estats diuers aussi. 510.511.512. Elie dormant que signifie. 299.310. & sa refectiõ portee par l'Ange. 302. 306. que signifie son chemin de 40. iours & quarante nuicts en Oreb. 314.
nostre Emanuel en son Incarnation, en sa conuersatiõ & en l'Eucharistie, c'est Iesus Christ. 210.
l'Encés signifie en l'escriture la priere des saincts

233. & au parfum, l'element du feu. 238
Endurer iniure est meilleur que de la faire. 66
Enseigner principal effet de la sagesse. 215. 217
Entree de Iesus Christ en Ierusalem au dixiesme iour. 505
l'Erreur des Samaritains croyans que Melchisedec estoit Sem. 72
l'Esperance est affermie par les figures. 17. item au S. Sacremēt de l'Autel. 217
l'Esprit guerroyé par la volonté vnie auec la chair d'Adam. 383
s'Esprouuer que c'est. 38. 240.
Estats de la Lune rapportez à ceux de l'Eglise 511. les estoilles sont en 24. heures en tous les endroicts du Ciel. 197
Estre du corps du Sauueur en l'Eucharistie quel. 187. 188.
les Estriers furēt en vsage long temps apres Iules Cesar. 76
Eternellement, que signifie, és paroles du Psalme 109. Tu és prestre eternellement. &c. 195. 105.
l'Eucharistie accōplissement de tous les anciens sacrifices. 34. 341. le premier & propre sacrifice de la loy de grace. 57. 90 sacrifice & Sacrement ensemble. 89. enquoy consiste son action. 91. en quoy son sacrifice est different de celuy de la croix 101. 102. figuree au sacrifice d'Abraham 120. en l'Agneau Paschal. 142. aucunement sēblable à l'Incarnatiō. 150. signe de la mort du Sauueur, & memorial d'icelle. 152. figuree par la Māne 167. vray pain du ciel, & des Anges. 169. 170. donne à man-

er & à boire comme la Manne. 172. en icelle toutes les parties sont le tout. 174. vraye Manne gardée. 175. memorial des merueilles de Dieu. 177. 205. 211. quel est l'estre du corps du Sauueur en icelle. 187. 188. Paradis terrestre du Sau. 195. en icelle les mēbres de Iesus Christ sont distincts. 200. miracle seul en grandeur. 204. pourquoy appellé festin de nopces. 208. mariage de Iesus Christ auec son Eglise, & symbole d'vnio & de paix. 213. 233 figurée par les pains de proposition. 229. nostre vray pain sepmanier & quotidien. 232. en quoy elle differe des pains de propositiō. 245. en quelle maniere le corps du Sauueur y est present & y demeure. 278. 280. 285. 286. 299. pourquoy il y est caché & non visible, sous les especes du pain & du vin. 287. 288. 290. temps de son institution. 292. ses mysteres cachez, signifiez par la cendre. 309. 310. figurée par le sacrifice propitiatoire. 325. elle proufite doublemēt à celuy qui la reçoit en bōne disposition. 328. hostie salutaire. 330. 331. seul & propre sacrifice Chrestien. 332. en quoy elle est figurée par le miracle des cinq pains. 356. pourquoy le Sauueur fit le sermon d'icelle deuant que l'instituer. 375. festin d'alliance. 491. en son institution, le vray Agneau fut immolé selon l'ordre de Melch. 504. image de la felicité. 516.

Eue fille & femme d'Adam. 192.

Excez de tous les plus grands, quel. 64

INDICE

l'*Exemple façon d'enseigner efficace.* 219
les grands Exploits sont dignes de memoire. 494.
Exposition des passages suiuans. Tu és Prestre eternellement, selon l'ordre de Melchisedec. 100. 101. 105. Christ nostre Pasque a esté immolé. 148. La sapience a basty sa maison, & a taillé sept colomnes, elle a aussi immolé, &c. 414. Qu'est-ce qui a esté? C'est ce qui sera apres. 475. 276. il sera fermeté en terre au plus haut des môtagnes: & son fruict sera éleué au dessus du Liban. *ibid.* Ils seront côuertis en son ombre, & viurôt de froment, &, Qui donne du pain à toute chair 279. Il a parlé & les choses ont esté faites. Il a cômandé & elles ont esté creées. 284. Bien-heureux ceux qui croiét sans voir. 288. Les paroles que ie vous dis ce sont esprit & vie. 293 396. Mettons le bois en son pain. 305 C'est l'esprit qui viuifie, la chair ne profite rien. 394. Cecy vous scandalise-il? Que fera-ce donc. &c. *ibid.* A la veille de la Pasque, Iesus voyât, &c. 451. Cecy est mon corps. 454. *& suyu.* Faictes cecy en ma memoire 177. 493.

F

les **F**Aicts de Dieu *surpassent nostre entendement.* 150
que signifie la Farine

s fine & sans leuain s pains de propoſition. 30
ſtes des premices Iu-ïques trois, & quelles. 62. 263. pourquoy en lles des ſainĉts on dict Meſſe. 345
ſtin de Dieu, où il eſt ngulierement inuoqué n la loy de grace, & les hreſtiẽs exaucez, quel. 99. les ennemis de l'hõ-eur & magnificence d'iceluy. 397
e Feu du Ciel ſur l'offrã-de d'Abel. 51. que ſignifie celuy d'Abraham en ſon ſacrifice. 124. il eſt plus difficile qu'il n'eſchauf-ſe qu'au corps de n'occu-per place. 188
trois Feux qui ont bruſlé toute la chair de Ieſus Chriſt. 323
Figure naturelle & arti-ficielle que c'eſt. 3. pour-quoy elle a eſté viſitée en la loy de nature & de

Moyſe. 10. neceſſaire aux Iuifs, vtile aux Chreſtiens. 14. quel en eſtoit l'vſage parmy eux, quel parmy les Chreſtiẽs: & les fruicts d'icelle. 14 15. 16. 17. 376. perſonne n'y doit recourir ſans oc-caſion. 459
le Fils de Dieu viue ima-ge de ſõ pere. 502. ſon In-carnation eſt vn myſtere plus noble que la crea-tion. 183
Fiole d'or ſur les pains de propoſition que ſignifie. 233
la Foy eſt confirmee par les figures. 16. celle d'A-brahã neceſſaire pour pe-netrer la hauteur du S. Sacremẽt de l'Autel. 123 quel eſt le premier article d'icelle, & comment elle prend force du S. Sacre-ment 205. 206. 217. ſa lumiere & ſa viande ſi-gnifiee par les dix chan-deliers mis au Temple

par Salomon. 243. quelle est la foy de l'Eglise Catholique touchant le S. Sacrement de l'Autel 278. comment exercee en l'Eucharistie. 288 289. celle des Apostres au miracle de l'eau tournee en vin. 299. quels sōt les premiers ennemis de la foy. 388. elle ne fait pas les choses presentes. 400. celle des heretiques modernes sēblable à celle des Turcs. 402. celle des Philosophes est humaine 414.

le Froment marque la passion du Sauueur. 86

G

le **G**Alban ingrediēt du parfum, que signifie. 238
Gasteau diuisé en la māducation de l'Agneau Paschal. 432
Gazophylaces que c'est. 253. les Gens d'armes d'Abraham. 105.
la Generation & la virginité tres contraires, assēblez en la Vierge. 188
heresie des Arriens sur celle de Iesus Christ. 391
le Geneure nain & petit. 300. que signifie. 311
vertu de son bois & de ses charbons. 312
Gens charnels. 373. 388
le Glaiue d'Abraham que signifie. 123
la Grace de Dieu, eau monde. 437
Grain de coriandre, & sa merueille. 173
la Grandeur de Dieu paroist en deux generales façons. 203

H

les **H**Abits des Hebrieux, figure du S. Sacremēt de l'Autel. 194. 198
le Haudet ou eschaffaut

du Roy, au Temple. 254
Hebrieux gardez par le
sang de l'Agneau. 130
battus apres auoir trauaillé. 132. pourquoy leur
an fut lunaire. 138.139
l'agneau Paschal memorial de leur deliurance.
151. offrèt pour la vie du
Roy Darius & de ses enfans. 342. pourquoy ils
veulent creer Roy le
Sauueur. 363
Heretiques qui ont esté
les premiers autheurs de
Quomodo? 391. les
modernes sēblables aux
Capharnaïtes. 392. bandez contre l'hōneur &
magnificence du festin de
Iesus Christ. 397. leur
sensualité, incredulité,
orgueil. 398. 399. leur
foy imaginaire. 401. sēblable à celle du Turc.
402. quelle est leur spiritualité. 403. mauuais
disciples, mauuais malades. 411. exhortez par
l'autheur. 413. & suyu.
Hyeroglifes des vieux
Egyptiens. 5
l'Hodesch des Iuifs
que c'est. 137
l'Holocauste que c'est. 58
256. sa matiere. 263 celuy de la croix brusle par
trois feux. 323
Hommage lige. 93. 218
l'Hōme arbre celeste &
renuersé. 33. seroit beste
sans le franc-arbitre. 62
ne doit iamais permettre
le mal de gayeté de cœur.
63. petit mōde. 203. cōmēt separé de Dieu. 382
son ingratitude & paresse. 386. en quoy sa parole
est differente de celle de
Dieu. 454. 455
l'Hostie, sa matiere &
forme. 266. 307. son eleuation figuree. 271. 275.
276.
l'Huile de la vefue nourrissiere d'Elie. 198
l'Humilité nous est enseignee au S. Sacrement de

INDICE

l'Autel. 219. celle de Iesus Christ signifiee par les cendres. 308. quelle en son Incarnation, en sa Passion & en son Sacremēt. 309. 420. 425. 426 Hymne dict par le Sauueur apres le souper de la Pasque. 434. 447. 513.

I

les **I**Apponois mangēt assis à terre. 431 S. Iaques fut des premiers qui celebra la Messe. 294. Iardin de volupté vers l'Orient, & sa description. 21. 22. & suyu. Ἰχθὺς anagrāme remarquable de Iesus Christ. 359.
Idolatres signifiez par le Septentrion. 235 pourquoy S. Iean a ioint le miracle des cinq pains auec le sermon de l'Eucharistie. 355. son Auātpropos mysterieux, en l'institution de l'Eucharistie. 451. pourquoy il fut le premier cōmuniāt du corps du Sau. 490
IESVS-CHRIST vray Oriēt de l'Eglise. 31. son corps noble sur tous les corps 34. 39. nourrit l'ame & le corps à la gloire 40. est en plusieurs lieux sacramentellement. 42. principal agēt en tous les Sacremens. 57. sās maison. 67. rapport de ses qualitez à celles de Melchisedech. 82. pourquoy il a institué le sacrifice et Sacrement de son corps sous les especes du pain et du vin. 85. & suiu. 287. 288. 290. pourquoy son corps est appellé pain & son sang vin. 88. 305. montagne. 122. comment immolé en l'Eucharistie. 144. & suiu. 339. fils et pere de la Vierge. 192 il est nostre Emanuel en son incarnation, en sa conuersation & en l'Eucharistie. 210. l'Autel,

offrande & le Sacrificateur ensēble. 234. cōment il est & demeure en Eucharistie. 187. 188. 90. 278. 280. 258. son humilité en son Incarnation, en sa passion & en son Sacremēt. 309. 420 425. est Prestre eternel. 33. nostre poisson. 358 ses paroles, preschant en la Synagogue des Iuifs du Sacremēt de sō corps 372. il parla du Baptesme & autres Sacremens deuant que les instituer. 377. Dieu tout puissant 395. il mangea l'agneau Paschal au quatorziesme de la lune de l'equinoxe. 419. 447. 513. son amour, sa puissance, sa diuinité. 451. comment il s'offrit à Dieu en sacrifice disant, Cecy est mō corps. 471. & suiu. en quelle façon il laissa son corps à ses heritiers. 485 commēt il se porte en ses mains. 487. sa Passion inutile sās recognoissance. 495. son entree en Hierusalem au dixiesme iour. 505
l'Ignorāce de la cause engendre admiration. 176
les Imitateurs de Caïn. 60. Immolatiō en l'Eucharistie comme se doit entendre. 145. & suiu. 339. Immoler que c'est. 133. 145.
Impassibilité du corps du Sauueur au S. Sacremēt de l'Autel. 194
l'Incarnation du Fils de Dieu est vn mystere plus noble que la creatiō. 183 sa cōparaison auec l'Eucharistie familiere aux sainêts Peres. 202. 208 Incredulité des Capharnaïtes. 389. des heretiques modernes. 398. l'infidele ne croit sinon ce qu'il voit. 184 Ingratitude & paresse des hommes. 386

INDICE

Intercalatiõ que c'est. 134
l'Inuisibilité du corps du Sauueur au S. Sacrement de l'Autel, dequoy nous sert. 287.288.
Ionas figure de la resurrection du Sauueur. 16
les trois iours d'Abrahã que signifient. 123
Isaac immolé en l'aage de vingt cinq ans. 110. ses paroles à son pere. 115. figure de la mort du Sauueur. 118. represente sa diuinité. 119. figure de l'Eucharistie. 120
Iudas premier meschant en la communion. 446
la vie des Iustes, Paradis 30. la mort, fin de leurs miseres. 44
aux Iuifs tout estoit en figure. 12. la maniere d'enseigner par figures leur estoit necessaire. 14. leur an sacré & ciuil, & pourquoy il fut lunaire. 128. 134. 135. 138. 139
pourquoy au miracle des cinq pains ils veulent creer Roy le Sauueur. 363. comment ils mangeoient la Pasque. 430 leur potage commun en icelle. 432.

L

le Laict sang blanchy. 209
Laictues agrestes ou endiues que signifient. 156. potage ordinaire des Iuifs mangeans la Pasque. 432.
Laigs du vieil testament rapportez à ceux du nouueau. 479. 480
les Langues de feu. 191
Lauement des pieds se mettant à table fait par le Sauueur, que signifie. 435. & suyu. 453.
Lehem a double signification. 279
Leuain, malice & infection. 230. marque de bien. 272.

DES MATIERES.

Lieu propre pour estre exaucé, quel. 503
Loup heretique. 404
Loy de nature & de Moyse. 11. pedagogue des Iuifs. 14. terrestre & charnelle 140. son accomplissement. 143. 325. elle n'est que figure. 258. pourquoy les Sacremens de la Loy de grace sont operatifs de foy 327. quelle est celle de tout bon Theologien. 403. toute loy doit estre claire. 457. celle de bōne grammaire 459. celle d'amour dōnee par Iesus Christ. 480. escripte au cœur des Chrestiens. 481. tēps propre pour estre exaucé. 501. cōment en icelle l'Eglise est signifiee par la Lune. 140. 511.
Lucifer d'Ange fait diable chassé du Ciel. 28
Lumiere de la foy signifiee par les dix Chandeliers mis au Temple par Salomon. 243.
Lune premiere que c'est. 133. 134. marque des temps. 137. comment elle signifie la Synagogue. 140. 511. pleine que signifie. 506. marque generale de l'Eglise & des diuers estats d'icelle. 510 511. que signifie son septenaire. 512
Lyon Dieu. 272. Sathan 272. 404. Roy. 459

M

la MAin auec la lāgue pour biē enseigner. 427. marque des actions. 436
le Mal tourné en biē par la seule puissance diuine. 63.
Malachie prophetisant de la Messe. 264. 265
Malice du diable pour affoiblir la foy de la puissance de Dieu. 207
Māducatiō vraye quel-

le 402. celle des Capharnaïtes charnelle, & condamnee par les Peres. 405. la Sacramëtelle, et Spirituelle. 407. 408. Mã-hu que signifie. 163 176. 177.
la Mãne sacree peinture 5. semblable en figure au Coriandre. 162. son etymologie. 163. 176. auoit tout goust. 165. figure du Sacremët de l'Autel, & preschee cõme telle. 167. 168. pourquoy nommee pain du ciel. 168. des Anges. 169. la naturelle & cõmune quelle. ibid. pourquoy cõparee en l'Escriture au grain de Coriandre. 173. gardee que signifie. 175. resistãt au feu & se cõseruant sans corruption. 194. 198. couuerte de deux rosees. 164. 172. 202. cachee, c'est la vie eternelle. 222. pain de merueille. 276
S. Martial fut le garçon qui portoit les cinq pains 350.
pourquoy la Mathematique doit estre le cõmencement de l'escole des ieunes gës, selon Platon. 14
Matieres des sacrifices. 263. du propitiatoire. 32
Melchisedec attentif au sacrifice, & sa priere à Dieu. 79. ses qualitez rapportees à celles du Sauueur. 82. sa Prestrise accõplie en Iesus Christ. 84. pourquoy il est comparé au Sauueur. 100 selon l'ordre d'iceluy le vray Agneau est immolé en l'institutiõ de l'Eucharistie. 504
les Membres du Sauueur sont distints en l'Eucharistie. 199. 200
la Mer au Tëple de Salomon. 253
Merueille du grain de Coriadre. 173. du S. Sacremët de l'Autel. 177. 178
2. Merueilles aduenues

en l'inſtitution du S. Sacrement de l'Autel 487 & ſuiu.
Meſlange des drogues, accord de vertus. 239
la Meſſe a les trois eſpeces de ſacrifice en ſoy. 58 vtile à tous ceux qui l'oyent, & pour leſquels on la dit. 94. ſignifiee par ce mot, Ordre. 101. ſon ſacrifice applique celuy de la croix. 102. enquoy elle eſt differente du ſacrifice de Melchiſedec. 103. figuree au ſacrifice d'Abrahã. 120. elle continuera iuſques à la fin du monde. 153. 447. figuree par la Mãne. 167 oblation nouuelle en la Pentecoſte des Chreſtiẽs, & celebree par les Apoſtres. 264. 292. 293. 294. ſacrifice nouueau, quel eſt ſon offrande, ſon Preſtre & la ceremonie. 267. en quel tẽps elle cõmença d'eſtre celebree. 292. 293. 294. cõment elle eſt ſacrifice propitiatoire. 329. & ſui. moyen general pour appliquer le merite de la croix, pour les iuſtes, pour les pecheurs, pour les infideles, pour la memoire des bien heureux, et pour les treſpaſſez. 336. 337. elle honore grãdemẽt le ſacrifice de la croix, pour deux raiſons. 338. pourquoy dite pour les treſpaſſez. 344. aux feſtes des S. 345. memorial tres propre de la paſſion du Sauueur. 496. le feſtin de Dieu, où il eſt ſinguliremẽt inuoqué en la loy de grace, & les Chreſtiens exaucez. 499. que ſignifient ſes ceremonies. 303
Min-ha, ſacrifice non ſanglant. 266
la minuict de noſtre Redemptiõ fut en plain miiour. 153
Miſſa, en lãgue Hebrai-

que & Syriaque, que signifie. 266. 268. si ce mot est Latin. 269. 270. les Molossiens, & leur coustume pour impetrer grace de leur Roy. 501. Moly preseruant de la mort & faisãt raieunir. 26. que signifie la Montagne au sacrifice d'Abraham 122. Mõtagnes de l'Eglise les Pasteurs & gens parfaicts. 276. Moria, la montagne où Isaac fut immolé & le Sauueur crucifié. 118 la mort est la fin des miseres aux iustes. 44 le Mouton bruslé sur l'Autel au lieu d'Isaac, que signifie. 119 Moyse. 165. 177. 333. 363.
Multiplication admirable en l'Eucharistie. 356
Myrmecidés admiré pour son industrieuse sagesse. 215
la Myrrhe, ingrediẽt du parfum, que signifie. 238.

N

Nature de tout Sacrement. 287. 454.
les deux natures de Iesus Christ signifiees par les pains de proposition. 231 par les deux agneaux en l'oblation des premices. 273. par les deux poissõs. 359.
Nauire admirable. 215
la Neomenie des Iuifs que c'est, & sa cause. 137 pourquoy instituee. 139 494.
Nicodeme enseigné par figures. 16. 394
Nourriture du S. Sacrement de l'Autel & son excellence. 85. & suyu.

O

Obeissance nous est enseignee au S. Sacrement. 219
l'Obiect

DES MATIERES.

l'Objet de la foy c'est vne chose qu'on ne voit point. 279.

bonnes Oeuures sacrifices generaux. 59. 92. sont propitiatoires. 333.335. quelle est l'Offrande de la Messe. 267

l'Oiseau de Paradis, & sa description. 24. 25. que c'est qu'il signifie. 32

l'Ombre & le memorial de la mort du Sauueur est le S. Sacrement de l'Autel. 313.

Onias offre pour la santé d'Heliodore. 342

l'Onyche, ingredient du parfum, que signifie. 238

l'Or que signifie. 233

l'Ordonnance des Apostres deuant & apres la sainte Communion. 246

Ordre, au Psalme 109 que signifie. 101.105

dix Ordres ou chefs de la nature, & quels. 180

l'Orgueil & sensualité cause d'aueuglement. 389

elle met les tenebres en l'ame. 390. celle des Capharnaites. 389. des heretiques modernes. 398

l'Ornement des anciens Prestres. 72

Os non rompus en l'Agneau Paschal que signifiēt. 142. 155.

P

Pacifique sacrifice que c'est, & la matiere d'iceluy. 58.263 le Pain, son rapport au sacrifice & sacrement du corps de Iesus Christ. 85 prins pour toute nourriture. 86. sans leuain que signifioit. 156. 230. quel est le nostre vrayement quotidien. 232. offert à Dauid & à ses gens à la charge qu'ils n'eussent touché fēmes, que c'est. 245. le pain d'Elie figure du corps du Sauueur. 305. 306. cuit sous les cendres que signifie. 308

Pains de proposition ou

M

Pains des faces. 225. pourquoy douze. 226. figure de l'Eucharistie. 229 que signifient ces mots, des faces ou de deux faces. 230. 231. 278. mangez par les Prestres & Leuites seulement que signifie. 241. 242 leur difference auec l'Eucharistie. 245. quels estoient ceux de l'oblation des premices. 256. rapportez à l'Hostie. 266. que signifie leur eleuation & dualité. 271. 273. 274. 275. en quoy le miracle des cinq pains figuroit l'Eucharistie. 356
Paix donnee en la Messe. 213.
le Paradis terrestre, & sa description. 21. & suyuantes. toutes sortes d'animaux parfaicts estoient en iceluy. 25. que signifient ses quatre fleuues. 30. 31
le parfum, & ses ingrediés 238. que c'est qu'il signifie. 239
la parole de Dieu, glaiue 123. 474. leuain. 275. en quoy est differente de celle de l'homme. 454. 455
Paroles du Sacrificateur à l'oblation des premices. 257. 260. de Iesus Christ preschant en la Synagogue des Iuifs, du Sacrement de son corps. 372. du pere de famille distribuant le pain au souper de la Pasque. 433
les Parties du corps du Sauueur sans confusion au Sacrement. 190
les Paruis du Temple. 251 253. 254
Pascha, mot Caldaic, que signifie. 151
la Pasque des Iuifs celebree par le Sauueur. 429
la Passion du Sauueur marquee par le froment, & par le raisin. 86. 87.
inutile sans recognoissance. 495

Patience nous est enseignee du S. Sacrement. 219
Paul rauy. 196. aueuglé de la presence du Sauueur. 188.
les Payens fort superstitieux au culte de la Lune. 139. pourquoy ils appelloient les Chrestiens anthropofages. 290. pourquoy la croix leur est infructueuse. 335. se moc-quoient de la mort du fils de Dieu. 392. pourquoy le Peché est tousiours mis en l'escriture pour cause de la mort de Iesus Christ. 59. il porte en croupe sa peine. 65. l'originel, amorce de tous pechez. 382.
Peinture de trois sortes. 3. son vtilité & plaisir. 6. 7. celle de la transsubstantiation. 272
la Pentecoste que c'est, & pourquoy appellee la feste des Premices. 262. 263. celle des Chrestiens. 292
le Pere tuë iustement le fils quand Dieu le commande. 113
les Peres laissent leurs corps morts à leurs enfans 485
Phase, mot Hebrieu, que signifie. 151
Phinee grand Docteur Hebrieu. 97
les pieds marque des affections. 436.
S. Pierre estonné du lauement des pieds, & ses secrets discours. 422. son rang en la Cene du Sauueur. 443. pourquoy Platon veut que les iuenes gës commencent par la Mathematique. 14
Poëtes & Orateurs de nostre temps, quels pour la plus part. 8
comment les Poissons figurent le S. Sacrement de l'Autel. 359
quel estoit le Potage commun des Iuifs quand ils mangeoient l'Agneau Paschal. 432

M ij

INDICE

Premices Iudaïques que c'est. 262. de quelles sortes de fruicts elles s'offroient 263. figure de la Messe 264. en quel temps s'en faisoit l'oblation. 291. 292.

toute Presence reelle n'est pas charnelle, & quelle est celle du corps du Sauueur au S. Sacremēt. 399

Prestrise de deux sortes auant la venuë du Sauueur. 83. quelle est celle de Iesus Christ. 96

Preuoyance, vertu & misericorde de Dieu. 316

Priere de Melchisedec. 79. des Saincts signifiee par l'encens. 233. quelle est la plus pressante de toutes. 501

Prieres en la Messe. 342

Principes petits, maniere d'ouurer familiere à Dieu. 10.

les Priscillianistes. 404

le Propitiatoire que c'est. 58. 256. sa matiere. 263 sacrifice auec refection. 320. matiere d'iceluy. 321 comment rapporté à celuy de la croix. 322. 323

Puissance diuine tournāt le mal en bien. 93. celle du Sauueur signifiee par la corne. 119. grāde au Sacrement de l'Autel. 181

Puluerifer nos actions que c'est. 240

Pureté requise à la saincte communion. 245

Prestres anciēs, leur ornement. 72. de deux sortes auant la venuë du Sauueur. 83. Vicaires de Dieu 96. 103. 329. 333. Anges de Dieu en l'Eglise. 170. 306. instrumens de creation. 182 mangent les pechez. 256.

Q

Qvalitez de Melchisedec rapportees à celles du Sauueur. 82 celles du corps de Iesus

DES MATIERES.

Christ inuisible aux sens, & pourquoy. 189.288.
Quantité ayant priuilege de substance.186. toute en toute l'Hostie & à chasque partie, sans occuper lieu. 187.188
les Quarāte iours & 40. nuicts qu'Elie chemina, que signifient. 314
Quomodo? Cōment? par qui premierement vsurpé. 391

R

le Raisin marque la passion du Sauueur. 87
la Rareté cause d'admiration. 168
Refectiō de la victime au sacrifice fait entre le Prestre & le peuple. 482
Reins cincturez māgeant l'agneau que signifiēt.186
Reliefs bruslez que signifient. ibid.
Religion sans sacrifice c'est vn Royaume sans droict d'hommage. 95. elle s'apprend au S. Sacrement de l'Autel. 218
Remede singulier aux maux de la chair d'Adam c'est celle du Sauueur donnee au S. Sacrement. 283
Rencontre merueilleuse au mot Missa, du Latin auec l'Hebrieu. 270
Repos solide des Chrestiēs quel. 313
Representation en personne pregnante. 498
cinq Rois vaincus par quatre. 77. ils sont appellés pasteurs du peuple.364
commēt les Romains s'asseoient en table. 431
le Royaume de Iesus Christ 121.364.

S

le Sabat institué pour recognoistre le benefice de la creation. 139 494.
Sac en toutes langues de mesme son & significatiō. 269
Sacerdoce Royal. 326.

M iij

INDICE.

le Sainct, & le Sainct des Saincts. 252
pourquoy le Sang du Saueur est appellé vin. 88
celuy de l'Agneau garde les Hebrieux. 330. porté à l'Autel des parfums, figure de celuy du Saueur 323. pourquoy le sang de Iesus Christ nous est donné en breuuage. 378. 379
comment fait present en la coupe. 474
Sçauoir & predire les choses futures, marques de diuinité. 13
Sacramentaires premiers quels. 374. 391
pourquoy les Sacremens de la loy de grace sont operatifs de soy. 327. ils appliquent la croix pour le salut. 334
le Sacremēt, sa difinition 89. 90. 287. ses differences d'auec le sacrifice. 93 quelle est sa nature en general. 287. 454. celuy de l'Autel figuré par l'arbre de vie. 33. & suyuāt. ne se faict qu'en l'Eglise de Dieu. 36. son fruict, & pour qui il est preparé. 37 ses differences auec l'arbre de vie. 39. & suyu. il donne trois vies. 41. pourquoy institué sous les especes du pain & du vin. 85 & suyuant. 287. 288. 290. pourquoy appellé Synaxe. 87. pour l'ame & pour le corps. 104 384. ne peut estre exprimé par vn nom. 177. est l'ombre des Chrestiens. 313.
le Sacrifice d'Abel manifeste figure de la mort du Saueur, & du Sacrement & sacrifice de son corps. 55. le premier de tous n'est trouué en l'Escriture. 56. quel est le premier & propre de la loy de grace. 57. trois especes d'iceluy, & quelles. 58. 263. 321. quels sont les generaux. 59. 92. de

DES MATIERES.

deux sortes deuant la venuë du Sauueur. 83
pourquoy il a institué celuy de son corps sous les especes du pain & du vin. 85, & suyu. 287. 288. 290. en quoy il differe du Sacrement. 93
signe d'honneur. 94
culte souuerain. 95. 218. suffisance de celuy de la loy de grace. 96
en quoy differe celuy de la croix, de celuy de l'Eucharistie. 101. 102
celuy d'Abraham. 109
figure de la S. Eucharistie. 120. pourquoy celuy de l'Agneau Paschal fut ordonné en Mars. 136
celuy de la Messe continuera iusques à la fin du monde. 153. celuy des Chrestiës a succedé aux sacrifices Iuifs qui ont cessé. 295. le propitiatoire est auec refection. 320
celuy de la croix n'est pas le sacrifice Chrestien. 332.
mais celuy de la Messe l'honore grandement pour deux raisons. 338
Sacrifices preallables des premices. 254
la sagesse admirable de Dieu, tant en la fōdation & gouuernement de son Eglise, qu'en l'institution du sacrifice & Sacrement de son corps en l'Eucharistie. 11. 12. 15. 61. 104. 149. 179. 414.
le Secret de Dieu doit rendre les auditeurs attentifs & non aliener. 394
les Selles d'armes en vsage long temps apres Iules Cesar. 76
Sens vsitez en l'Escriture sont quatre, & quels. 6
la Sensualité & l'orgueil causes d'aueuglement. 389.
quelle est celle des Heretiques modernes au S. Sacrement. 398
le Septenaire de la Lune,

M iiij

que signifie. 512
le Septentrion signifie les idolatres. 235
le Serpēt d'airain, peinture muette. 3. figure de la passion. 16. comment il guarissoit la morsure des serpens. 328
les Serviteurs d'Abrahā que signifient. 123
Simplicité venerable du sacrifice de l'Eucharistie. 357
Sina mont contigu à Ierusalem. 480
Siō regne de Iesus Christ. 121.
Sodome & Gomorre pillees. 77
le Soleil & la Lune marques des temps. 137
les Souliers aux pieds māgeant l'Agneau Paschal, que signifient. 157
Souper parfaict des Roys de Perse. 499
quelle est la Spiritualité des heretiques modernes. 403

la Structure du corps humain admirable. 39
Subiect & fin de l'auant-propos de toute l'œuvre. 2
Substance changée en autre 181. & suyuant.
la Sinagogue comment signifiee par la Lune. 140 511.
Synthesis, robbe nuptiale. 430. 442.

T

la Table & l'Autel, deux choses pressantes pour rendre vn fait memorable. 496. celle des pains de proposition, sa longueur, façon & lieu où elle estoit situee. 226. 227. que signifie. 233. 234. 235. 243. varieté de s'asseoir en table. 431. difference de celle de nostre Seigneur, en terre, d'auec celle du Ciel. 517
Tableaux sacrez, inscriptiō de ce liure, & pour-

DES MATIERES.

...*noy*. 2. *ceux de Philostra*-...*quels*, 4. *ceux de scanda*-...*quels*. 9
...*anis*, *ville royale au bord du Nil*, *non loing de Mē*-...*his*. 126
...*e Temple basty en vn au*-...*tre costé de la montagne Moria*. 119
...*pourquoy les Temples des Chrestiens sont tournez à l'Orient*. 31
le Temps propre pour estre exaucé, c'est la loy de grace 501. *celuy de la Pasque*. 505. *trois temps de l'Eglise marquez aux trois septenaires de la Lune*. 512
Tesmoignages des Docteurs Hebrieux sur le suject du sacrifice de Melchisedec. 97. *des anciens Peres Grecs*. 98
des Anciens Peres Latins. 100
de l'Escriture & des Saincts Peres touchant l'immolation du corps du Sauueur au sacrifice de la Messe. 148. *& suyu.*
des Hebrieux, sur la transsubstantiation & maniere, en laquelle le corps du Sauueur est present en l'Eucharistie. 279. 280
des Docteurs Chrestiens. 281. *& suyu. des anciens Peres Latins & Grecs, monstrans que le sacrifice de la Messe est propitiatoire*. 329. *& suyu. touchant la manducation de la chair du Sauueur au S. Sacrement*. 406. *touchant l'explication de ces paroles, Cecy est mon corps*. 460. *& suyuant, monstrans le sacrifice & Sacrement du Sauueur institué au mystique souper*. 476. 477.
les 4. Tesmoings du Testament du Sauueur ont tenu mesme langage, & pourquoy. 457. 458
le Testamēt doit estre clair 457. *celuy du Sauueur*

l'institution du sacrifice & Sacremēt de son corps. 478. escrit au cœur des Chrestiens. 481. son vtilité. 483
Themistoclés comment garēty du courroux d'Admetus Roy des Molossiēs. 502.
quel est le Tombeau du corps du Sauueur. 485
la Toute-puissāce de Dieu 13. 63. 104. 149. 176. 414. la Transsubstantiation est vn miracle voisin de la creation. 181. plus grand & plus noble. 183 figuree au leuain de l'oblation des premices. 272 comment se faict en l'Eucharistie. 278. depuis quel temps ce mot est en vsage. 280
les Turcs mangent assis à terre. 431
Ticta cœna quid. 499.

V

quelles **V**Ertus sont necessaires pour dignement remercier Dieu. 239. pour approcher de la Communion. 490
la Viande de la foy signifiée par les dix chandeliers mis au Temple de Salomō. 243. la Viande defenduë & celle qui est commandee. 380. effects contraires de l'vne & de l'autre 386. celle des Heretiques modernes est par songe. 401. quelle est celle de Dieu. 489
Vie des iustes, Paradis: mort, fin de leurs miseres. 30. 44.
comment la S. Vierge est dicte creature & mere de son Createur. 182. en icelle la Virginité & la generation tres cōtraires sont assemblez. 188. mere & fille de Iesus Christ, & comment. 192
trois vies dōnees par le S. Sacrement de l'Autel. 41
le Vin a sō raport au sacri-

fice & Sacremēt du corps de Iesus Christ. 85
est dit Roy des banquets. 86.
Visiōs qui se font en imagination, sont platte peinture. 4
l'Vnion de l'Eglise marquée au Sacrement de l'Autel. 87. 213. 233
deux Vnions de la chair d'Adam à nos ames. 381
la reelle de la chair du Sauueur auec nous. 384
à nostre ame. 386
la Voix donne toute entiere à dix mille oreilles en vn mesme moment. 197.
la Volonté vnie auec la chair d'Adã sepere l'hõme de Dieu, fait la guerre à l'esprit, est cause de dissentions. 382. 383. 385.
deux Voyes par lesquelles le S. Sacrement de l'Autel proufite à celuy qui le reçoit en bonne dispositiõ. 328.

X

Xerxés menaçoit les montagnes, & faisoit battre les ondes de la mer. 455.

FIN.

EXTRAICT DV PRIVILEGE DV ROY.

PAR grace & priuilege du Roy il est permis à LOVYS RICHEOME, de la compagnie du nom de IESVS de choisir & commettre tels Imprimeurs ou Libraires que bon luy semblera, pour fidelement imprimer tous & chacuns ses liures concernans la foy & religion Catholique: & autres œuures par luy faictes & composees, & qu'il pourra cy apres faire & composer. Et sont faictes defenses expresses par sa Majesté à tous Imprimeurs, Libraires & autres quelconques de ce Royaume, d'imprimer, vendre ny exposer en vente les susdits liures, sinon ceux qui auront esté imprimez par la permission & consentement dudict LOVYS RICHEOME, & ce iusques apres le terme de dix ans finis & accomplis, à commencer du iour qu'ils auront esté paracheuez d'imprimer, à peine de six cens escus d'amende, & de tous despens, dommages & interests, pourueu qu'au commencement ou à la fin desdicts liures, on mette vn extraict sommaire des lettres patentes sur ce données à Paris le 19. iour de Septembre, 1598.

Par le Roy en son Conseil.

Signé, FAYET.

Ledict LOVYS RICHEOME a permis à Laurens Sonnius marchand Libraire, bourgeois de Paris, d'imprimer le liure intitulé Tableaux Sacrez des figures &c. par luy composé: Et ce iusques au terme de six ans, à compter du iour que ledict liure sera acheué d'imprimer, ainsi qu'il est porté par les lettres du priuilege donné par sa Majesté, du-quel priuilege il luy fait transport durant ledit terme. A Bordeaux ce 12. Feburier, 1601.

RICHEOME.

Acheué d'imprimer le vingtiesme iour de Mars, mil six cens vn.

ADVERTISSEMENT
Au Lecteur.

[S]'il y a quelque chose és Tableaux gra-[ue]z qui ne corresponde aux Tableaux [pa]rlans, le Lecteur suppleera le defaut [de] la peincture (s'il luy plaist) la corri-[ge]ant auec la parole du texte, qu'il suy-[u]ra en tous, comme meilleure guide [a]u sens de l'histoire.

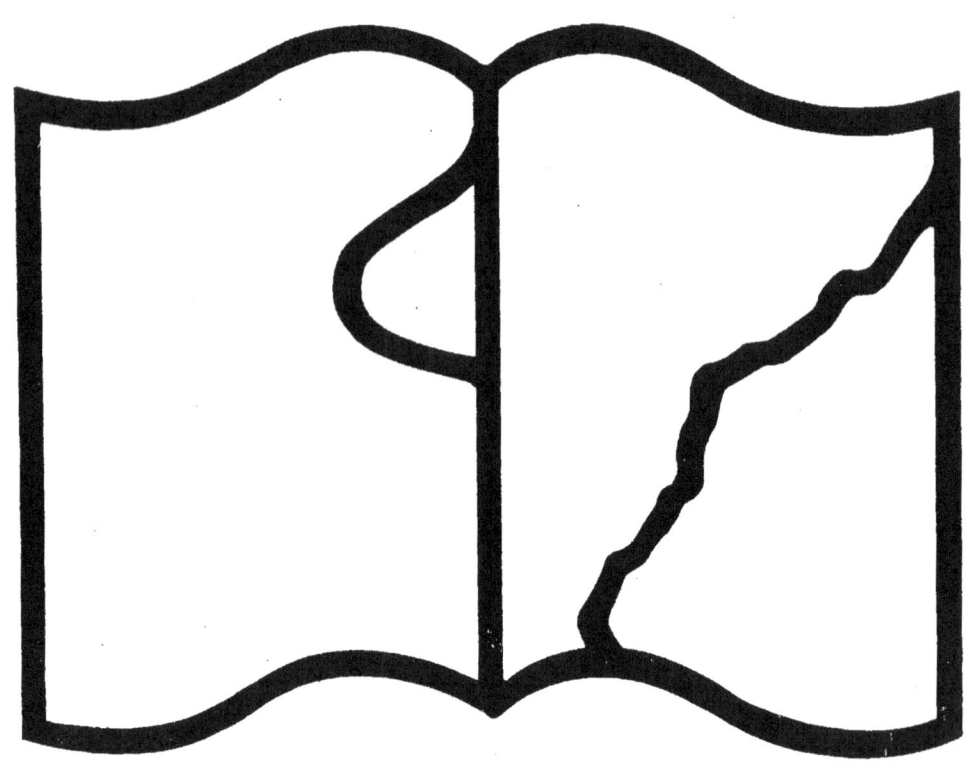

Texte détérioré — reliure défectueuse

NF Z 43-120-11

Contraste insuffisant

NF Z 43-120-14

Reliure serrée

www.ingramcontent.com/pod-product-compliance
Lightning Source LLC
Chambersburg PA
CBHW060411230426
43663CB00008B/1444